Hispanic Ministry

Three Major Documents

Secretariat for Hispanic Affairs
National Conference of Catholic Bishops

The National Conference of Catholic Bishops/United States Catholic Conference has approved the bilingual publication of three major Hispanic documents into one publication: the 1983 pastoral letter, *The Hispanic Presence: Challenge and Commitment;* the 1986 document on the Process of the III Encuentro Nacional Hispano de Pastoral, *Prophetic Voices;* and the 1987 *National Pastoral Plan for Hispanic Ministry.* These documents profile the evolving historical context of Hispanic ministry in the United States, outline the evangelizing and missionary process utilized in the III Encuentro Nacional, and provide guidance for pastoral agents and ministers involved in ministry to Hispanics/ Latinos. The publication was reviewed by the NCCB Secretariat for Hispanic Affairs and is authorized for publication by the undersigned.

Monsignor Dennis M. Schnurr
General Secretary
NCCB/USCC

Text preparation and design by Marina Herrerra, Ph.D..

ISBN 1-55586-197-0

Table of Contents

National Pastoral Plan for Hispanic Ministry / 59

This new volume entitled *Hispanic Ministry: Three Major Documents* contains three primary documents that represent many years of leadership development and pastoral planning in the Hispanic ministry network: *The Hispanic Presence: Challenge and Commitment, Prophetic Voices,* and *The National Pastoral Plan for Hispanic Ministry.* Thousands of Hispanic Catholics were consulted to create these materials. As such, the documents are instructive and useful to the ministry in preparing pastoral agents, leaders, and church professionals to minister to and with Hispanic Catholics in the United States.

The creation of this volume came about for several reasons. First, staff members from regions, dioceses, and parishes over the past several years have asked the NCCB Secretariat for Hispanic Affairs to make materials available for the training and formation of lay leaders. Second, other church professionals have requested materials that best articulate the Hispanic ministry process and how it has evolved over the years. The Secretariat saw a way to fill all of these needs by reprinting the materials in a single volume, to be used as a primer for those involved in ministry to and with Hispanics.

The Hispanic Presence: Challenge and Commitment (the 1983 U.S. bishops' pastoral letter) is the first document found in this volume. Through the lived experiences of various Hispanic communities—experiences that include these communities' faith and traditions, their gift to the ministry, and their hopes and determination—the bishops share a message that helps all Catholics become better aware of the Hispanic Catholic presence, one that seeks a home in the Church. As Catholics look to the Great Jubilee in the year 2000 and beyond, they will continue to see and feel the impact of Hispanic communities on parish life. *The Hispanic Presence: Challenge and Commitment* remains an important tool to help parishes and dioceses prepare for Hispanic pastoral needs in the foreseeable future.

Prophetic Voices (originally published in 1986, and the second document in this volume) serves as a record of the two-year process used to prepare for the *Tercer Encuentro Nacional Hispano de Pastoral.* This process involved consultation with more than one hundred thousand people; its documentation is a valuable tool for further reflection, dialogue, and planning. As the Church develops diocesan pastoral plans, *Prophetic Voices* provides insight in assisting staffs and pastoral agents in their pastoral ministry among Hispanics.

The National Pastoral Plan for Hispanic Ministry (the third document) is the strategic plan that evolved from the three *Encuentros Nacionales.* The results of each of these three meetings of Hispanic Catholics mark significant steps toward creating the national pastoral plan. During the *Primer Encuentro Nacional* (1972), Hispanic Catholics reaffirmed their Catholic identity and resolved to make things happen in the Hispanic apostolate. At the *Segundo Encuentro Nacional* (1977), Hispanic Catholics further developed ecclesial infrastructures for Hispanic ministry in the United States. The *Tercer Encuentro Nacional* (1985) ultimately led to the creation of a strategic plan for Hispanic Catholics in this country—*The National Pastoral Plan for Hispanic Ministry*—which emphasizes the Church as missionary, communitarian, and participatory. This pastoral plan has promoted solidarity among the various Hispanic communities in the Church and provides important guidelines for pastoral agents and church professionals seeking to respond to the pastoral needs of Hispanic Catholics in our country.

As the Church responds to its many pastoral challenges, the experience of Hispanic Catholics is a model for effective ministry worth studying. The use of these documents can provide an important first step to that end—and to better understand inculturation in the Church.

Most Reverend Roberto O. Gonzalez, Chairman
Bishops' Committee on Hispanic Affairs
National Conference of Catholic Bishops
April 1995

The
Hispanic
Presence

Challenge and Commitment

A Pastoral Letter on Hispanic Ministry

Approved in November 1983
First Published in January 1984

Contents

Abbreviations

AA   *Apostolicam Actuositatem* (Decree on the Apostolate of Lay People), Vatican II, 1965.

ABUS   *Address to the Bishops of the United States*, Pope John Paul II, October 1979.

BSU   *Brothers and Sisters to Us*, NCCB, 1979.

CELAM   Consejo Episcopal Latinoamericano (Latin American Episcopal Council).

CP   *The Challenge of Peace: God's Promise and Our Response*, NCCB, 1983.

CT   *Catechesi Tradendae* (On Catechetics), Apostolic Exhortation, Pope John Paul II, 1979.

EN   *Evangelii Nuntiandi* (On Evangelization in the Modern World), Apostolic Exhortation, Pope Paul VI, 1975.

II ENHP *Proceedings of the II Encuentro Nacional Hispano de Pastoral*, Washington, D.C., August 1977.

FBC   Federal Bureau of the Census, December 1987.

FC   *Familiaris Consortio* (On the Family), Pope John Paul II, 1981.

GE   *Gravissimum Educationis* (Declaration on Christian Education), Vatican II, 1965.

GS   *Gaudium et Spes* (Pastoral Constitution on the Church in the Modern World), Vatican II, 1965.

JPP   *Joint Pastoral Planning*, Medellin, CELAM, 1968.

LG   *Lumen Gentium* (Dogmatic Constitution on the Church), Vatican II, 1964.

Medellin Final Documents of the II General Conference of the CELAM, 1968.

MPLA   *Message to the Peoples of Latin America*, *Puebla*, CELAM, 1979.

NCCB   National Conference of Catholic Bishops.

NCD   *National Catechetical Directory*, NCCB, 1979.

PHB   *The Bishops Speak with the Virgin*, Pastoral Letter of the Hispanic Bishops of the United States, 1982.

Puebla   *Puebla Conclusions of the III General Conference of Latin American Bishops* (CELAM) on "Evangelization at Present and in the Future of Latin America," 1979.

SC   *Sacrosanctum Concilium* (Constitution on the Sacred Liturgy), Vatican II, 1963.

USCC   United States Catholic Conference.

I. A Call to Hispanic Ministry

1. At this moment of grace we recognize the Hispanic community among us as a blessing from God. We call upon all persons of good faith to share our vision of the special gifts which Hispanics bring to the Body of Christ, his pilgrim Church on earth (1 Cor 12:12-13).

   Invoking the guidance of the Blessed Virgin Mary, we desire especially to share our reflections on the Hispanic presence in the United States with the Catholic laity, religious, deacons, and priests of our country. We ask Catholics, as members of the Body of Christ, to give our words serious attention in performing the tasks assigned to them. This Hispanic presence challenges us all to be more *catholic*, more open to the diversity of religious expression.

2. Although many pastoral challenges face the Church as a result of this presence, we are pleased to hear Hispanic Catholics voicing their desire for more opportunities to share their historical, cultural, and religious gifts with the Church they see as their home and heritage. Let us hear their voices; let us make all feel equally at home in the Church (PHB, I. b & III. c); let us be a Church which is in truth universal, a Church with open arms, welcoming different gifts and expressions of our "one Lord, one faith, one baptism, one God and Father of all" (Eph 4:5-6).

3. Hispanics exemplify and cherish values central to the service of Church and society. Among these are:

   (a) Profound respect for the dignity of each *person*, reflecting the example of Christ in the Gospels;

   (b) Deep and reverential love for *family life*, where the entire extended family discovers its roots, its identity, and its strength;

   (c) A marvelous sense of *community* that celebrates life through "fiesta;"

   (d) Loving appreciation for God's gift of *life*, and an understanding of time which allows one to savor that gift;

   (e) Authentic and consistent *devotion to Mary*, the Mother of God.

4. We are *all* called to appreciate our own histories, and to reflect upon the ethnic, racial, and cultural origins which make us a nation of immigrants. Historically, the Church in the United States has been an "immigrant Church" whose outstanding record of care for countless European immigrants remains un-matched. Today that same tradition must inspire in the Church's approach to recent Hispanic immigrants and migrants a similar authority, compassion, and decisiveness.

   Although the number of Hispanics is increasing in our country, it would be misleading to place too much emphasis on numerical growth only. Focusing primarily on the numbers could very easily lead us to see Hispanics simply as a large pastoral problem, while overlooking the even more important fact that they present a unique pastoral opportunity.

   The pastoral needs of Hispanic Catholics are indeed great; although their faith is deep and strong, it is being challenged and eroded by steady social pressures to assimilate. Yet the history, culture, and spirituality animating their lively faith deserve to be known, shared, and reinforced by us all. Their past and present contributions to the faith life of the Church deserve appreciation and recognition.

   Let us work closely together in creating pastoral visions and strategies which, drawing upon a memorable past, are made anew by the creative hands of the present.

5. The Church has a vast body of teaching on culture and its intimate link with faith. "In his self-revelation to his people culminating in the fullness of manifestation in his incarnate Son, God spoke according to the culture proper to each age. Similarly the Church has existed through the centuries in varying circumstances and has utilized the resources of different cultures in its preaching to spread and explain the message of Christ, to examine and understand it more deeply, and to express it more perfectly in the liturgy and in various aspects of the life of the faithful" (*GS*, 58).

   As with many nationalities with a strong Catholic tradition, religion, and culture, faith and life are inseparable for Hispanics. Hispanic Catholicism is an outstanding example of how the Gospel can permeate a culture to its very roots (*EN*, 20). But it also reminds us that no culture is without defects and sins. Hispanic culture, like any other, must be challenged by the Gospel.

Respect for culture is rooted in the dignity of people made in God's image. The Church shows its esteem for this dignity by working to ensure that pluralism, not assimilation and uniformity, is the guiding principle in the life of communities in both the ecclesial and secular societies. All of us in the Church should broaden the embrace with which we greet our Hispanic brothers and sisters and deepen our commitment to them.

Hispanic Reality

6. No other European culture has been in this country longer than the Hispanic. Spaniards and their descendants were already in the Southeast and Southwest by the late sixteenth century. In other regions of our country a steady influx of Hispanic immigrants has increased their visibility in more recent times. Plainly, the Hispanic population will loom larger in the future of both the wider society and the Church in the United States.

Only 30 years ago the U.S. census estimated there were 6 million Hispanics in the country. The 1980 census counted almost 15 million—a figure which does not include the population on the island of Puerto Rico, many undocumented workers, recent Cuban refugees, those who have fled spiraling violence in Central and South America, nor countless other Hispanics missed in the census. A number of experts estimate a total U.S. Hispanic population of at least 20 million.[1]

The United States today ranks fifth among the world's Spanish-speaking countries; only Mexico, Spain, Argentina, and Colombia have more Hispanics.[2]

Hispanic Catholics are extremely diverse. They come from 19 different Latin American republics, Puerto Rico, and Spain. The largest group, comprising 60 percent, is Mexican-American. They are followed by Puerto Ricans, 17 percent, and Cubans, 8 percent. The Dominican Republic, Peru, Ecuador, Chile, and increasingly Central America, especially El Salvador, as well as other Latin American countries, are amply represented.

Hispanics vary in their racial origins, color, history, achievements, expressions of faith, and degree of disadvantage. But they share many elements of culture, including a deeply rooted Catholicism, values such as commitment to the extended family, and a common language, Spanish, spoken with different accents.

They are found in every state of the Union and nearly every diocese. Although many, especially in the Southwest, live in rural areas, over 85 percent are found in large urban centers like New York, Chicago, Miami, Los Angeles, San Antonio, and San Francisco. In places like Hartford, Washington, D.C., and Atlanta, a growing number of advertisements in Spanish and English, as well as large Hispanic barrios,[3] are evidence of their increasing presence.

It is significant that Hispanics are the youngest population in our country. Their median age, 23.2, is lower than that of any other group; 54 percent are age 25 or younger.

Socioeconomic Conditions

7. In general, most Hispanics in our country live near or below the poverty level. While limited improvements in their social and economic status have occurred in the last generation, the Hispanic community as a whole has yet to share equitably in this country's wealth—wealth they have helped produce. Despite rising expectations, Hispanic participation in the political process is limited by economic and social underdevelopment. Thus Hispanics are severely under-represented at decision-making levels in Church and society.

The annual median income for non-Hispanic families is $5,000 higher than the median for Hispanic families; 22.1 percent of Hispanics live below the poverty level, compared with 15 percent of the general population.[4]

Historically, unemployment has been higher among Hispanics than other nationalities. The Puerto Ricans are the hardest hit, with unemployment rates generally a third higher than for other Hispanics.[5] In times of crisis, such as in the economic downturn of the early 1980s, Hispanics are among the last hired and the first fired.

Well over half the employed Hispanics work at non-professional, non-managerial jobs, chiefly in agricultural labor and urban service occupations. In both occupational areas, the courageous struggle of workers to obtain adequate means of negotiation for just compensation has yet to succeed.

Lack of education is an important factor keeping Hispanics poor. While more Hispanics now finish high school and college than did ten years ago, only 40 percent graduate from high school, compared with 66 percent of the general population. Hispanics are underrepresented even within the Catholic school system, where they account for only 9 percent of the student population.

Educational opportunities are often below standard in areas of high Hispanic concentration. Early frustration in school leads many young Hispanics to drop out without the skills they need, while many of those who stay find themselves in an educational system which is not always supportive. Often Hispanic students are caught in a cultural cross fire—living their Hispanic culture at home, while feeling pressured at school and at work to assimilate and forsake their heritage.

Impersonal data tell us that Hispanics are numerous, rapidly increasing, of varied national origins, found everywhere in the United States, socioeconomically disadvantaged, and in need of greater access to education and the decision-making processes. But there is a human reality behind the dry, sometimes discouraging data. We see in the faces of Hispanics a profound serenity, a steadfast hope, and a vibrant joy; in many we recognize an evangelical sense of the blessing and prophetic nature of poverty.

II. Achievements in Hispanic Ministry in the United States

8. In responding to the pastoral needs of Hispanics, we are building on work begun many years ago. We recognize with gratitude what was done by farsighted men and women, Hispanic and non-Hispanic, who, pioneers in this apostolate, helped maintain and develop the faith of hundreds of thousands. They deserve credit for their courageous efforts.

9. In many respects the survival of faith among Hispanics seems little less than a miracle. Even at times when the institutional Church could not be present to them, their faith remained, for their family-oriented tradition of faith provided a momentum and dynamism accounting for faith's preservation. But let us not depend only on that tradition today; every generation of every culture stands in need of being evangelized (*EN*, 54).

One of the glories of Hispanic women, lay and religious, has been their role in nurturing the faith and keeping it alive in their families and communities. Traditionally, they have been the basic leaders of prayer, catechists, and often excellent models of Christian discipleship.

The increasing number of lay leaders and permanent deacons (20 percent of the U.S. total) is a sign that lay leadership from the grass roots has been fostered and called to service in the Church.

Also noteworthy are the various apostolic *movimientos* (movements) which have helped ensure the survival of the faith for many Hispanic Catholics. For example, *Cursillos de Cristiandad, Encuentros Conyugales, Encuentros de Promoción Juvenil, Movimiento Familiar Cristiano, Comunidades Eclesiales de Base*, and the Charismatic Renewal, as well as others, have been instrumental in bringing out the apostolic potential in many Hispanic individuals, married couples, and communities. A number of associations, such as PADRES and HERMANAS, have provided support networks to priests and women in the Hispanic movement.

Religious congregations of men and women are among those who have responded generously to the challenge. That a substantial percentage of Hispanic priests are religious is a sign of their expenditure of resources, personnel, and energy. In a special way religious congregations of women have contributed to meeting the spiritual and material needs of migrant farm workers, the inner-city poor, refugees from Latin America, and the undocumented. North American missionaries returning from Latin America have likewise brought with them a strong attraction and dedication to Hispanics.

As far back as the 1940s, the bishops showed genuine concern for Hispanic Catholics by establishing, at the prompting of Archbishop Robert E. Lucey of San Antonio, a committee for the Spanish-speaking to work with Hispanics of the Southwest. In 1912 Philadelphia began its Spanish apostolate. New York and Boston established diocesan offices for the Spanish speaking in the 1950s. Early efforts to minister to Hispanics were made in other areas as well.

Later, persistent efforts by bishops who recognized the need for a Hispanic presence at the national Church leadership level culminated in 1970 with the establishment of the USCC Division for the Spanish-speaking as part of the USCC Department of Social Development. In 1974 the division became the NCCB/USCC Secretariat for Hispanic Affairs.

Under the leadership of the bishops, and with the support of the NCCB/USCC Secretariat for Hispanic Affairs, Hispanic Catholics have been responsible for two national pastoral *Encuentros*. In 1972 and 1977 these gatherings of lay men and women dedicated to their own local communities concluded with prophetic calls to the Church-at-large. Also, as a result of the *II Encuentro Nacional Hispano de Pastoral* in 1977, ministry with Hispanic youth was encouraged at the regional, diocesan, and parish levels through the National Youth Task Force, now renamed *Comité Nacional Hispano de Pastoral Juvenil* (National Hispanic Committee for Youth Ministry).[6]

The appointment of Hispanic bishops and archbishops since 1970 has greatly enhanced this apostolate. We rejoice with all the Hispanic Catholics who see in these new bishops a visible and clear sign that the Holy See is recognizing their presence and the contribution they are capable of making to the life of the Church in the United States. Recent apostolic delegates have voiced their concern for ethnic and minority groups in the Church in this country and have urged the leadership of the Church to address their needs.

The past decade has also seen the emergence of regional offices, pastoral institutes, diocesan commissions and offices, and *centros pastorales* (pastoral centers), all of which have become effective pastoral instruments working with Hispanics.

III. Urgent Pastoral Implications

10. We urge all U.S. Catholics to explore creative possibilities for responding innovatively, flexibly, and immediately to the Hispanic presence. Hispanics and non-Hispanics should work together, teach and learn from one another, and together evangelize in the fullest and broadest sense. Non-Hispanic clergy, especially religious, priests, and bishops who have been at the forefront of the Hispanic apostolates, are needed more than ever today to serve with the Hispanic people.

The Church's Mission and the Hispanic Presence

11. From an ecclesial perspective, evangelization, which is the Church's central mission and purpose, consists not just in isolated calls to individual conversion but in an invitation to join the People of God (*EN*, 15). This is reflected in the Hispanic experience of evangelization, which includes an important communitarian element expressed in an integral or "holistic" vision of faith and pastoral activity carried out in community (*II ENHP*, I.4.c).

This experience is summed up in the concept of the *pastoral de conjunto*, a pastoral focus and approach to action arising from shared reflection among the agents of evangelization (Puebla, 650, 122, and 1307).

Implicit in a *pastoral de conjunto* is the recognition that both the sense of the faithful and hierarchical teaching are essential elements in the articulation of the faith. This pastoral approach also recognizes that the Church's essential mission is best exercised in a spirit of concord and in group apostolate (*AA*, 18).

An effective Hispanic apostolate includes the application of this experience, which can benefit the Church in *all* its efforts to fulfill its mission. Essential to this is an integral vision, forged in community, which encompasses the totality of human challenges and opportunities as religious concerns.

Creative Possibilities

12. We therefore invite all our priests, deacons, and religious and lay leaders to consider the following creative opportunities.

a. Liturgy

Universal in form, our Church "respects and fosters the spiritual adornments and gifts of the various races and peoples" in its liturgical life (*SC*, 37). As applied to the Hispanic presence, this requires making provision for Spanish and bilingual worship according to the traditions and customs of the people being served. We are thus challenged to greater study of Hispanic prayer forms. It is encouraging in this regard that Hispanic Catholic artists and musicians are already contributing to the liturgy in our country.

The presence of Hispanic liturgists on parish and diocesan commissions is essential. Every effort should be made to bring this about.

As their homes have been true "domestic churches" for many Hispanic Catholics, so the home has traditionally been for them the center of faith and worship. The celebration of traditional feasts and special occasions in the home should therefore be valued and encouraged.

The choice of liturgical art, gestures, and music, combined with the spirit of hospitality, can refashion our churches and altars into spiritual homes and create in our communities an inviting environment of family fiesta.

b. *Renewal of Preaching*

The recasting and proclamation of the Word in powerful, new, liberating images are unavoidable challenges for Hispanic ministry. As the apostle Paul asked, "How can they believe unless they have heard of him? And how can they hear unless there is someone to preach?" (Rom 10:14).

Those who preach should always bear in mind that the ability to hear is linked to the hearer's language, culture, and real-life situation. In proclaiming the gospel message, they should strive to make these characteristics and realities their own, so that their words will transmit the Gospel's truly liberating content.

Thirsting for God's Word, Hispanics want clear and simple preaching on its message and its application to their lives. They respond to effective preaching, and they often express a keen desire for better, more powerful preaching which expresses the gospel message in terms they can understand.

We strongly recommend that priests engaged in ministry with Hispanics, such as parish priests and chaplains, enroll in Spanish courses so that they can readily speak with and listen to Hispanics. Similarly, we urge Hispanic permanent deacons to develop their preaching skills. We ask that these men be called on more often to exercise the ministry of the Word. The continuing education of permanent deacons and

periodic evaluation of their ministry are necessary in this regard.

c. *Catechesis*

Like initial evangelization, catechesis must start where the hearer of the Gospel is (*EN*, 44). In the case of Hispanics, this suggests not merely the use of Spanish but also an active dialogue with their culture and their needs (*NCD*, 229). Since religious education is a lifelong process for the individual (*NCD*, 32), parishes should provide an atmosphere for catechesis which in every respect encourages the ongoing formation of adults, as well as children. Such efforts will match the effectiveness of grade-level programs for children among the English-speaking and explore new methods in adult catechesis.

It is essential, too, that dioceses sponsor catechist formation courses in Spanish for Hispanics. They should be assured of having appropriate, effective materials and programs in Spanish (*NCD*, 194, 195). Catechists should take advantage of every "teachable moment" to present the Church's doctrine to Hispanic Catholics. Hispanic family celebrations[7] like baptisms, *quinceaños*, weddings, anniversaries, *fiestas patrias*, *novenarios*, *velorios*, and funerals often provide excellent teachable moments which are also moments of grace enabling the catechist to build upon the people's traditions and use them as living examples of Gospel truths (Puebla, 59 and *CT*, 53).

Throughout our country there is a deep yearning and hunger, "not a famine for bread, or a thirst for water, but for hearing the word of the Lord" (Amos 8:11). We urge continuing efforts to begin bible study groups in Hispanic communities, and to call forth Hispanic leaders to guide and direct such programs.

d. *Vocation and Formation of Lay Ministers*

Adequate training must have a high priority in Hispanic ministry. In planning such training, the goals of enhancing pluralism and catholicity will suggest the means. Formation should aim to incorporate the knowledge and practical experience necessary to minister effectively, while also fostering a serious commitment of service.

Although Hispanics lack sufficient clergy trained to minister with them, there are among them many lay people who are well disposed to respond to the call to be apostles (*AA*, 3).

From this we conclude that fostering vocations and training for lay ministries will help provide the much needed laborers in the vineyard.

One model in this direction is the *escuela de ministerios*,[8] which helps train lay leaders, calls youths to greater participation in the Church, and is likely to serve as a place of election for priestly and religious vocations.

e. Vocations to Priestly, Religious Ministries

The scarcity of Hispanic priests, religious sisters, brothers, and permanent deacons is one of the most serious problems facing the Church in the United States. There are historical reasons, among them neglect, for the unfortunate lack of Hispanic vocations. In the past, too, a major reason for the failure of many Hispanic young people to persevere in pursuing vocations has been the presence in seminaries and convents of cultural expressions, traditions, language, family relationships, and religious experiences which conflicted with their own. Today, however, we are pleased to note that these conflicts are fewer and the situation is vastly improved. In recent years many, if not most, seminaries and convents have made significant strides in meeting the needs of Hispanics. We congratulate these institutions and encourage them to continue improving their programs for Hispanic ministry.

We also encourage seminaries to provide courses in Spanish, Hispanic culture and religiosity, and Hispanic pastoral ministry for seminarians, priests, religious, permanent deacons, and all pastoral ministers.

In light of the present situation, we commit ourselves to fostering Hispanic vocations. Bishops, priests, religious, and laity now must aggressively encourage Hispanic youth to consider the priestly or religious vocation. We call upon Hispanic parents to present the life and work of a priest or religious as a highly desirable vocation for their children, and to take rightful pride in having a son or daughter serve the Church in this way. Without their strong support, the Church will not have the number of Hispanic priests and religious needed to serve their communities.

This requires encouraging a more positive image of priests and religious than presently exists in many Hispanic families. The Church's presence in Hispanic communities must be one which makes it possible for people to experience the reality of its love and care. Priests and religious have a serious responsibility to give Hispanic youth a positive, joyful experience of the Church and to invite them to consider the priesthood or religious life as they make decisions about their future. Diocesan vocation offices are urged to make special efforts to reach Hispanic youth with the invitation to follow Jesus in a priestly or religious vocation.

Above all, the Church in the United States must pray to the Lord of the harvest to send the Hispanic vocations that are sorely needed. We urge special, unceasing prayer in Hispanic parishes for this purpose, and we call upon parents to pray that one or more of their children will be given the grace of a vocation to the priesthood or religious life.

f. Catholic Education

Catholic educators in the United States have a long record of excellence and dedication to the instruction and formation of millions of the Catholic faithful. Now they must turn their skills to responding to the educational needs of Hispanics. Education is an inalienable right; and in nurturing the intellect, Catholic schools and institutes of learning must also foster the values and culture of their pupils (*GE*, 178).

We therefore urge Catholic schools and other Catholic educational institutions to offer additional opportunities, including scholarships and financial aid, to Hispanics who cannot now afford to attend them.

We also recommend adaptations which respond adequately to the Hispanic presence in our schools. Curricula should provide opportunities for bilingual education; teachers should be familiar with the Spanish language and should respect and understand Hispanic culture and religious expression. At the same time, care must be taken to ensure that bilingual education does not impede or unduly delay entrance into the political, socioeconomic, and religious mainstream because of inability to communicate well in the prevalent language.

It is important not only to affirm to Hispanic youths the inherent value of their heritage, but also to offer instruction in Hispanic history and culture. Society often tells them that their parents' culture, so deeply steeped in Catholicism, is valueless and irrelevant. The Church can teach them otherwise.

The Church must also become an advocate for the many young Hispanics who attend public schools, doing all it can to ensure that provision is made for their needs. Particular attention should be given to those who have dropped out of school, whether Catholic or public, and who need remedial education or assistance in developing technical skills.

g. Communications

Ours is an era in which "the medium is the message." The Church has recognized this fact by supporting the modernization of the means of communications at its disposal. For the most part, however, the Church press and electronic media lag in the area of Hispanic ministry. While a few worthy publications in Spanish have been begun in the past decade, the Catholic press largely ignores coverage of Hispanic news. Similarly, the Church lacks a solid body of television and radio programming that addresses the needs of the Hispanic community, although some fine first efforts have been launched through the Catholic Communication Campaign and the Catholic Telecommunications Network of America.

This suggests the need for greater efforts toward planned and systematic programming and regular coverage of issues relevant to the Hispanic community. Training and hiring of talented Hispanics in communications and journalism are required to produce fresh and lively material. Materials and programming imported from Latin America may also help in the short term to bridge our communications gap.

h. Effective Ecumenism

The Lord Jesus prayed for the unity of his followers (Jn 17:21), yet the division of the churches is a major obstacle to evangelization. This is underlined in the United States by instances of active proselytizing among Hispanics carried on in an anti-ecumenical manner by Protestant sects. A variety of fundamentalist groups divide Hispanics and their families with their preaching, which reflects an anti-Catholic spirit hardly emanating from the Gospel of Jesus Christ (PHB, II. c).

Our response as Catholics is not to attack or disparage brothers and sisters of other Christian traditions, but to live the Gospel more authentically in order to present the Catholic Church as the fullness of Christianity and thus nourish the faith of our Hispanic peoples. Other Christian churches have been part of the history of salvation. Prayer, dialogue, and partnership in efforts of common concern remain high on the Catholic agenda. In the Hispanic context, however, the Catholic Church and its tradition has played the major historical role of inculturation of the Gospel; the Church is committed to continuing this mission.

i. Hispanic Youth

Desiring to be the light of the world and salt of the earth, many Hispanic young people dedicate their energies and talents to the mission of the Church. Their values are deeply Christian. Whatever their circumstances, they feel themselves members of a spiritual family led by their Mother Mary. This is evident in their art, poetry, and other forms of expression. Yet pressures on Hispanic youth to adapt and live by self-seeking values have led many away from the Church.

Like youths of other backgrounds, Hispanic young people have a spirit of generosity toward the disadvantaged. In their case, however, this is often more than sensitivity toward the poor; it is of solidarity with people who have as little as they or less. If they are not to fall prey to dreams of success at any price in order to escape poverty, they need to see their talents and potential valued by the Church.

In responding to their needs, the wise pastoral minister will note the marvelous potential of their abundant energies and their ability to speak the language of youth. Committed Hispanic youths grasp with the immediacy of their own experience how to share their Christian vision with their peers through means such as modern and traditional Hispanic music and art.

Hispanic youths and young adults with leadership qualities must be offered opportunities for religious education, biblical studies, catechesis, and special training, so that their vocations to serve the Church will flourish. Such programs should take into account the fact that these youths will develop best in familiar, warm environments.

j. Family

The tradition of commitment to family is one of the distinguishing marks of Hispanic culture. Although there are variations among Mexican-Americans, Puerto Ricans, Cubans, and other Hispanics, there are shared family values and cultural attributes among all Hispanics.[9]

Whether *nuclear* or *extended*, the family unit has been the privileged place where Christian principles have been nurtured and expressed and evangelization and the development of spirituality have occurred. The Hispanic family often exemplifies Pope John Paul II's description of family prayer: "Joys and sorrows, hopes and disappointments, births and birthday celebrations, wedding anniversaries of parents, departures, separations and homecomings, important and far-reaching decisions, and the death of those who are dear, etc.—all of these mark God's loving intervention in the family history. They should be seen as suitable moments for thanksgiving, for petition, for trusting abandonment of the family into the hands of the common Father in heaven" (*FC*, 59).

In our pastoral planning, however, we must not take for granted the continued strength and unity of the Catholic Hispanic family. Hispanic nuclear families are already experiencing the same social pressures faced by other groups. The unity of the Hispanic family is threatened in particular by the uprooting caused by mobility, especially from a rural to an urban life style and from Latin American countries to our own; by poverty, which a high proportion of Hispanic families endure; and by pressures engendered by the process of assimilation, which often leads to generation gaps within the family and identity crises in young people.

There is an urgent need for pastoral ministries that will prepare our people well for married life, for parenthood, and for family counseling and religious education. We make a special plea for measures to assist Hispanic families which are "hurting," as well as the divorced, the separated, single parents, and victims of parental or spousal abuse.

Because of their unique family ties, we invite Hispanic families, along with those from other cultural groups with strong family traditions, to contribute to the gradual unfolding of the richness of Christ's truth. "In conformity with her constant tradition, the Church receives from the various cultures everything that is able to express better the unsearchable riches of Christ. Only with the help of all the cultures will it be possible for these riches to be manifested ever more clearly and for the Church to progress toward a daily, more complete and profound awareness of the truth which has already been given her in its entirety by the Lord" (*FC*, 10).

k. *Migrant Farm Workers*

As noted, Hispanics are highly mobile and are found in both urban and rural settings. As a result, they tend to escape the attention and care of the urban Church. This underlines the need for adaptations in pastoral care, particularly in the case of migrant workers.

There are three major migrant streams in the United States. In the East, farm workers migrate from Mexico, South America, and Florida north to New York and New England working on sugar cane, cotton, tobacco, apple, and grape crops. In the Central Plains, migrants go north from Texas to the Great Lakes to harvest fruits, vegetables, and grains. There is also a substantial number of Puerto Rican seasonal laborers, most of them young and single, who work mainly in the Northeast. In the West, migrants move northward through California, Nevada, and Idaho up to the Northwest; some even go as far as Alaska in search of seasonal jobs. Migration usually begins in the spring and ends in late fall, when the migrants return to their southern home bases.[10]

Abuses of farm workers are notorious, yet they continue to go unrelieved. Conditions are worsening in many regions. Men and women are demoralized to the point where the riches of Hispanic culture, strong family ties, and the profound faith life are sometimes lost. We denounce the treatment of migrants as commodities, cheap labor, rather than persons. We urge others to do the same. Economic conditions often require children to be part of the labor force. Along with the other problems associated with mobility, their education suffers. In the same vein, we find deplorable the abuse of the rights of undocumented workers. All this makes it imperative for the Church to support the right of migrant farm workers to organize for the purpose of collective bargaining.

Experience in the Hispanic apostolate suggests the need for mobile missionary teams and various forms of itinerant ministries. Dioceses and parishes in the path of migrant streams also have a responsibility to support this work and coordinate the efforts of sending and receiving dioceses.

Undoubtedly, too, Hispanic migrants themselves, whose agricultural understanding of life so closely resembles that of Jesus the Galilean,[11] have much to contribute to meeting the challenge.

l. *Social Justice and Social Action*

The integral evangelization described earlier as the central focus of the pastoral strategy we envisage will be incomplete without an active component of social doctrine and action. As we said in our pastoral letter on war and peace, "at the center of all Catholic social teaching, are the transcendence of God and the dignity of the human person. The human person is the clearest reflection of God's presence in the world" (*CP*, I). This thought must be applied specifically to the reality of the Hispanic presence and the ministry which responds to it.

In the past 20 years Catholic teaching has become increasingly specific about the meaning of social justice. From Pope John XXIII's encyclical *Pacem In Terris* to Pope John Paul II's *Laborem Exercens*, we have seen social teaching define as human rights such things as good governance, nutrition, health, housing, employment, and education. In the United States we have applied these teachings to the problems of our time and nation.

Now we call attention to those social concerns which most directly affect the Hispanic community, among them voting rights, discrimination, immigration rights, the status of farm workers, bilingualism, and pluralism. These are social justice issues of paramount importance to ministry with Hispanics and to the entire Church.

As it engages in social teaching, the Church embraces the quest for justice as an eminently religious task. Persons engaged in this endeavor must be involved with, informed by, and increasingly led by those who know from experience the paradoxical blessings of poverty, prejudice, and unfairness (Mt 5:3). Accordingly, we urge Hispanics to increase their role in social action, and non-Hispanics increasingly to seek out Hispanics in a true partnership.

m. *Prejudice and Racism*

Within our memory, Hispanics in this country have experienced cruel prejudice. So extensive has it been in some areas that they have been denied basic human and civil rights. Even today, Hispanics, blacks, the recent Southeast Asian refugees, and Native Americans continue to suffer from such dehumanizing treatment, treatment which makes us aware that the sin of racism lingers in our society. Despite great strides in eliminating racial prejudice, both in our country and in our Church, there remains an urgent need for continued purification and reconciliation. It is particularly disheartening to know that some Catholics hold strong prejudices against Hispanics and others and deny them the respect and love due their God-given human dignity.

This is evident even in some parish communities where one finds a reluctance among some non-Hispanics to serve with Hispanics or to socialize with them at parochial events. We appeal to those with this unchristian attitude to examine their behavior in the light of Jesus' commandment of love and to accept their Hispanic brothers and sisters as full partners in the work and life of their parishes. Our words in our pastoral letter on racism deserve repeating: "Racism is not merely one sin among many; it is a radical evil dividing the human family and denying the new creation of a redeemed world. To struggle against it demands an equally radical transformation in our own minds and hearts, as well as the structure of our society" (*BSU*, p. 10).

We urge those who employ Hispanics to provide them with safe and decent working conditions and to pay them salaries that enable them to provide adequately for their families. The inhuman condition of pervasive poverty forced on many Hispanics is at the root of many social problems in their lives. Decent working conditions and adequate salaries are required by justice and basic fairness.

n. *Ties with Latin America*

Hispanics in our midst are an as yet untapped resource as a cultural bridge between North and South in the Americas. The wellspring of Hispanic culture and faith is historically and geographically located in Latin America. For this reason, a dynamic response to the Hispanic presence in the United States will necessarily entail an ever greater understanding of and linkage with Latin American society and Church.

Latin America, the home of 350 million Catholics, continues to experience grave socioeconomic injustice and, in many nations, a severe deprivation of the most basic human rights. These conditions are oppressive and dehumanizing; they foster violence, poverty, hatred, and deep divisions in the social fabric; they are fundamentally at variance with Gospel values.[12] And yet our fellow Catholics in Latin America, especially the poor, are often vibrant witnesses to the liberating quality of the Gospel, as they strive to build a "civilization of Love" (Puebla, 9).

We shall continue to support and assist the Church in Latin America. We also look forward to a continuing exchange of missionaries, since the cooperation we envision is not one-sided. For our part, we shall continue to send those most prepared to evangelize in Latin America, including our Hispanic personnel, as they grow in numbers. With careful regard to circumstances in the areas from which they come, we welcome Latin American and other priests and religious who come to serve Hispanics in the United States. We recommend that upon arrival they receive special language and cultural preparation for pastoral activity. The Church in the United States has much to learn from the Latin American pastoral experience; it is fortunate to have in the Hispanic presence a precious human link to that experience.

o. Popular Catholicism

Hispanic spirituality is an example of how deeply Christianity can permeate the roots of a culture. In the course of almost 500 years in the Americas, Hispanic people have learned to express their faith in prayer forms and traditions that were begun and encouraged by missionaries and passed from one generation to the next.

Paul VI recognized the value inherent in popular Catholicism. While warning against the possible excesses of popular religiosity, he nonetheless enumerated values that often accompany these prayer forms. If well-oriented, he pointed out, popular piety manifests a thirst for God, makes people generous, and imbues them with a spirit of sacrifice. It can lead to an acute awareness of God's attributes, such as his fatherhood, his providence, and his loving and constant presence (*EN*, 48).

Hispanic spirituality places strong emphasis on the humanity of Jesus, especially when he appears weak and suffering, as in the crib and in his passion and death. This spirituality relates well to all that is symbolic in Catholicism: to ritual, statues and images, holy places, and gestures. It is also a strongly devotional spirituality. The Blessed Virgin Mary, especially under the titles of Our Lady of Guadalupe (Mexico), Our Lady of Providence (Puerto Rico), and Our Lady of Charity (Cuba), occupies a privileged place in Hispanic popular piety.

A closer dialogue is needed between popular and official practice, lest the former lose the guidance of the Gospel and the latter lose the active participation of the unsoph-

isticated and the poorest among the faithful (Medellin, 3). An ecclesial life vibrant with a profound sense of the transcendent, such as is found in Hispanic popular Catholicism, can also be a remarkable witness to the more secularized members of our society.

p. Comunidades Eclesiales de Base

Hispanics in the Americas have made few contributions to the Church more significant than the *comunidades eclesiales de base* (Basic Ecclesial Communities). The small community has appeared on the scene as a ray of hope in dealing with dehumanizing situations that can destroy people and weaken faith. A revitalized sense of fellowship fills the Church in Latin America, Africa, Europe, and Asia with pastoral joy and hope. The Synod of Bishops in 1974 witnessed an outpouring of such hope from Latin American pastors, who saw in *comunidades eclesiales de base* a source of renewal in the Church. Since these communities are of proven benefit to the Church (*EN*, 58), we highly encourage their development.

The *comunidad eclesial de base* is neither a discussion or study group, nor a parish. It is "the first and fundamental ecclesiastical nucleus, which on its own level must make itself responsible for the richness and expansion of the faith, as well as of the worship of which it is an expression" (*JPP*, 10). It should be an expression of a Church that liberates from personal and structural sin; it should be a small community with personal relationships; it should form part of a process of integral evangelization; and it should be in communion with other levels of the Church. The role of the parish, in particular, is to facilitate, coordinate, and multiply the *comunidades eclesiales de base* within its boundaries and territories. The parish should be a community of communities. The ideal *comunidad eclesial de base* is a living community of Christians whose active involvement in every aspect of life is nourished by profound commitment to the Gospel.

q. Other Possibilities

We urge U.S. Catholics to use their best creative talents to go boldly beyond these first steps, which are merely prerequisites for effective action.

One opportunity for creative action arises from the presence of Hispanics in the U.S. military. We encourage the Military Vicariate to explore new means of integral evangelization, with particular attention to this Hispanic presence.

Similarly, as those in prison ministry know, incarcerated Hispanics are in dire need of attention. There is a need for pastoral ministers to assist in this area.

Among Hispanics there are also handicapped persons whose special needs are compounded by many of the problems we have described. According to estimates nearly 2 million Hispanic Catholics have one or more disabling conditions, including blindness, deafness, mental retardation, learning disabilities, and orthopedic impairments. There is a serious need for programs of ministry that encourage participation by disabled Hispanic Catholics.

This is only a partial list. As throughout this document, our intent here has been to encourage further reflection, dialogue, and action, not limit them.

IV. Statement of Commitment

13. While conscious of the many ethnic and racial groups who call legitimately upon our services and resources, and grateful for the present significant, if limited, outreach to the Hispanic people of the United States, we commit ourselves and our pastoral associates to respond to the call to Hispanic ministry. Awareness of the good works of the past and present must not make us slow to read the signs of the times. Our preparations today will make it easier to carry out tomorrow's task.

    We recognize the realities of the U.S. Hispanic presence, the past efforts of those involved in the Hispanic apostolate, and the urgent need to launch new and creative efforts. To inaugurate this new era in the Church, considerable adjustments will be required on the part of Hispanics and non-Hispanics alike. Yet we are hopeful that commitment to minister with Hispanics will lead to a reaffirmation of catholicity and a revitalization of all efforts to fulfill the Church's essential mission.

Commitment to Catholicity

14. The universal character of the Church involves both pluralism and unity. Humanity, in its cultures and peoples, is so various that it could only have been crafted by the hand of God. The Church recognizes this in saying that "each individual part contributes through its special gifts" (*LG*, 13). Yet the Church transcends all limits of time and race; humanity as a whole is called to become a People of God in peace and unity.

    The Gospel teaching that no one is a stranger in the Church is timeless. As the Apostle Paul says, "there does not exist among you Jew or Greek, slave or freeman, male or female. All are one in Christ Jesus" (Gal 3:28).

    Our commitment to Hispanic ministry therefore leads us, as teachers, to invite *all* Catholics to adopt a more welcoming attitude toward others. Hispanics, whose presence in this land is antedated only by that of Native Americans, are called to welcome their brothers and sisters, the descendants of other European immigrants.

    Similarly, the latter are called to embrace Hispanic newcomers from Latin America. Where all are freed from attitudes of cultural or ethnic dominance, the gifts of all will enrich the Church and give witness to the Gospel of Jesus Christ.

Commitment to Respond to Temporal Needs

15. Evangelization is a spiritual work that also extends to all that is human and seeks to bring it to fulfillment. Pope John Paul II reminded us of this when he said, "The Church will never abandon man, nor his temporal needs, as she leads humanity to salvation" (*ABUS*).

    Our Hispanic faithful proclaimed this same reality in their II Encuentro; there they make a commitment to integral evangelization, "with the testimony of a life of service to one's neighbor for the transformation of the world" (*II ENHP*, Evangelization, 1).

    We in our turn pledge to raise our voices and go on raising them as leaders in defense of the human dignity of Hispanics. We remind our pastoral associates that their work includes the effort to gain for Hispanics participation in the benefits of our society. We call all U.S. Catholics to work not just *for* Hispanics but *with* them, in order to secure their empowerment in our democracy and the political participation that is their right and duty. In this way we deepen our preferential option for the poor which, according to Jesus' example and the Church's tradition, must always be a hallmark of our apostolate (Puebla, 1134).

Call to Recognize the Hispanic Reality

16. In committing ourselves to work *with* Hispanics and not simply *for* them, we accept the responsibility for acknowledging, respecting, and valuing their presence as a gift. This presence represents more than just potential; it now performs a valuable service for our Church and our society, although this service is often overlooked; it is a prophetic presence, one to be encouraged and needed.

Commitment of Resources

17. Also part of our commitment, as shepherds and stewards of the common resources of the Church, is the pledge to harness these resources for Hispanic ministry. We make this explicit when we keep in mind and take steps to make visible the spirit of the early Christian community (Acts 2:44).

More than an expression of sentiment, this declaration of commitment includes the recognition that we must secure the financial and material resources necessary to reach our goals.

We see the need to continue to support, on a more permanent basis, the existing national, regional, and diocesan entities of the Hispanic apostolate. Given the obvious limitations of resources, it is also necessary to supervise and evaluate current efforts more thoroughly, so as to encourage the best use of personnel, monies, and physical plants. In addition, it is imperative to call to the attention of the appropriate administrators the need to seek more qualified Hispanics to serve their communities. More Hispanics are also needed in the offices of the National Conference of Catholic Bishops and the United States Catholic Conference, in our regional and diocesan offices, our schools, our hospitals, and in the many other agencies of the Church.

What now exists is not sufficient to meet all the needs and challenges. Serious efforts to assess these needs more carefully and earmark resources for Hispanic ministry must take place at every level. The Church in the United States is fortunate in having at its disposal a variety of institutions and ministries whose energies can and should be applied to the task. Schools, parishes, pastoral institutes, communication media, and a variety of specialized ministries must all be encouraged to make this commitment their own.

In the face of very real financial constraints we pledge to explore new possibilities for funding. We are aware of creative budgeting formulas that encourage all ministries and agencies to respond to the Church's priorities; we shall study these as we strive to respond to this clear pastoral need.

Convocation for the III Encuentro

18. We ask our Hispanic peoples to raise their prophetic voices to us once again, as they did in 1972 and 1977, in a *III Encuentro Nacional Hispano de Pastoral*, so that together we can face our responsibilities well. We call for the launching of an Encuentro process, from *comunidades eclesiales de base* and parishes, to dioceses and regions, and to the national level, culminating in a gathering of representatives in Washington, D.C., in August 1985.

Toward a Pastoral Plan

19. Beyond the Encuentro process, in which we shall take part, we recognize that integral pastoral planning must avoid merely superficial adaptations of existing ministries. We look forward to reviewing the conclusions of the III Encuentro as a basis for drafting a National Pastoral Plan for Hispanic Ministry to be considered in our general meeting at the earliest possible date after the Encuentro.

Conclusion

20. As we continue our pilgrimage together with our Hispanic brothers and sisters, we frame our commitment in the same spirit as our brother bishops of Latin America gathered at Puebla (*MPLA*, 9):

    (a) We call upon the entire Catholic Church in the United States—laity, religious, deacons, and priests—to join us in our pledge to respond to the presence of our Hispanic brothers and sisters;

    (b) We honor and rejoice in the work that has taken place before us, and we pledge our best efforts to do even better henceforth;

    (c) We envisage a new era of ministry with Hispanics, enriched by the gifts of creativity placed providentially before us and by the Spirit of Pentecost who calls us to unity, to renewal, and to meeting the prophetic challenge posed by the Hispanic presence;

    (d) We commit ourselves to engage in a thorough, conscientious, and continuing pastoral effort to enhance the catholicity of the Church and the dignity of all its members;

    (e) We look hopefully to the greater blessings Hispanics can bring to our local churches.

May this commitment receive the blessing, the encouragement, and the inspiration of Our Lord. May his Blessed Mother, Patroness of the Americas, accompany us in our journey. Amen.

Notes

1. An accurate count of Hispanics has not yet taken place. As established successfully in court, the 1970 census undercounted Hispanics. Similar claims have been made regarding the 1980 figure. Estimates that include all of the populations cited in the text vary from 15 to 17 million. Our preference for 20 million accepts as likely the following: 14.6 million (1980 census) plus 3.2 million (population of Puerto Rico), plus 126,000 (Mariel boat-lift per USCC estimate), plus 1.9 million (1978 estimate of undocumented Hispanics), plus undercount for improperly identified non-Hispanics. See *Hispanic Catholics in the United States*, Rev. Frank Ponce, Pro-Mundi Vita, Brussels, 1981.

2. The Spanish-speaking populations mentioned are as follows: Mexico, 71.9 million; Spain, 37.5 million; Colombia, 27.6 million; Argentina, 27 million (United Nations, 1980).

3. *Barrios*: literally, neighborhoods. In the United States, the Spanish word has come to mean the Hispanic, generally poor, ethnic neighborhoods in a number of major cities.

4. See *Money, Income and Poverty Status of Families and Persons in the United States: 1981*, Series p-60, No.134, Bureau of the Census, Washington, D.C., July 1982.

5. U.S. Government figures for 1981 held overall Hispanic unemployment at 9.8 percent, Mexican-American at 9.4, Cubans at 7.8, and Puerto Ricans at 13.4.

6. See *Proceedings of the II Encuentro Nacional Hispano de Pastoral (II ENHP)*, NCCB/USCC Secretariat for Hispanic Affairs, 1977.

7. The salient Hispanic family celebrations in the United States described in the text can be defined as follows:

   (a) *Quinceañeras*: a young woman's fifteenth birthday celebration (*quince años*—fifteen years) usually celebrated by the Hispanic family as a rite of passage into adulthood. Sister Angela Erevia, at the Mexican-American Cultural Center in San Antonio, Texas, has called this celebration a "teachable moment" since it traditionally includes as a central moment a Quinceañera Mass, which expresses thanksgiving to

   God for the young woman's fifteen years.

   (b) *Fiestas Patrias*: (literally, "patriotic holidays") reference is made to the main national day of each Latin American country, usually but not always the day of independence, which is a special moment in the life of many U.S. Hispanic communities.

   (c) *Novenarios:* devotion to the saints and to the Blessed Virgin Mary through a variety of novenas. These traditionally occur in the home and gather the entire family in prayers and special readings of devotional materials, often following an important family event. One notable example is the *Novenario de Difuntos* (*difuntos*—the dead), which takes place following the death of a family member.

   (d) *Velorios*: wakes. In the traditional Hispanic family practice, these are often more than social occasions which gather far-flung relatives. They also include moments of prayer. Many Hispanic families still see the rosary as an essential form of prayer complementary to Christian mourning.

8. *Escuelas de Ministerios*. In the past decade, a number of dioceses have established centers for the formation of lay leaders known generically by this name. Although they vary from place to place, these Schools of Ministries generally provide a core program of catechetics, basic biblical study, ecclesiology, and adult education in social sciences and humanities. In addition, they train students in a variety of specialized ministries according to aptitude and preference of the student and the needs of the diocese. The essential goal of the schools is to promote talented and committed individuals as leaders at the service of their communities. Those who complete the programs and show growth in the desire to serve are then commissioned to serve as lay movement leaders, catechists, lectors, extraordinary ministers of the Eucharist, and small community and study group leaders. See *Hispanic Portrait of Evangelization No. 10* by Cecilio J. Morales, Jr., NCCB Committee on Evangelization, 1981.

9. A 1974 report by the Illinois State Advisory Committee to the U.S. Commission on Civil Rights suggests that the following characteristics are generally found among Hispanics: orientation toward the person rather than toward ideas or abstractions; commitment to

individual autonomy within the context of familial and traditional Hispanic values; emphasis on the central importance of the family; emphasis on being rather than doing; emphasis on the father as the main authority figure.

10. See *Farmworkers in the U.S.*, USCC, 1978.

11. Reference is made to the human characteristics of Jesus and their link to the setting and circumstance of migrant workers. In *The Galilean Journey* and *Jesus the Galilean*, both published by Orbis Books, Rev. Virgilio Elizondo reflects on this theme. Jesus' outlook is seen as conditioned by His nationality, language, the political context and the religious understanding of His time. Elizondo picks up the pastoral experience of the Hispanic apostolate to establish parallels between the inhabitants of the conquered border province of Galilee in Roman times and the marginality of the Mexican-American in the United States. In *Journeying Together Toward the Lord* (USCC Department of Education & Secretariat for Hispanic Affairs, 1982), a manual for migrant catechists, this idea is used quite effectively as the vehicle for reflection on the faith.

12. Socioeconomic injustice and violations of human rights in a number of Latin American countries are the principal themes of concern expressed repeatedly by the U.S. Catholic Conference with reference to U.S. policy in the region. See *Quest for Justice: A Compendium of Statements of the United States Catholic Bishops on the Political and Social Order 1966-1980*, J. Brian Benestad and Francis J. Butler, NCCB/USCC, 1981, pp. 123-129; also see pp. 433-439 for a list of statements and testimony offered in that period; see also *Statement of the U.S. Catholic Conference on Central America*, 1981 and *Statement on U.S. Policy in Central America*, Archbishop John R. Roach, July 22 1983. The same analysis is found in major statements by the Latin American Episcopal Council (CELAM). See *Declaration of Medellin*, CELAM, 1968; and *Message to the Peoples of Latin America*, CELAM, 1979.

Prophetic Voices

Document on the Process of the
III Encuentro Nacional Hispano de Pastoral

First Published August 1986

Contents

Abbreviations

AG   *Ad Gentes* (Decree on the Missionary Activity of the Church), Vatican II, 1965.

CP   *Communio et Progressio* (On the Media, Public Opinion and Human Progress), pastoral instruction, Pontifical Commission for the Means of Social Communication, 1971.

EN   *Evangelii Nuntiandi* (On Evangelization in the Modern World), apostolic exhortation, Pope Paul VI, 1975.

II ENHP   *Proceedings of the II Encuentro Nacional Hispano de Pastoral*, NCCB/USCC, Washington, D.C., 1977.

GS   *Gaudium et Spes* (Pastoral Constitution on the Church in the Modern World), Vatican II, 1965.

HP   *The Hispanic Presence: Challenge and Commitment,* pastoral letter, NCCB, 1983.

IM   *Inter Mirifica* (Decree on the Means of Social Communication), Vatican II, 1963.

LG   *Lumen Gentium* (Dogmatic Constitution on the Church), Vatican II, 1964.

NCCB   National Conference of Catholic Bishops.

PLHB   Pastoral Letter of the Hispanic Bishops of the United States, *The Bishops Speak with the Virgin,* 1982.

PP   *Populorum Progressio* (On the Development of Peoples), encyclical letter, Pope Paul VI, 1967.

Puebla   *Puebla Conclusions of the III General Conference of Latin American Bishops* (CELAM) on "Evangelization at Present and in the Future of Latin America," 1979.

USCC   United States Catholic Conference.

Preface

We are honored to present *The Document on the Process of the III Encuentro Nacional Hispano de Pastoral,* in keeping with the official mandate of the National Conference of Catholic Bishops and in accordance with the mind and spirit of the Encuentro participants, who entrusted the Secretariat with the mission to publish and distribute the conclusions of the III Encuentro.

The contents of this document go above and beyond the "Conclusions" of the III Encuentro, which have been widely disseminated and published in parishes, dioceses, and regional bulletins. The present edition includes two sections that enrich the document in a fundamental manner: (1) the summary of the Encuentro's five priorities (Evangelization, Integral Education, Social Justice, Youth, and Leadership Formation) extracted from the *Working Document* and placed as introductions before the "Commitments"; (2) the results of two Theological Pastoral Reflections with members of the Ad Hoc Committee for Hispanic Affairs and 35 pastoral ministers.

The prophetic voice is evidenced by *El Credo,* which is a summary of the small groups' expressions that took place during the Encuentro on August 18, 1985.

The Editing Committee has taken great care to number from one to sixty-eight those articles that resulted directly from the Encuentro event.

No work of this magnitude is the product of a singular effort. We are grateful to the members of the Editing Subcommittee of the Ad Hoc Committee for Hispanic Affairs: Archbishop Roberto Sánchez, Archbishop Roger Mahony, Bishop Ricardo Ramírez, and Bishop Peter Rosazza, together with the National Editing Committee: Sr. Carolee Chanona, Rev. Ricardo Chávez, Rev. Jorge Crespín, Rev. Juan Díaz Vilar, Sr. Soledad Galerón, Ms. Maria Luisa Gastón, Rev. José Marins, Sr. Dolorita Martínez, Rev. Domingo Rodríguez, Sr. Teolide Trevisán, Rev. Rosendo Urrabazo, Rev. Mario Vizcaíno, and Sr. Dominga Zapata, as well as the indispensable staff of the Secretariat for Hispanic Affairs: Rev. Vicente O. López, Ms. Rosalva Castañeda, and Ms. Carmen Etienne, who have invested their talents and energies to produce this edition. We express our thanks to each of them for their time, work, and the spirit of generosity with which they have labored together.

We hope and pray that the publication of this *Document on the Process of the III Encuentro* will encourage the delegates and the participants of the III Encuentro and all those who are involved in ministry with Hispanic Catholics in the United States.

Pablo Sedillo
Director
Secretariat for Hispanic Affairs
NCCB/USCC
August 1986

I. Introduction

The III Encuentro has marked a very important step in the journeying of the people, intent on their following of Christ, toward a renewing integration within the total life of the Church and a further contribution to the Kingdom of God.

We present in this document "The Historical Context" within which the process of the III Encuentro is situated, "The Conclusions of the III Encuentro," *El Credo,* "A Theological Pastoral Reflection," and *La Mística* which took place after the III Encuentro.

"The Historical Context" helps us to see how the Encuentro is not an isolated event but rather a part and the fruit of a process of many years. Through it, Hispanic pastoral ministry has sought to respond to the needs of the people, educate them, and make it possible for them to be the agents of their own history in the building of the Kingdom of God in this present world.

The introductions to the "Commitments" are based on the III Encuentro *Working Document,* which is a summary of the results of the eight Regional Encuentros. "The Conclusions of the III Encuentro: Prophetic Pastoral Guidelines," "Commitments," and "The Follow-Up" bring together a basic consensus of the Catholic Hispanic people in the United States. We are united on these fundamental premises. We are journeying together along these lines with continuing growth and great awareness of having been called by the bishops of this country to express our prophetic voice.

"A Theological Pastoral Reflection" makes explicit the experience of God and Jesus Christ in the midst of the people, as it is discerned in the process and the conclusions of the III Encuentro; it is, at the same time, the special way our people have of living their ecclesial experience as a response to the needs and challenges of our present world. This reflection was carried out by an interregional group of 35 pastoral agents involved in Hispanic ministry and later on by 17 bishops of the NCCB Ad Hoc Committee for Hispanic Affairs.

These are not the only documents of the III Encuentro. The diocesan and regional conclusions, facilitators' manuals for the diocesan and regional encuentros, the diocesan and regional syntheses of the grass-roots consultations, the materials for reflection, as well as the explanatory manuals of the process form the complete framework that inspired our journey.

II. The Historical Context

The III Encuentro is not an isolated event in the history of the pastoral ministry of the Hispanic people in the United States. It is rather one more step in a process of ecclesial participation that began with the establishment of church offices for the care of Hispanics in the first half of this century, for example, in Philadelphia in 1912 and at San Antonio in 1945.

Some important moments that can be detected in the history of this process are the I Encuentro Nacional Hispano de Pastoral in June 1972; the creation of the Mexican American Cultural Center (MACC) in the same year; the Eucharistic Congress in Philadelphia in 1976; the II Encuentro Nacional Hispano de Pastoral celebrated in Washington, D.C., in 1977; the publication of the Hispanic bishops' pastoral letter in 1982; and the publication by the entire body of bishops of the pastoral letter on Hispanics, *The Hispanic Presence: Challenge and Commitment,* in 1983, in which the III Encuentro Nacional Hispano de Pastoral was officially convoked.

The Encuentros have been powerful moments that have unleashed a series of questions, attitudes, and actions, contributing in a definitive way to the journeying of the people in their following of Jesus.

The founding of PADRES in 1970 and HERMANAS in 1972, the creation of the Midwest Regional Office in 1968, the Southwest Regional Office in 1974, and the Northeast Catholic Pastoral Center for Hispanics in the same year form part of the accomplishments of the I Encuentro.

Prior to the I Encuentro there were only three Hispanic bishops: Archbishop Patrick Flores, then auxiliary bishop of San Antonio; Bishop Juan Arzube, auxiliary bishop of Los Angeles; and Bishop René Gracida, then auxiliary bishop of Miami. Between the I and II Encuentros, another five Hispanic bishops were named. Nine new bishops have been ordained between the II and III Encuentro, increasing the overall number to seventeen, eight ordinaries and nine auxiliaries.

After the II Encuentro, new regional offices also opened up in the Southeast (SE) in 1978, the Farwest (FW) in 1979, the Northwest (NW) in 1981. At the same time, Hispanic ministry in the North Central (NC) dioceses began to be organized in 1982, and in the Mountain States (MS) in 1984.

These offices have, in turn, contributed to the organization of new diocesan offices and have collaborated with them in their process of planning, programming, and evaluation, bringing about, in due time, numerous efforts in the areas of evangelization, catechesis, liturgy, formation of communities, and social action.

The creation, during the II Encuentro, of the National Youth Task Force, today *Comité Nacional Hispano de Pastoral Juvenil,* has contributed over the years to raising consciousness concerning the need for Hispanic youth pastoral ministry throughout the nation; it has since become one of our national priorities.

The creation of the National Advisory Committee (NAC) to the National Secretariat in 1978, composed of directors of the Regional Offices and Pastoral Institutes, as well as members of national apostolic organizations and movements, generated a coordinated national team effort committed to the pastoral guidelines of our people. This organization became evident in the smooth execution of the III Encuentro and was strengthened by the Theological Reflection after the III Encuentro.

The appearance of three new pastoral institutes—the Southeast Pastoral Institute (SEPI) in 1979, the Midwest Institute for Hispanic Ministry in 1981, and the Northwest Pastoral Institute in 1983—and the approval of the Catholic Hispanic Institute of California in 1984 all speak of the growth of pastoral action and the collaboration of the bishops and the National Secretariat in promoting pastoral ministry of Hispanics in this country.

The methodology taking form through these Encuentros and especially in the process of the III Encuentro projects a model of Church that is one of communion and participation. We are consulted, and we can all participate. The steps taken for theological reflection after the II Encuentro, the methodology that was followed, and the experience itself of achieving a grass-roots process even in 1977 did much to advance the maturity and commitment of our pastoral agents. These are the fruits we had reaped as we began the process of the III Encuentro.

The process of the III Encuentro with its 11 steps was likewise in conformity with this model (see graphic).

Steps 4, 5, 7, and 8 would require consultation and participation of the people at the diocesan level; step 9

III NATIONAL ENCUENTRO PROCESS

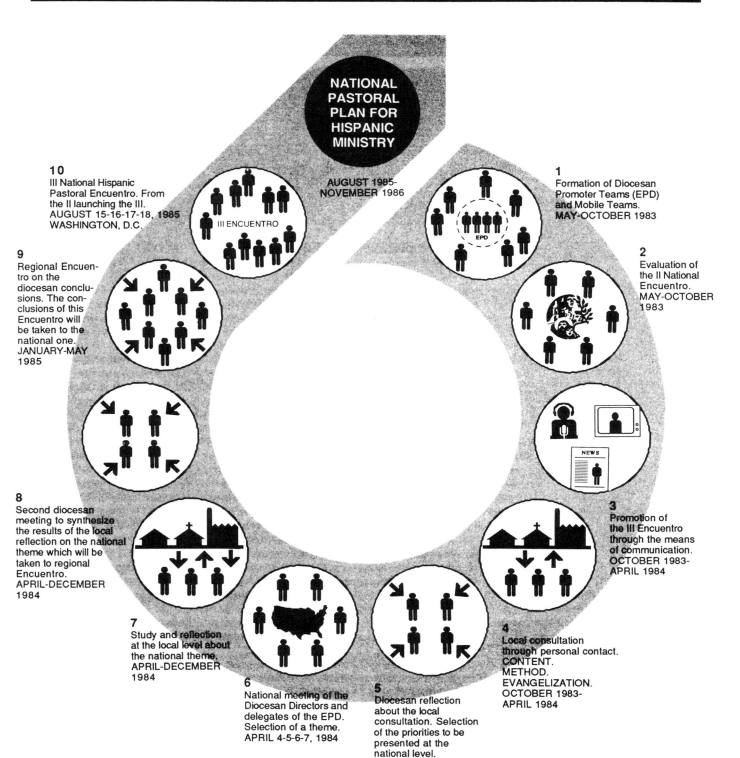

NATIONAL PASTORAL PLAN FOR HISPANIC MINISTRY

AUGUST 1985-NOVEMBER 1986

1
Formation of Diocesan Promoter Teams (EPD) and Mobile Teams.
MAY-OCTOBER 1983

EPD

2
Evaluation of the II National Encuentro.
MAY-OCTOBER 1983

3
Promotion of the III Encuentro through the means of communication.
OCTOBER 1983-APRIL 1984

NEWS

4
Local consultation through personal contact.
CONTENT.
METHOD.
EVANGELIZATION.
OCTOBER 1983-APRIL 1984

5
Diocesan reflection about the local consultation. Selection of the priorities to be presented at the national level.
OCTOBER 1983-APRIL 1984

6
National meeting of the Diocesan Directors and delegates of the EPD. Selection of a theme.
APRIL 4-5-6-7, 1984

7
Study and reflection at the local level about the national theme.
APRIL-DECEMBER 1984

8
Second diocesan meeting to synthesize the results of the local reflection on the national theme which will be taken to regional Encuentro.
APRIL-DECEMBER 1984

9
Regional Encuentro on the diocesan conclusions. The conclusions of this Encuentro will be taken to the national one.
JANUARY-MAY 1985

10
III National Hispanic Pastoral Encuentro. From the II launching the III.
AUGUST 15-16-17-18, 1985
WASHINGTON, D.C.

III ENCUENTRO

would require the same at the regional level. Steps 6, 10, and 11 would require consultation and participation at the national level.

The work was always done by means of team effort; it was also done with a minimum budget, something that emphasized a model of a poor and communitarian Church.

Consultation of the alienated, described in step 4 of the process, and reflection on the themes of the III Encuentro in step 7 underscore the missionary dimension of the Church, which the Hispanic people wish to be, as they respond faithfully to Jesus Christ.

The bishops of the NCCB Ad Hoc Committee for Hispanic Affairs proposed four objectives to the Hispanic leadership for the III Encuentro.

The III Encuentro would be: first, evangelizing; second, capable of forming leaders through the process itself; third, developing by necessity from the grass-roots level; and, fourth, giving emphasis to the diocesan and regional dimensions of the process.

A fifth objective—a *National Pastoral Plan*—was added to the III Encuentro during the writing of the pastoral letter *The Hispanic Presence: Challenge and Commitment.*

The Regional Offices and Pastoral Institutes were asked to give suggestions for designing the process of the III Encuentro so as to accomplish these objectives. The model that brought together all these conditions was the one chosen after lengthy dialogue and exchange in a meeting of the National Advisory Committee at Santa Fe, New Mexico (June 1982).

There were also long discussions concerning step 6. It was originally proposed that participation at the National Consultation be limited to diocesan directors, mostly priests or religious; the argument was based on a pragmatic consideration of numbers and on lines of authority, but there was the risk of returning to a less participatory model of Church. Ultimately, the decision was reached to include at the National Consultation a member of the Diocesan Promotional Team *(Equipo Promotor Diocesano* or EPD) from each diocese—for the most part laity. This is how the model of communion and participation was preserved.

The III Encuentro, with its analysis of reality and conclu-

sions, is to be the basis for the development of a *National Pastoral Plan.* This plan will be the crowning of the process of the III Encuentro and will add an original and historic element to the process of Hispanic pastoral ministry in the United States.

The theme of the III Encuentro, *Pueblo Hispano: Voz Profética,* was the result of the bishops' pastoral letter *The Hispanic Presence: Challenge and Commitment.* In it, the bishops urge our people, "[R]aise [your] prophetic voices to us once again."[1] The theme was chosen by the participants at the Consultation in Chicago, April 1984, and it created the *Mística* and gave unity to our work during the III Encuentro.

The Values of the Event of the III Encuentro

The event of the III Encuentro, celebrated in Washington, D.C., was in itself an experience of communion and participation. A total of 1,148 people from 134 dioceses attended the Encuentro. Fifty-six were bishops or major superiors, 168 priests, 125 religious men and women, and 799 laity. Among the participants were 545 women, 153 youth, and 47 migrant farm workers.

The work was done in five halls with 230 persons in each one. They were divided into groups of 45 and subgroups of 15. In the *mini-plenarios* of the work sessions and in the plenary sessions of 1,148 persons, approval of the "Prophetic Pastoral Guidelines," "Commitments," and "The Follow-Up" was sought through consensus. Dialogue facilitated this consensus, which was reached in practically all the decisions.

The "Prophetic Pastoral Guidelines" summarize the direction and principal options of Hispanic pastoral ministry.

The "Commitments" demonstrate the will and decision of our people to make real the "Pastoral Guidelines." These "Commitments" reflect a change from being objects to subjects in pastoral ministry and from being recipients to agents of pastoral action.

"The Follow-Up" expresses a series of practical actions that will guarantee the implementation of the conclusions of the III Encuentro. "The Follow-Up" also indicates the awareness of the people that we are a Church in process, as we exert ourselves to respond by means of pastoral actions to the needs of the people in their pilgrimage through history.

True communion was experienced during the event, at which bishops, priests, and laity collaborated shoulder to shoulder to arrive at the conclusions of the Encuentro.

During the event, there was a sense of spirituality and unity, nourished through the liturgies and prayers that had been carefully prepared by the National Institute of Hispanic Liturgy.

These people of diverse nationalities and histories felt themselves one, sensing in this way unity in diversity, which is a sign of the presence of the Kingdom of God among us.

In the next step, we try to return all this to the grass roots, confronting all we are doing with the "Pastoral Guidelines" and "Commitments," beginning with the elaboration of diocesan and regional pastoral plans that will respond to and implement the "Conclusions" of the III Encuentro Nacional Hispano de Pastoral. It is the intention, too, that the spirit that animated the III Encuentro and the values of Jesus—the methodology of the process, the way of being and doing that were followed in the small groups and meetings—continue to be the methodology and spirit that inspire all our pastoral actions. In this way, we will truly be faithful to God's plan and continue to be prophets in the Church and society.

III. The Conclusions of the III Encuentro

PROPHETIC PASTORAL GUIDELINES

Introduction

The "Prophetic Pastoral Guidelines" were the first results of the III Encuentro event in Washington, D.C.

They are meant to be basic guidelines, the fundamental direction for our pastoral action.

They indicate how we are to make our way and serve as points of reference needed in our pastoral work.

Through these pastoral guidelines, a missionary and evangelizing style of living our experience of Church is emphasized, as well as a thrust toward the world, where our promotion and modeling of justice is a fundamental expression of ecclesial living.

The poor, the family in all of its expressions (this includes incomplete families), youth, and women have priority as subjects of our pastoral commitment.

Our pastoral guidelines also indicate a methodology of *pastoral de conjunto*. We want to develop our work by including and integrating harmoniously all the existing pastoral efforts, channeling them toward achieving the objectives and priorities highlighted by these prophetic pastoral guidelines.

Lastly, we want to provide our people with an integral education in every dimension of the human person. It is to be an education that will allow them to be agents of their own history and give our leaders the necessary training to be efficient servants of the Good News at the center of the Church and society.

These guidelines do not represent nine paths, but one way.

We want to journey together as an evangelizing, missionary Church that promotes and exemplifies justice. In this sense, faith and justice intertwine and blend to become the one way that carries us to the Kingdom of God.

Prophetic Pastoral Guidelines

1. We, as Hispanic people, choose the family in all its expressions as the core of our pastoral ministry.

2. We, as Hispanic people, make a preferential option for and in solidarity with the poor and marginalized.

3. We, as Hispanic people, make a preferential option for Hispanic youth so that they will participate at all levels of pastoral ministry.

4. We, as Hispanic people, want to develop and follow a *pastoral de conjunto* that responds to our reality.

5. We, as Hispanic people, want to follow the pastoral approach of an evangelizing and missionary Church.

6. We, as Hispanic people, want to follow the pastoral approach of promoting Hispanic leadership that is incarnated and committed.

7. We, as Hispanic people, want to follow a line of integral education sensitive to our cultural identity.

8. We, as Hispanic people, want to follow the line of a Church that promotes and exemplifies justice.

9. We, as Hispanic people, wish to follow an approach of valuing and promoting women, recognizing their equality and dignity and their role in the Church, the family, and society.

IV. Commitments

EVANGELIZATION

Introduction

Evangelization is the essential mission of the Church; the Church exists in order to evangelize.

As the proclamation of the Word of God, it leads to the conversion of those who are to accept the Kingdom announced by Jesus.

In this task, one must begin with the human person;[2] every person is incarnated in a particular culture, time, and place.

An evangelization incarnated in a given culture is essential for all peoples, but it is especially important for the Hispanic people in this country. The temptation to cultural assimilation is constantly present, and in many cases it ceases to be only a temptation and becomes reality. This is not only contrary to the rights of the person, but also an affront to the Gospel itself. Evangelization is true to itself and reaches down to the deepest roots of the person when it is incarnated in a culture.

Looking at Our Reality

Throughout the process of the III Encuentro, we have been listening and reflecting at all levels of pastoral ministry. The commitments on evangelization made in Washington, D.C. are a response to the problems uncovered in this area.

The process of reflection highlighted the following situations.

An Insensitive Church

One perceives a "cold" Church, without fraternal love or a communitarian dimension, in great need of conversion and formation if it is to realize its evangelizing mission. It is also without a missionary dimension, and that is why it is not reaching the poor, the marginalized, the alienated, those in jails, gang members, and others.

There is lack of unity and identity in our people as well as of religious responsibility, brought about by the dearth of attention the hierarchical Church has given to the formation of our people in the faith. Pastoral attention is lacking.

Our reality has not been taken into account in the process of pastoral planning. There is no communication or coordination among pastoral agents; that is why there is no continuity in pastoral action, and it is not evaluated in any critical way. *A pastoral de conjunto* is not the normal course.

Local communities do not seem to be the most adequate places for vocational promotion and formation of leaders who will be trained in and committed to an evangelization that leads to the transformation of reality.

One does not find outlets in the structures of the Church for the great desire our people have for participation. Such participation is urgent for the evangelization of the alienated and simple.

This results in Hispanics in the United States not feeling welcomed, accepted, or listened to in the Church.

Lack of Resources

There is a shortage of priests and religious who know and understand the language and culture of Hispanics. This lack of pastoral agents makes it uncertain whether the Catholicity of the Hispanic people can survive, since so many are already going over to other Churches to satisfy their hunger for God. Others are alienated because of the attitude of some pastors and leaders.

There are not enough Hispanic catechists. Too often nothing is provided for our children after first communion; still less, if anything, is done for adults.

There are few centers where we can come together, and it is difficult to find meeting places that we can afford.

Forgotten Elements

Many areas and groups are ignored in the evangelization of Hispanic people. Let us see some examples:

The family is not taken into account as a natural group, as a means of forming our sense of community, nor does one perceive in evangelization an emphasis or attention to the family. Communications media, the lack of formation of parents, and pressures of all kinds destroy family values.

The role that women exercise in the work of the evangelization of our people is not recognized.

Hardly enough attention is given to the evangelization of youth, nor are they included in a *pastoral de conjunto*.

Practically nonexistent are social communications media in Spanish that would form and inform our people in their faith and help them to discover the false values propaganda, and ideologies that flood television, radio, the press, and others.

Farm workers have been, for the most part, forgotten. There are strong prejudices against them; they are not treated with respect; they are not seen to be part of the community; and the Catholic Church has done little to defend, educate, or evangelize them.

The following commitments were made in the light of this reality.

· Commitments ·

The Hispanic people seek to provide through these commitments a response to the most urgent needs.

That is why we must listen, reflect, and evaluate in such a way that our evangelization responds to the real needs of the people to whom it is directed.

10. We, as Hispanic people, commit ourselves to create and maintain small ecclesial communities in order to foster and share the Christian gifts incarnated in the Hispanic culture, developing the ecclesial awareness of our people, promoting a Church that is prophetic, evangelizing, communitarian, and missionary; in order to attract those alienated and separated from the ecclesial structures; in order to continue catechesis in accordance with the needs of our people; and in order

to encourage prayer and reflection, sharing our faith, customs, and material and spiritual resources.

11. We, as Hispanic people, commit ourselves to collaborate in the development of a plan of *pastoral de conjunto* that will be adapted to the diocese by the bishop, priests, and laity, based on a study and analysis of the real needs of Hispanics, taking into consideration their culture, language, and customs.

12. We, as Hispanic people, commit ourselves to promote the creation of Pastoral Centers that would include number eight of the *Working Document,* giving special attention to the formation of the agents of pastoral leadership.[3]

13. We, as Hispanic people, commit ourselves to achieve greater authority and power for the offices of the Hispanic apostolate in order that they be authentic evangelizing instruments of our people.

14. We, as Hispanic people, commit ourselves to develop a style of evangelization that is more personal, oriented toward the formation of small communities, where the integral message of salvation may be lived and proclaimed.

15. We, as Hispanic people, commit ourselves to develop a plan of consciousness raising and analysis of the existing mass communications media controlled for materialistic purposes and without a Christian value system, thus bringing into light its deceitful scale of values.

16. We, as Hispanic people, commit ourselves to create television and radio programs that reflect our religious, cultural, political, and socioeconomic reality, capable of penetrating them with an integral evangelizing dimension that embraces the totality of the person.

17. We, as Hispanic people, commit ourselves to be authentic evangelizers, promoting Christian values that spring from the family, society, and the Church in order to eliminate all abuse and exploitation.

INTEGRAL EDUCATION

Introduction

Education that promotes the insertion of the human person into the historical task of the people is an inalienable right of each human being. This right is guaranteed by the *Declaration of Human Rights* of the United Nations, and the Church has been an advocate for this basic right, especially by means of her encyclicals on social doctrine, the declarations of the popes of this century, and the great ecclesial events of our times, such as the Second Vatican Council, Medellin, and Puebla.

This kind of education includes many distinct areas of human life, such as culture, language, and family, as well as the social, intellectual, emotional, and spiritual formation of the person, including vocational training.

Integral education is a global formation in the economic, political, social, cultural, family, and church aspects of life, which leads to maturity of faith and a sense of responsibility for history. Given the marginalized situation of our people, this form of education takes on a great importance in the process of liberation.

As followers of Christ and members of the Church, we have found our *raison d'etre* in the person of Jesus, who is the Way, the Truth, and the Life. As a result, integral education must be for us an evangelizing education that contributes to the total conversion of the person, "not just the innermost, individual ego of the person but also that person's peripheral and social ego. It should radically orient human beings to genuine Christian freedom, which opens them to full participation in the mystery of the risen Christ: i.e., to filial communion with the Father and to fraternal communion with all their fellow beings."[4]

Integral education will prepare the person to observe, judge, and act with the mind of Christ, in the heart of the Church, for the promotion of the peace, justice, love, and truth of the Kingdom of God.

The commitments made at the III Encuentro are based on this option and on the concrete reality people live.

Looking at Our Reality

Lack of Education

Our people suffer a great shortage of educational resources and programs that are adequate and respectful of their cultural values, as well as a lack of educational communication. On the other hand, they are victims of a training that educates for inequality and fosters discrimination and racial prejudice.

The situation of exiles, refugees, those in prison, the marginalized, immigrants, and the undocumented urgently demands an integral education that will help them to be integrated into their new reality.

One of the primary factors standing in the way of the education of the Hispanic people is their economic condition.

Basic education is necessary if one is to transform society, move ahead, and organize the community.

Migration by the Hispanic people is constant. The Hispanic people feel that they belong to both Americas.

Education in politics is necessary so that it will facilitate full participation in the democratic process of school and government bodies, in the Church and in society.

Lack of Commitment by the Church

The Church is still lacking full awareness of her responsibility with the Hispanic people insofar as she does not provide enough help or denounce concrete and institutionalized injustices.

Education must help people to be the subjects of history within God's plan of salvation.

Hispanic clergy are needed as a defense against assimilation and a remedy for the lack of integral education.

Many times, the experience in a parish makes the people feel that many pastors and directors of religious education don't know what to do with Hispanics and are even afraid of them.

Hispanic youth need a Catholic formation.

Some Urgent Needs

Programs especially directed to the education of the family are necessary.

We lack leaders in neighborhoods who can work in the political field, etc.

The creation of centers for evangelization and the formation of lay leaders is urgent.

Greater and better use of communications media is needed.

In the light of this reality, the following commitments were made.

· Commitments ·

18. We, as Hispanic people, commit ourselves to promote the creation of a program for integral education that embraces the totality of the person within his or her reality and that includes spiritual, socioeconomic, political, and multicultural formation, etc. This program will give priority to the family—the primary educator—CEB *(Comunidades Eclesiales de Base)*, youth, women, the poor and marginalized (farm workers, urban workers, prisoners, the undocumented, refugees, migrants…).

19. We, as Hispanic people, commit ourselves to collaborate in order to achieve the personal awareness and consciousness raising of our pastoral leaders—clergy; religious; laity; directors of seminaries, houses and institutions of religious formation, and campus ministries—on the importance that our language, culture, historical reality, and popular religiosity have in our integral formation (religious, social, economic, and political).

20. We, as Hispanic people, commit ourselves to work in order to establish bilingual and bicultural centers and mobile teams at all levels, which are necessary for the promotion and integral education of the Hispanic people, including the formation of CEBs.

21. We, as Hispanic people, commit ourselves to acquire, using and producing religious and civic mass communications media in order to develop informational and educational programs according to the needs of the Hispanic people, especially of the marginalized.

22. We, as Hispanic people, commit ourselves to become involved in the Catholic and public educational system (PTA, school board, etc.) and to use all our influence and capabilities to advocate:

    (a) bilingual and bicultural programs and materials;

    (b) an educational system that would give Hispanics the opportunity for higher education (high school, college, university);

    (c) orientation and financial aid for students with the greatest need: youth, farm workers, women, the handicapped, the undocumented, urban workers, and others;

    (d) bilingual and bicultural religious education;

    (e) educational programs in the areas of political, social, and human rights;

    (f) special educational programs for migrants.

SOCIAL JUSTICE

Introduction

The theme of "Social Justice" is central to the Christian life. Already, in the Old Testament tradition, we find a constant call to conversion, leading to a change of sinful structures as well as to personal conversion, the lack of which is, many times, the root of social injustice.

Social justice flows from the teachings of Jesus in a special manner. Faithful to her founder, the Church has sought throughout her history to respond to this challenge in different ways. She has established ministries, works of charity, and religious communities dedicated to the care of the less fortunate. In more recent times, she has addressed new areas of controversy, such as the social order, the right to work, a just salary, the foreign debt of nations, international assistance, relations between rich and poor countries, the problem of underdevelopment and development, as well as the models of communism and capitalism as systems that desire to respond to the multiple aspects of the social justice question.

During the last fifteen years, in the I, II, and III Encuentros and in the regional and diocesan encuentros, Hispanic Catholics across the country have been treating this theme as a constant because of their own social condition and because of an authentically Christian desire to build a new society and a Church that is an advocate and example of justice.

Our Socioeconomic Reality

Many themes and references to social problems have appeared throughout the process of the III Encuentro. We will highlight only a few that seem to be repeated more often in the reflections of different communities.

Unjust Situations in Society

We denounce, as the cause of injustice which a large number of persons suffer, the profound differences that exist among our people between the rich and the poor, between owners and workers, and between intellectuals and the illiterate and also the profound disparities between this country and the poor and underdeveloped countries from which many of us come, thus creating an unjust world. We, likewise, denounce every kind of exploitation. The poor die of hunger, while this country produces more weapons.

We consider it an urgent necessity that attention be given to the exiled, refugees, those in prison, the marginalized, immigrants, the undocumented, the handicapped, the elderly, and single-parent families.

Undocumented workers live in constant fear due to abuse by immigration officers and other public officials. Industrial workers suffer abuse by businesses that relocate industries and other production services solely for financial gain. Agricultural workers are exploited, as are their families, by low wages, unhealthy and inhuman working conditions, and rejection of their efforts at union organizing.

The reality in cities is that our people are weighed down by unjust distribution of public services and the exploitation of workers in the world of industry.

There are not enough programs of bilingual education for us to get ahead. For this reason, we can only expect to obtain low-paying jobs (field work, cleaning jobs, or restaurant work); too often, discrimination accounts for the fact non-Hispanics are chosen for better jobs.

Hospitals frequently do not take care of our people who are without money and social security. That health is a right, and not a privilege, is forgotten. On many occasions, police abuse Hispanics and do not respect their human rights.

Social communications media are seldom used to help the people of the United States grow in awareness of these situations.

Money spent for weaponry increases unemployment in this country and causes cutbacks in the budget for social services.

Unjust Situations in the Church

All too often there is a divorce between faith and justice. The Gospels are known; the social teaching of the Church is articulated and preached, but it is not always put into practice.

The Church has done little to provide help or education in the area of justice. In some communities, she does not help to prepare leaders among our people, and the leaders we have often overlook the condition of injustice in which others live.

The Church needs to do more in the areas of immigration and social interaction and to fight against discrimination, thus, putting into practice the recognition of rights, responsibility, and equality.

There are also a significant number of parishes that discriminate against Hispanics. In some of them, our people still feel themselves to be "outsiders" and, at times, are even rejected because they are Hispanics.

Contributions of the United States to Injustices in Latin America

Thousands of persons have been displaced from their countries because of the situation of extreme poverty in Latin America, caused, among other reasons, by the business practices of the United States.

The United States, at times, even inveighs against the people who are looking for justice in Central America.

With our taxes we collaborate—involuntarily—with the proliferation of arms and the destruction of our own people.

We denounce:

- the situation of injustice and oppression that Latin America suffers as a result of the cultural, economic, military, and political intervention of rich nations;

- the hunger and poverty that these people suffer;

- violence and the arms race;

- and any use whatsoever of nuclear weapons.

The following commitments were made in the light of this reality.

· Commitments ·

23. We, as Hispanic people, commit ourselves to denounce injustices and to struggle for human rights in all their dimensions, especially:

    (a) the inalienable right of the worker to live and work in any place without discrimination;

    (b) the right of each worker—man or woman, farm worker, migrant, with or without documentation, refugees—to receive just wages, housing, and needed social services;

    (c) the right of refuge for all those who suffer persecution of any kind: social, economic, political or religious;

    (d) the right to defend life from its conception and to struggle so that it may always be respected.

24. We, as Hispanic people, commit ourselves to support the statements and policies of our bishops in the United States regarding immigration, as well as their efforts on behalf of the rights of immigrants and the undocumented. We ask that just immigration laws be promulgated, and we reject any Congressional bill that discriminates against Hispanics.

25. We, as Hispanic people, request that the communications media be used to denounce violence and injustice aimed at the family, youth, women, the undocumented, migrants, refugees, farm workers, factory workers, and the imprisoned.

26. We, as Hispanic people, commit ourselves to contribute to the development and implementation of a plan of action for social justice on a national, regional, diocesan, and parochial level. It should include programs of:

    (a) conscientization regarding the injustices that oppress our people;

    (b) a formation for justice according to the social doctrine of the Church;

    c) information and legal defense;

d) literacy and training;

e) civil and political formation;

f) medical assistance.

27. We, as Hispanic people, commit ourselves to work so that the Church may set an example in practicing her own social doctrine.

28. We, as Hispanic people, commit ourselves to advocate the renewal of the traditional parish in order that it be open and effectively multicultural.

29. We, as Hispanic people, commit ourselves to become critically aware of oppressive political and economic systems, as well as of the arms race and the interventionist foreign policy of the great powers, following the guidelines of the magisterium of the Church.

YOUTH

Introduction

Youth are not merely the future of the Church but rather the young community of today's Church.

Nonetheless, it is a frequent experience that they do not always feel this way but, instead, feel marginalized and overlooked.

That is why youth have been one of the priorities throughout the process of the III Encuentro.

Reality of Hispanic Youth

Youth Estranged from the Church

Our youth constitute 54 percent of the Hispanic community, yet 99 percent are estranged from the Church.

"[Most] of us believe in God but we do not practice our faith nor participate in the life of the Church."[5] Many question its authenticity.

Problems with drugs, abortion, dropping out of school, and other matters are quite frequent among those alienated youth.

The dominant culture continuously tries to tear them away from their cultural roots and, thus, to make them very often feel ashamed of being Hispanic. Lack of cultural identity is one of the most serious problems that Hispanic youth face.

Involved in a materialistic and consumer-oriented society that throws their values into confusion through commercial propaganda, Hispanic youth live in a vast emptiness from which they seek to escape by means of false solutions, sometimes even to the point of suicide.

Impoverished Youth

Poverty is another oppressive factor for Hispanic youth, one that keeps them from moving ahead.

Even when they exert themselves in their studies, many young people grow frustrated since they lack financial support or the support of educators for them to pursue their careers.

Among young people who are migrant farm workers, many have to work instead of studying because their families do not have enough money.

This condition of poverty requires the parents to spend long hours away from home, thus weakening family life and causing children to grow up without the necessary upbringing. Oftentimes, pressures brought on by poverty end up in frustrations that lead to the abuse of minors in the family.

Youth Hunger for Formation

We are looking for a profound Christian formation; the preparation we receive for first communion is hardly enough.[6]

The Catholic Church lacks formation programs. Other religions attract our youth, offering them programs that are of high quality and sensitive to their situation as youth are of high quality and sensitive to their situation as youth and Hispanics.

We want our religious celebrations (Our Lady of Guadalupe, *posadas, quinceañeras,* baptisms, etc.) to retain their original Christian meaning and not to degenerate into mere worldly festivities.[7]

The Church needs to foster youth leadership. This leadership must not be directed at youth with a pastoral ministry totally closed in on itself; rather, it should project itself toward the world in an authentic commitment that springs from within the people.

Many of us who are involved in the Church see the need to reach out to the alienated, but we do not find sufficient support nor are we adequately organized to do so.[8]

Vocations to Christian service among youth are many times discouraged by parents. We need to promote vocations in our families.

The Catholic Church does not have enough personnel with preparation and commitment who can attend to the needs of Hispanic youth. Training is needed for youth leaders and adults to serve as moderators.

Difficulties in Communication

In the Hispanic community, communication between parents and children is complicated due to tensions brought about by different systems of cultural values, language, and a lack of preparation on the part of parents. That is why we need programs of family education.

Another urgency, in due time, will be a national coordination for the promotion of youth pastoral ministry that takes Hispanic cultural dimensions into account and promotes programs of formation, cultural identity, leadership, and education in all the regions of the country. This national coordination should be an integral part of the *pastoral de conjunto* and included within the *National Pastoral Plan.*

Our youth are called to be bridges between the Hispanic and the North American cultures, thus integrating the good from both cultures.

Prophetic Youth

Hispanic youth in all the regions of the country have been announcing and denouncing, raising their prophetic voice:

As Hispanic young people, as members of the Catholic Church, we wish to raise our prophetic voice in order to announce the values of the Gospel, to denounce sin, to invite all youth to struggle for the Kingdom of God.

First of all, we announce the option for peace as against violence (Mt 26:51; 2 Cor 5:18); for love as against injustice (Jn 15:17); for good as against evil (Dt 30:15); for the family as a fundamental value through which faith is transmitted (Eph 6:4); and for maintaining one's own culture.

Likewise, we denounce materialism, which leads us to believe that the important thing in life is to have more and more in contrast to the teachings of the Gospel (Mt 6:25-30; *PP*, no. 19).

We denounce the injustice and oppression that Latin America suffers as a result of the cultural, economic, military, and political intervention of wealthy nations.

We denounce the hunger and poverty that our people, with whom Jesus identifies, suffer (Mt 25:31), the violence (Mt 26:52), and the arms race *(The Challenge of Peace,* no. 204); we are opposed to any use of nuclear weapons (Ibid., no. 215).

We denounce the Melting Pot theory and make an option for learning the culture of this country without forgetting our own (*EN*, no. 20). We denounce abortion, the abuse of drugs and alcohol, and the negative and manipulative influence of commercial propaganda that creates false needs.

We do not just denounce these injustices, we also feel ourselves called to struggle for peace in the world, to live a more simple life–style in solidarity with our poor brothers and sisters, and to reach out beyond our nationalities, races, languages, and socioeconomic levels so as to be really one Catholic family.

Likewise, let us contribute our joy and enthusiasm to the liturgical style of the ecclesial community of the United

States. Let us be aware that we can change the world with our way of life today.[9]

In the light of this reality, the following Commitments were made.

· Commitments ·

30. We, as Hispanic people, commit ourselves to create an office that coordinates at the national level the Hispanic youth pastoral ministry on a permanent basis; it should communicate with regional, diocesan, parochial, and grass-roots levels. This coordination should create integral programs of formation, guidance, and conscientization (religious vocations, leadership, human relations, etc.).

31. We, as Hispanic people, commit ourselves to implement, within *the pastoral de Conjunto* plan, a Hispanic youth pastoral ministry at the parochial, diocesan, regional, and national levels, through an option and concrete actions in favor of youth, which should include:

    (a) integral formation of youth in rural and urban areas and help in providing necessary funds;

    (b) a full-time coordinator to be in charge of the development of the Hispanic youth pastoral plan.

32. We, as Hispanic youth, commit ourselves to be missionaries to our own youth (peer ministry), expressing our faith with our own youthful spirit and in the light of the Gospel.

33. We, as Hispanic people, commit ourselves to value the importance of a bilingual and bicultural guidance of youth by adults, in an adequate and respectful manner, with frank communication.

34. We, as Hispanic people, commit ourselves to strive to change educational systems in such a way that our Hispanic youth receive the necessary education, which takes into account their culture, in order that they may be integrated into the American society.

35. We, as Hispanic people, commit ourselves to the

creation and implementation of leadership training programs for youth so that they can participate with other youth, adolescents, children, elderly, and adults by promoting associations and movements.

36. We, as Hispanic people, commit ourselves to promote activities in order to seek funds that would help provide scholarships and youth programs.

37. We, as Hispanic people, commit ourselves to promote the unity of the Christian family through integral education of both parents and children.

38. We, as Hispanic people, commit ourselves to set an example of practical Christianity to youth and to support their participation and a focus on justice and peace, so that youth may participate in all Church ministries. Thus, we will give a renewing vision of youthful potential.

LEADERSHIP FORMATION

Introduction

Fulfillment of the Church's mission depends greatly on an active commitment of the baptized. Throughout the process of the III Encuentro, the people's reflections underlined a concrete preoccupation with a need for formation of their leaders. Certain key points appeared as a basis for the conclusions of the III Encuentro Nacional Hispano de Pastoral.

These conclusions are to be situated and understood in the light of the specific reality described by people across the country. The following points seek to capture the nub of this reality.

Looking at Our Reality

Lack of Participation

The Hispanic people very much want to participate, and participation is urgent for the evangelization of those who are distant and simple.

The bishops state in their pastoral letter *The Hispanic Presence: Challenge and Commitment:*

> Hispanic political participation is limited by economic and social underdevelopment. Thus Hispanics are severely underrepresented at decision-making levels in Church and society.[10]

In general, we Hispanics are far from the centers of the Church where decisions are made, without the possibility of participating in them whether at the national, diocesan, or parish levels. Our participation is even weaker if we are talking about society and politics.

Lack of Leaders

In our communities, there is a marked shortage of Hispanic lay leaders, priests, and religious, who are trained for and committed to serving the people in a Christian way.

With respect to the Church in particular, even when we make the effort at preparing ourselves to serve, we are not always recognized and accepted in our work.

Another problem is a lack of publicity for and promotion of different services and opportunities for leadership training in which Hispanic people can participate today in the Church.

There is a great lack of education of our people in urban as well as in rural areas. This keeps us marginalized in the face of the dominant culture and does not allow us to develop as persons.

Most of our leaders do not have the necessary qualities needed to be effective, due to a lack of study and preparation and of sensitivity to present problems.

Lack of Formation

There is evidence in many dioceses of a lack of adequate programs for the formation of Hispanic lay ministers; this is especially true in rural areas.

We need preparation in the Bible, church history, the documents of the Church, culture and values, some notions of psychology, group dynamics, and others.

We find ourselves without community organizers, nor is there a clear method for working with the people; neither has support been given to the CEBs.

This need is even greater when dealing with marginalized groups. Great distances make it impossible to take advantage of services provided by centers, and it is very difficult for personnel from these centers to go to all the remote areas.

Need for Raising Consciousness

Ninety percent of Hispanics do not participate in the life of the Church as such. Responsible leadership has not been developed among the Hispanic people, and there is no evident support system.

We need to have a greater participation of the laity in the evangelizing mission of the Church. Up to now, our leaders have not been conscious of their role in Church and society.

Our youth need to have a positive experience of what it means to belong.

We want our leaders to be an example to the community and to serve the people they represent.

The injustices that refugees and the undocumented suffer have their root causes in the unjust policies and world economic system controlled by governments that are without respect for human dignity.

In the light of this reality, the following Commitments were made.

· Commitments ·

39. We, as Hispanic people, commit ourselves to discover, motivate, support, promote, and foster leaders who come from the people, know the people, and live with the people.

40. We, as Hispanic people, commit ourselves to participate in planning and decision making and in assuming positions of responsibility in the Church at all levels (national, regional, diocesan, parochial).[11]

41. We, as Hispanic people, commit ourselves to strive for the creation of centers of integral formation with mobile teams, which should ensure the continuous formation of leaders for all ministries and groups with common interests on diocesan, regional, and national levels.

42. We, as Hispanic people, commit ourselves to assume as our responsibility the promotion of vocations to the priesthood, permanent diaconate, religious life, and lay ministry within the Hispanic people, bearing in mind that the candidates be provided with a formation that responds to the cultural and spiritual needs of our people and permits them to be incarnated in our reality.

43. We, as Hispanic people, commit ourselves to work with our bishops, priests, permanent deacons, and religious so that they will work together with the people and their lay leaders by promoting leadership meetings to unify criteria and bring about mutual support and effective pastoral work.

44. We, as Hispanic people, commit ourselves to raise the consciousness of civic leaders through popular organizations, thus encouraging leadership in our own community.

V. The Follow-Up

What can be done so that the process of the III Encuentro does not end here?

General Guidelines

45. Maintain or form a Diocesan Promoting Team

    (a) to promote and implement the different recommendations of the III Encuentro through parochial, youth, and family teams, both urban and rural;

    (b) to coordinate a newsletter for all the participants of the III Encuentro as a means of continued contact, information, and updating after the III Encuentro;

    (c) to encourage and guide the mobile teams to organize local meetings in their parishes to keep the people informed and involved in the ongoing process of the Encuentro;

    (d) to continue at the parochial level the process of contact with the mobile teams of reflection, organizing parochial workshops, using audiovisual, printed, and other means of communication so that the outcome of the III Encuentro may reach *every* parish community.

46. We propose the development and implementation of a diocesan pastoral plan.[12] This plan should be developed by a diocesan council or commission composed of the bishop, priests, religious, deacons, and laity in charge of carrying out the pastoral plan, evaluating and correcting it, with the authority to demand its implementation.[13]

47. That regional offices and promotional teams

    (a) continue their function as consultants on the diocesan pastoral plans;

    (b) distribute and publicize the materials to the dioceses and convoke regional encuentros every two years;

    (c) inform the community by means of the mass media about the results of the III Encuentro;

    (d) assure the evaluation of the implementation of the III Encuentro.

48. Establish concrete goals in relation to the program of the III Encuentro and periodically evaluate it at the national, regional, and diocesan levels.

49. Begin implementation within the next three to six months.

50. Use the videotape of the pope to give more weight to our work with pastoral agents and the people.

51. Form *Comunidades Eclesiales de Base* for actual implementation of the commitments of the III Encuentro.

Delegates

That the delegates to the III Encuentro, as an effective team:

52. Meet with the Diocesan Promotional Team to keep up-to-date with the developments of the Encuentro. That the first meeting be no later than a month after the III Encuentro, taking the process to the grass roots again.

53. Share, upon returning to their dioceses, their own experience with the leaders of the community, at all levels, and inform them of the results of the III Encuentro.

54. Organize workshops to inform the community and its organizations (parish council, groups of the faithful) about the developments of the III Encuentro. That the Hispanic Apostolate of the diocese and the Promotional Team give them material and technical help, particularly in those places where there is no support from the pastor.

Diocese

How to reach those who have not been involved in the process?

55. That the bishops who are committed with the Hispanic community exercise their good offices so that those bishops who are not yet with us in our efforts will join in the implementation of the III Encuentro commitments in their respective dioceses. For instance, the local Promotional Team of the diocese could organize regular

meetings to help the neighboring dioceses that are not yet participating in the process; in the same way, they should bring this information on the III Encuentro to the seminaries and religious houses of formation in their respective dioceses.

56. Motivate students and professors in Catholic colleges to be informed about and interested in the III Encuentro.

57. Include the thrusts of the "Prophetic Pastoral Guidelines" and the "Commitments" from the III Encuentro in the spiritual renewal programs, RENEW, retreats, Cursillos, etc., profiting from ordinary meetings of existing organizations in the parish.

58. We suggest that the parishes organize an event named "Sunday of the III Encuentro," to make known the Encuentro "Commitments" and contents among the parishioners, emphasizing the participation of those pastoral agents who are not regularly working with Hispanics.

59. We urge the development of a missionary project directed to those who have distanced themselves from the Church, integrating them in small ecclesial communities.These will permit the efficient use of available leaders. Care must be taken that the printed material to be used is edited into simple, easy to understand language.The Promotional Teams should foster the formation of small ecclesial communities among migrant farm workers.On another level, permanent exchanges should be encouraged with the diverse ethnic groups with whom we make up the Church.

National Secretariat

That the National Secretariat for Hispanic Affairs:

60. Publish and distribute the conclusions of the III Encuentro.

61. Promote a campaign at all levels (national, regional, and diocesan) through the mass media—press, television, radio, audiovisual materials, pamphlets, posters, etc.—to cover the continuous development after the III Encuentro.

62. Establish a Sunday, in the near future, as the "National Day of the III Encuentro," to be celebrated at all levels (diocesan, regional, and national) as the feast of the prophetic people, about the "Prophetic Guidelines," and the "Commitments" made during the III Encuentro.

63. Ensure that the movements within the Church and the national organizations review and plan so that their present and future plans and programs follow the "Prophetic Pastoral Guidelines" and "Commitments" of the III Encuentro.

64. Evaluate the III Encuentro at the national level after three years.

65. Organize a national encuentro every five years.

Bishops

66. Let the bishops meet with the delegates to the III Encuentro to plan the dissemination of the conclusions and also as a token of recognition and support.

67. The bishops should meet in their dioceses with the parish priests, deacons, religious, and pastoral agents to let them know the conclusions of the III Encuentro and ensure their cooperation in implementing the "Commitments."

68. We ask the bishops to convoke workshops to evaluate the III Encuentro. These workshops would be the starting point for the preparation of the IV Encuentro Nacional Hispano de Pastoral in 1992, bearing in mind the commemoration of the "Fifth Centennial of the Evangelization of the New World."

VI. *Credo*

The Spirituality of the Encuentro Springs from the Way the People Live Their Christian Lives

On Sunday morning, August 18, 1985, at the III Encuentro small groups expressed their beliefs as an integral part of the process employed. The *Credo is* a summary statement of these beliefs and is an expression of the faith of the Encuentro delegates.

In a process similar to that which the Christian people of the primitive Church went through, the participants at the III Encuentro shared among themselves the meaning of the presence of the risen Christ in their history. The accounts of their Christian experience, both personal and communal, enabled them to discover the richness and profundity of their faith as a Hispanic people and even to formulate a common Creed:

> As we shared our experiences, we saw a rainbow coming into existence. This rainbow, a symbol of the covenant between God and his people, gave meaning to our National Encuentro. United in faith, hope and love, we lived this Encuentro between ourselves and our God as a festival of Life, which God himself offered us.

Colors, Lights, and Tones that Make Up the Rainbow of Our Covenant with God

We believe in the most Holy Trinity, God the Father, Son, and Holy Spirit. We sense his powerful work in our people, and we see it as a model to be followed.

We believe in God the Father, good and generous, who has called us and guided us up to this point, removing us from the slavery of discrimination to the liberty of being gathered together sharing our experience and our hope as Christians.

We believe in Jesus Christ, our Lord and Savior, revealed in our history through his loving and transforming presence, which invites us as a people to the building of the Kingdom.

We believe in the Holy Spirit, in his inspiration and strength given by to our leaders, and in the love, light, and unity that he brought forth among all those gathered here, thus making real the present and future fruits of this Encuentro.

We believe in our identification with Christ, as the suffering people we are. We believe, even as he did, in the divinity of all human beings and in their liberation through love. For this reason, we support and collaborate in the struggle of the poor, who have been humiliated and marginalized, in this way building the Kingdom among us, until all attain everlasting beatitude.

We believe in the leadership of our pastors and political leaders and also of those men and women who work and sacrifice themselves for the Kingdom.

We believe in the role that women have in the Church and in the force for improvement that youth can be.

We believe in an integral and just education, in our communities as models of evangelization, and in social justice as the first fruits of the actualization of the Kingdom.

We believe that, if we are to build the Kingdom, we need to know Christ better and to live a process of continuous personal conversion. We recognize the need for study, for developing communications media in our communities, and for dedication and commitment to action within our parishes.

We believe in the Catholic Church, which is integrated in Christ by means of the communion we, as laity, share with bishops, priests, and men and women religious. We have discovered the love of our pastors, our mission as lay people, and the blessing of being Catholics.

We believe in our Catholicity, in the unity of the diverse races and cultures that share the richness of their values and talents.

We believe in the oneness of our goal, in our journeying together as a pilgrim Church, continuously led and guided by God for the building of the Kingdom.

We feel ourselves accepted as a Hispanic people, with our richness and limitations, fruit of the spiritual, cultural, economic, and sociological reality of our people.

We open our hearts to being continuously evangelized and to carrying on responsibly our vocation of taking the Good News to other persons and groups, especially the young and the poor.

We have faith in our people because we know that God, who abides in a special manner and forever among us, has raised it up. We believe that the waters of the Rio Grande and the Caribbean Sea are a unifying source, for as we cross over them to come here, they allow us to become instruments of God for fertilizing and enriching the land that received us.

We believe that God is renewing his Church in the United States through the enthusiasm, missionary spirit, and prophetic voice of the Catholic Hispanic people.

We trust in prayer and spiritual strength, which give us faith, hope, simplicity, good will, and generosity so that, in the midst of frustration, we can yet accomplish our evangelizing mission and express through our songs the joy of having Christ in our hearts.

We believe that serving others is the best manner of evangelizing and that we are doing this by our actions, for we are sowers of the Word, springs of faith, tireless searchers of the light, instruments of healing and reconciliation, and a prophetic voice for the present, as well as the sign of a new dawn in the mosaic of the Catholic Church in the United States.

We believe in the gift of being a prophetic voice as something given by God to our people and as a means of promoting the unity and love that are necessary for the building of the Kingdom. We believe that this gift commits us to spreading God's message in a clear and efficacious way and, for this, God has given each one of us special gifts for the good of our people, for our Church in the United States, and for all our brothers and sisters throughout the world.

We know what being prophetic means: listening to and then passing on to others God's voice, which gives hope and guidance to his Church; denouncing values contrary to the Kingdom; and working actively so that love may reign.

Our prophetic voice looks for new brothers and sisters to share with them our experience of God's power, which transforms his Church.

Our prophetic witness is given by means of our voice as well as our lives.

We believe in this National Encuentro as well as the total process of the Hispanic Pastoral Encuentros because it was God who called us to participate in them; because it is Christ who invites us to continue walking with him in our pilgrimage toward the Kingdom; because it is the Holy Spirit who inspired the bishops to convoke the Encuentro and has guided us all so that, through these Encuentros, we can realize our mission as Christians.

We believe that this Encuentro has forged ties of unity that will never be broken.

We believe that the process of the Encuentros has permitted our people to express their prophetic voice.

We believe in the "Prophetic Pastoral Guidelines" expressed during this Encuentro with respect to Evangelization, Integral Education, Social Justice, Youth, and Leadership Formation.

We believe in our leaders who have made these Encuentros possible, and especially those who have provided pastoral leadership for this III Encuentro.

We believe in our ability to do pastoral work and in our vision, desire, and preparedness to continue working together.

We so believe in our commitment and sense of responsibility as servants of the Lord that we will dedicate ourselves with greater fervor to guarantee that what we have proposed here becomes reality in our parishes.

We are aware that we have a long road ahead of us and that where there is no road the Lord will open one up.

We believe in Mary, our Mother, who has taken our Hispanic culture under her protection, and who has accompanied us and will accompany us always in our journey as she works to carry the message of Jesus to the whole world.

We believe in the intercession of our beloved Mother and in her example of humility, simplicity, and availability, which form the basis of our Hispanic culture.

We believe that, with Mary at our side, we shall see our dreams come true.

We thank God for all his blessings on our people, for our faith and culture, for the call Christ has made to us at this time, for the continuous help of his Spirit, and for having allowed us to participate in this Encuentro. Amen.

VII. A Theological Pastoral Reflection

The following is a product of the Pastoral Theological Reflection by 35 Hispanic Pastoral Ministers from across the country in Seattle, Washington, October 1-4, 1985, and by 17 bishops of the NCCB Ad Hoc Committee for Hispanic Affairs in Tucson, Arizona, January 21-22, 1986.

God Acts in Our Favor

God's plan of salvation is universal: an invitation goes out to all to become committed agents for its realization.

The Hispanic people, in the course of their history, have been growing in an awareness of the active presence of God in their lives. The Encuentros have marked strong moments of dialogue by this people with God and in the bosom of the Church.

Once again, God reveals his preferential option for the poor as he calls the Hispanic people to their prophetic vocation.[14] Our people assume the responsibility of their call and experience the process of the III Encuentro as a foretaste of a promised fulfillment. Responding to this God, who has revealed himself, and in company with his mother, Mary, the people rejoice, celebrate, and take pleasure in their calling.

Jesus in the Encuentro

At this moment of grace *(kairos)* that was the process and event of the III Encuentro, in seeking to recapture and value their culture and identity, the Hispanic people have discovered Jesus incarnated in their own history, which confirms them in their dignity as the family of God.[15]

A valuing of their culture, language, forms and style of life, of their organization, and customs has created in our Hispanic people a greater sensitivity to and solidarity with other minority groups and with the countries of the Third World, as they develop the dimension of Catholicity respecting and giving value to the "seeds of the Word" present in all peoples.[16]

Through the course of the Encuentro, a unique presence of Jesus is detected, not so much in words as in deeds. Two images of him are reflected: Jesus of Nazareth and the risen Christ.

Our faith in Jesus of Nazareth confirms that promoting the dignity of the human person is essential to the plan of God and that situations of marginalization, discrimination, and exclusion, which deny this dignity, are not part of his plan.[17]

The III Encuentro was an affirmation of the human person and made possible each one's participation with responsibility and equality. The experience of personal divinity also carried our people to an affirmation of human solidarity, to a preferential option for the poor, and to a sense of responsibility in seeking justice for all, even as they commit themselves to actions for change so as to arrive at human communion.[18]

The effort and desire actually to include the alienated in the process of the III Encuentro and the concern for the marginalized, women, migrants, the undocumented, refugees, and prisoners gave our people the experience of identifying with Jesus, who makes the same option. Because of that choice, Jesus issues an invitation for the creation of a people of faith, committed to their own liberation, and he accompanies them in the struggles and challenges that are presented.[19]

The practice of Jesus instructs and encourages us to be steadfast and to accept the consequences of the preferential option for the poor and our solidarity with them.

The experience of solidarity leads them to affirm in faith that all material means and technology must be at the service of the transformation of society and the confirmation of human divinity, rather than being used for materialistic and individualistic ends.

With the experience of the III Encuentro and reflection on its reality, the people became increasingly aware of the social, economic, and political situation in which they live, and they grew in their capacity to create a common task, rising above nationalisms and maturing in their awareness of being Hispanic people.

The experience helped our people to understand that the Kingdom of God, announced and inaugurated by Jesus, is so important that, in comparison with it, everything else is relative.[20] The Kingdom implies not only a change of heart but also overcoming the structural exploitation our people suffer and an end to perpetuating and maintaining situations and structures that are contrary to the plan of God.

Such a conversion of heart should be reflected also in the expectations the people have as they aspire to participate in the structures of power. This they should do only so that they might transform them in accordance with the values of the Beatitudes and the Canticle of Mary.

The Kingdom also challenges us to continue to develop and support freely and creatively models that are compatible with gospel values, both in society and in the Church. The task of transformation and change is a communitarian responsibility.[21]

The historical practice of Jesus reveals him at work fostering harmonious fulfillment of the relationships among woman-man, youth-adult-elderly, classes and races and carrying them all to fraternal reconciliation.[22]

The III Encuentro called our people to reflect together as a community and in groups and gave them the opportunity to experience the behavioral style of Jesus, which creates a new social order where participation, voice, and the responsibility of each one are assured. In this way, all of them assume the task of being agents of their own history.[23]

Through the experience of working together as a team, our people were trained to exercise a style that Jesus practiced throughout his life, where authority is not domination but service and where ministries are not positions of honor but, rather, responses to needs.[24]

The realization of the Kingdom to which Jesus invites us demands our collaboration with other social sectors, persons, and organizations that seek to establish a society based on gospel values.[25]

The Hispanic people are aware of the risks these commitments bring with them, since to live for the Kingdom carries with it a sharing in the death and resurrection of Jesus.[26]

As it happened with Jesus, the Encuentro has shown us the importance of prayer and the need for our union with the Father as we journey along the "way of the cross." The living out of the painful journey with Jesus has also brought us to experience, in a very profound way, the peace of the risen Lord. This has been sensed as we discover the new face of Christ, who is revealed as the new creation in the proclamation and realization of new values with respect to the human person; in our newfound solidarity as a people among peoples of faith; and beyond ourselves with all peoples in the simplicity, joy, and hope that we maintain in the midst of centuries of oppression, together with the living and deceased martyrs of our continent. This hope is also made manifest in the announcement of a new social order, the joy of giving witness to the risen Lord, and a new celestial style that our people begin to live.

A New Style of Church

This new style of Church is one of the richest aspects of the entire Encuentro.[27] As part of the Church in the United States, the Hispanic community proclaims in the Encuentro event and realizes through its process a model of Church in which the prophetic dimension stands out.[28]

The process witnessed a transition from being a "prophetic voice" to articulating and living prophetic commitments. These are made manifest in a people who are a minority without economic means or a sufficient number of specialized pastoral agents, with few leaders, and without satisfactory support. Yet, challenging all these limitations, they have been able to live a process that is already a different manner of being Church. The Church of the majority is faced with a challenge to its common style of pastoral ministry and evangelizing.

The starting point in this process is the socio-religious reality, which is analyzed and judged in the light of the Gospel and the teachings of the Church and then acted upon in this same light.[29]

The Church incarnates itself and wishes to journey together with the people in all their cultural, political, and religious reality; it realizes this incarnation always in a communitarian dimension, as it lives and inspires a variety of communitarian expressions: the family, promotional teams, mobile teams, CEBs, small communities, pastoral teams, and others,[30] making real intensively and extensively the experience of a *pastoral de conjunto*.[31]

The community sees the need and assumes the responsibility of raising up, forming, and accompanying its leaders and ministers.[32]

Also outstanding is the evangelizing dimension that brings

about a commitment to missionary activity, emphasizing an evangelization directed preferentially at the most separated persons and groups.[33] This evangelization is realized also in small groups and communities (CEBs, mobile teams, visitation groups, and others).

It promotes an integral evangelization that emphasizes and is committed to social justice and demands of itself the justice it preaches.[34]

This evangelization is thought of in a circular and open way: agents and communities in the process of evangelizing are at the same time evangelizers and evangelized.

Throughout the process and the event, there has been evident a profound desire and, even at times, an anxiousness for integration and unity within the Catholic Church in the United States. The total experience promotes unity and participation. Yes, the Hispanic people want to enjoy full participation as members of the Church but not at the price of renouncing their culture and manner of expressing their faith.[35]

The experience and the vision of the III Encuentro repeat those expressed and lived in the I and II Encuentros, while supporting their deepening.

This theological pastoral vision demands of the Hispanic component of the Church, as well as the majority component, a continual conversion, since we are all a Pilgrim Church.

A Prophetic Church

This ecclesial style also highlights the prophetic role, especially with respect to the more outstanding themes that flow from the reality we live. The Church, after the Second Vatican Council, is not content to look within herself. She also looks out at the world in its totality to realize there the presence of God, which denounces sin and announces a new set of values.

The arms race, as well as those elements in the media of social communications that alienate the human person and impede his or her liberation—for example, consumerism, eroticism, pornography—stand condemned. Social and political systems that, instead of fostering the growth of the human person, are elements of oppression also stand condemned. That is why there is special need for the promotion of leaders who not only will work within the Church but will also penetrate the spheres of influence in all of society to be leaven for the Kingdom.

In the midst of a competitive society that protects the privileged, the ecclesial style of our Encuentro—following in the footsteps of Vatican II, Puebla, the magisterium of the popes, and especially of Jesus himself—makes an option for the poor, youth, women, for the rights of the unborn, the undocumented, farm workers, and all the marginalized in society.

VIII. *Mística*

These prayers gather together the values and feelings that enlighten, motivate, and move us in our journey as Hispanic people, as disciples of Jesus and as members of the Church through history.

They express the *mística* that inspires our response to God in the womb of Church and society.

These prayers are an expression of our spirituality.

The following litanies and prayer were composed by the members of the NCCB Ad Hoc Committee for Hispanic Affairs during the Theological Pastoral Reflection in Tucson, Arizona, January 21-22, 1986.

First Litany

- For the love you have for all of us, which creates a singular trust in all your people, we give you thanks, O Lord.
- For the respect that your people have for your wisdom and justice, we give you thanks, O Lord.
- For giving us Mary as model and inspiration of docility to the Spirit, we give you thanks, O Lord.
- For our people's appreciation for the passion of Christ, which has moved them to carry their cross with a redemptive value, we give you thanks, O Lord.
- For the symbols of our heritage that burst forth from the popular religiosity, the music, the dance, and the colors of the earth, we give you thanks, O Lord.
- For the tenderness experienced by our people throughout history through Mary's presence, we give you thanks, O Lord.
- For the solidarity of the bishops in the journey of our Church, we give you thanks, O Lord.
- For the gift of gospel joy in our people, we give you thanks, O Lord.
- For giving us the understanding that our life is a pilgrimage toward you and for revealing to us that our actions have a value beyond this mortal life, we give you thanks, O Lord.
- For the gift of your presence among us, which animates and comforts us in all joyful or sorrowful situations, we give you thanks, O Lord.
- For the desire of our people to fulfill your will in their life, we give you thanks, O Lord.
- For feeding us in Word and sacrament in the small groups, we give you thanks, O Lord.

- For giving us an awareness that you use the weak to confound the strong, we give you thanks, O Lord.
- For helping us preserve our faith even in the midst of suffering, we give you thanks, O Lord.

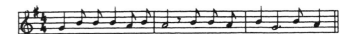

We give you thanks, O Lord   We give you thanks, O Lord

Second Litany

Lord Jesus, you have called us to be your shepherds, to assist you in feeding and guiding your people. This gift has allowed us to discover the dignity, the beauty, and generosity of your people and your presence in them.

- For the gift of being servant to your people, we give you thanks, O Lord.
- For learning to "be poor and just" with them, we give you thanks, O Lord.
- For discovering your presence in your people, we give you thanks, O Lord.
- For the eagerness of your people to serve us and one another, we give you thanks, O Lord.
- For the respect and love of your people for us and one another, we give you thanks, O Lord.
- For the spirit of unity, hospitality, community, and commitment of your people, which moves them to break barriers among peoples, we give you thanks, O Lord.
- For the gift of hope in your people, which is not only the promise of a better life, but also the motivation to work for a new society in solidarity with those who suffer, we give you thanks, O Lord.
- For the spirit of prayer, joy, and celebration of your people expressed in fiesta as the manifestation of the resurrection, we give you thanks, O Lord.
- For the expressions of love for Jesus and his Mother in the hearts of your people, we give you thanks, O Lord.
- For these and all the wonderful gifts shared with your people, we give you thanks, O Lord.

Music composed by Joseph J. Madera, MSpS, Bishop of Fresno, for the Theological Pastoral Reflection held in Tucson, Arizona, January 21-22, 1986. Used with permission.

Prayer

Dear God,

We thank you for our joy, for our faith in you and in your active presence, for the gift of hope which is not only the promise of a better life, but also the motivation to work for a society in which each person is respected.

We give you thanks for our hope, which suffering has failed to suffocate, hope that, on the contrary, has developed and now impels us to struggle in solidarity with those who suffer as we do. We thank you for the gift of hospitality, which leads us to create a Church open to everyone, a Church that respects each person, and we thank you for our strong family sense, which moves us to break down barriers among peoples and to form a true society of sisters and brothers.

Give us the faith to discern your way and the strength to persevere in your truth.

Amen.

The following prayer was composed by the pastoral ministers gathered for the Theological Pastoral Refection in Seattle, Washington, October 1-4, 1985.

Prayer

Lord, you who are the Lord of all,
we, the Hispanic people of the United States,
conscious of being a people with our own identity,
born of common roots,
cultural traditions, language, and faith,
and in diversity united,
direct this prayer to you.

Lord and Master of history,
we, a people, as we experience the same hungers and
hurts, make a preferential option for the poor,
and we stand in solidarity with this suffering humanity.

From your creative womb, we have been born;
we are your family, your believing people.
In this moment of grace we feel ourselves called
to a "Prophetic Mission;"
working together and participating in community,
we speak in your name to Church and society.

Raised up as a people, intent on being authors
of our own history,
we walk with hope and in a progressive process.
Together we contribute to the coming
of the Kingdom of God here and now,
struggling to establish the new society, with an economy,
relationships, and values based on the love and the
justice of your Son, Jesus Christ.
We ask this in company with Mary,
the Mother of all believers.

Amen.

Special Thanks

NCCB Ad Hoc Committee for Hispanic Affairs

Members

Most Rev. Roberto F. Sánchez,
   Archbishop of Santa Fe, Chairman
Most Rev. Juan Arzube,
   Auxiliary Bishop of Los Angeles
Most Rev. Thomas A. Donnellan,
   Archbishop of Atlanta
Most Rev. Paul Donovan,
   Bishop of Kalamazoo
Most Rev. Patrick F. Flores,
   Archbishop of San Antonio
Most Rev. Francisco Garmendia,
   Auxiliary Bishop of New York
Most Rev. Joseph L. Imesch,
   Bishop of Joliet
Most Rev. José Madera,
   Bishop of Fresno
Most Rev. Edward A. McCarthy,
   Archbishop of Miami
Most Rev. Manuel Moreno,
   Bishop of Tucson
Most Rev. Peter A. Rosazza,
   Auxiliary Bishop of Hartford
Most Rev. Michael Sheehan,
   Bishop of Lubbock
Most Rev. William S. Skylstad,
   Bishop of Yakima
Most Rev. Paul E. Waldschmidt,
   Auxiliary Bishop of Portland

Consultors

Most Rev. David Arias,
   Auxiliary Bishop of Newark
Most Rev. Gilbert E. Chávez,
   Auxiliary Bishop of San Diego
Most Rev. Álvaro Corrada,
   Auxiliary Bishop of Washington, D.C.
Most Rev. Alphonse Gallegos,
   Auxiliary Bishop of Sacramento

Most Rev. René Gracida,
   Bishop of Corpus Christi
Most Rev. Roger M. Mahony,
   Archbishop of Los Angeles
Most Rev. Raymond J. Peña,
   Bishop of El Paso
Most Rev. Ricardo Ramírez,
   Bishop of Las Cruces
Most Rev. Plácido Rodríguez,
   Auxiliary Bishop of Chicago
Most Rev. Agustín Román,
   Auxiliary Bishop of Miami
Most Rev. Arthur N. Tafoya,
   Bishop of Pueblo
Most Rev. René Valero,
   Auxiliary Bishop of Brooklyn

NCCB/USCC Secretariat for Hispanic Affairs

Mr. Pablo Sedillo, Director
Rev. Vicente O. López
Ms. Rose Marie Salazar
Mrs. Rosalva Castañeda
Mrs. Carmen C. Etienne

III Encuentro Executive Committee

Rev. Juan Romero,
   III Encuentro National Coordinator
Sr. Consuelo Tovar, Chairperson
Most Rev. Juan Arzube
Mr. Jimmy López
Sr. Dolorita Martínez
Sr. Elisa Rodríguez
Rev. James Tamayo
Rev. Mario Vizcaíno

Equipo Promotor Nacional, (EPN)

Mr. Pepe Alonso
Mr. Leonard Anguiano
Rev. Msgr John Campbell
Rev. Eugene Cañas
Rev. Ricardo Chávez
Most Rev. Alvaro Corrada
Mr. Raúl Feliciano
Rev. Ramón Gaitán
Sr. Soledad Galerón
Rev. Rudy Juárez
Mr. Eduardo Kalbfleish
Rev. Tom Kozeny
Sr. Elisa Martínez
Mr. Enrique Méndez
Mrs. Olga Villa Parra
Rev. Pedro Ramirez
Most Rev. Agustín Román
Mr. Primitivo Romero

Mr. Reyes Ruiz
Mr. Benito Serenil
Rev. Juan Sosa
Mr. Baldomero Torres
Mrs. Mavi Torres
Ms. Carmen Villegas
Sr. María de Jesús Ybarra
Sr. Dominga Zapata
Sr. Rosa Marta Zárate

Equipo Facilitador Nacional

Sr. Carolee Chanona
Rev. George Crespín
Ms. Maria Luisa Gastón
Rev. José Marins
Rev. Domingo Rodríguez
Sr. Teolide Trevisán

Notes

1. National Conference of Catholic Bishops, *The Hispanic Presence: Challenge and Commitment* (*HP*), pastoral letter of the U.S. Bishops, Washington, D.C.: USCC Office of Publishing and Promotion Services, 1983, no. 18.

2. Pope Paul VI, *Evangelii Nuntiandi* (*EN*), apostolic exhortation (On Evangelization in the Modern World), Washington, D.C.: USCC Office of Publishing and Promotion Services, 1975, no. 20.

3. III Encuentro Nacional Hispano de Pastoral, *Working Document,* Washington, D.C., August 1985, no. 8, p. 15.

4. Secretariat for Latin America, NCCB, *Puebla Conclusions* of Third General Conference of Latin American Bishops on "Evangelization at Present and in the Future of Latin America," Washington, D.C.: USCC Office of Publishing and Promotion Services, 1979, no. 1026.

5. *Working Document,* no. 1, p. 101.

6. Ibid., no. 7, p. 104.

7. Ibid.

8. Ibid., no. 9, p. 105.

9. Ibid.

10. *HP*, no. 7.

11. *Working Document,* no. 7, p. 120.

12. Ibid., no. 9, p. 16.

13. Ibid., no. 9.2, p. 16.

14. Cf. Lk 4:18-19; Mt 11:3-5; *EN*, no. 12; Second Vatican Council, *Lumen Gentium* (*LG*) (Dogmatic Constitution on the Church), no. 8.

15. Cf. Phil 2:6-11; Gal 4:4; Second Vatican Council, *Ad Gentes* (*AG*) (Decree on the Missionary Activity of the Church), no. 3.

16. Cf. Second Vatican Council, *Gaudium et Spes* (*GS*) (Pastoral Constitution on the Church in the Modern World), no. 57; *HP*, no. 14.

17. Cf. *GS*, no.17; *EN*, nos. 30-31, Pontifical Commission for the Means of Social Communication, *Communio et Progressio* (*CP*) (Communications: A Pastoral Instruction on the Media, Public Opinion, and Human Progress), Washington, D.C.: USCC Office of Publishing and Promotion Services, 1971, ch. 1; *HP*, no. 3.a.

18. Cf. Mt 25: 34-45; Rom 8:28-30; *LG*, no. 9; *EN*, no. 36; *Proceedigns of the II Encuentro Nacional Hispano de Pastoral (II ENHP)*, "Evangelization and Political Responsibility," Washington, D.C.: NCCB/USCC Secretariat for Hispanic Affairs, 1977, no. 2.

19. Cf. 1 Pt 2:9; *EN*, no. 13.

20. Cf. Mt 6:32; *EN*, no. 8.

21. Cf. Mt 4:17, 5:1-12; *EN*, nos. 10, 18-19.

22. Cf. Phil 2:6-11; Gal 3:27-28.

23. *HP*, no. 12.b.

24. Cf. Jn 13:4-17.

25. *GS*, no. 42; *CP*, ch. 1.

26. Cf. Jn 12:23-26; Mt 16:24-26.

27. *II ENHP*, no. 4c.

28. *LG*, nos. 12, 35; *The Bishops Speak with the Virgin* (PLHB), pastoral letter of the Hispanic Bishops of the United States, Washington, D.C., 1982,.ch. 2, b; *HP*, no. 16.

29. *GS*, no. 3.

30. Acts 2:42-47; *GS*, no. 1; *EN*, no. 58; PLHB, ch. 3, a, b, c; *HP*, no. 3.c.

31. *HP*, nos. 11-12; Puebla, nos. 642, 1222, 1307.

32. *HP*, no. 12.d.

33. *EN*, no. 59-60, 63.

34. *LG*, no. 8; Pope VI, *Populorum Progressio (PP)*, encyclical (On the Development of Peoples), Washington, D.C.: USCC Office of Publishing and Promotion Services, 1967, no. 82; *HP*, no. 12.i.

35. *GS*, no. 53; *EN*, nos. 20, 62-63.

National Pastoral Plan for Hispanic Ministry

Approved in November 1987
First Published in January 1988

Contents

Preface

1. This pastoral plan is addressed to the entire Church in
    the United States. It focuses on the pastoral needs of
    the Hispanic Catholic, but it challenges all Catholics
    as members of the Body of Christ.[1]

    We urge that the plan be studied carefully and taken
    seriously. The result of years of work involving
    thousands of people who participated in the III
    Encuentro, it is a strategic elaboration based on the
    conclusions of that Encuentro.

2. We, the Bishops of the United States, adopt the
    objectives of this plan and endorse the specific means
    of reaching them, as provided herein. We encourage
    dioceses and parishes to incorporate this plan with due
    regard for local adaptation. We do so with a sense of
    urgency and in response to the enormous challenge
    associated with the ever-growing presence of the His-
    panic people in the United States. Not only do we
    accept this presence in our midst as our pastoral
    responsibility, conscious of the mission entrusted to us
    by Christ,[2] we do so with joy and gratitude. For, as we
    stated in the pastoral letter of 1983, "At this moment
    of grace we recognize the Hispanic community among
    us as a blessing from God."[3]

    We present this plan in a spirit of faith—faith in God,
    that he will provide the strength and the resources to
    carry out his divine plan on earth; faith in all the People
    of God, that all will collaborate in the awesome task
    before us; faith in Hispanic Catholics, that they will
    join hands with the rest of the Church to build up the
    entire Body of Christ. We dedicate this plan to the
    honor and glory of God and, in this Marian Year, invoke
    the intercession of the Blessed Virgin Mary under the
    title of Our Lady of Guadalupe.

I. Introduction

3. This *National Pastoral Plan* is a result of the commitment expressed in our pastoral letter on Hispanic ministry, *The Hispanic Presence: Challenge and Commitment.*

> We look forward to reviewing the conclusions of the III Encuentro as a basis for drafting a National Pastoral Plan for Hispanic Ministry to be considered in our general meeting at the earliest possible date after the Encuentro.[4]

This plan is a pastoral response to the reality and needs of the Hispanic people in their efforts to achieve integration and participation in the life of our Church and in the building of the Kingdom of God.

4. Integration is not to be confused with assimilation. Through the policy of assimilation, new immigrants are forced to give up their language, culture, values, and traditions and adopt a form of life and worship foreign to them in order to be accepted as parish members. This attitude alienates new Catholic immigrants from the Church and makes them vulnerable to sects and other denominations.

By integration we mean that our Hispanic people are to be welcomed to our church institutions at all levels. They are to be served in their language when possible, and their cultural values and religious traditions are to be respected. Beyond that, we must work toward mutual enrichment through interaction among all our cultures. Our physical facilities are to be made accessible to the Hispanic community. Hispanic participation in the institutions, programs, and activities of the Church is to be constantly encouraged and appreciated. This plan attempts to organize and direct how best to accomplish this integration.

5. The plan has its origins in our pastoral letter, and it is based on the working document of the III Encuentro and the Encuentro conclusions. It takes seriously the content of these documents and seeks to implement them.

It takes into account the sociocultural reality of our Hispanic people and suggests a style of pastoral ministry and model of Church in harmony with their faith and culture. For this reason it requires an explicit affirmation of the concept of cultural pluralism in our Church within a fundamental unity of doctrine as expressed so many times by the Church's magisterium.[5]

This plan employs the methodology of a *Pastoral de Conjunto* where all the elements of pastoral ministry, all the structures, and all of the activities of pastoral agents—both Hispanic and non-Hispanic—are coordinated with a common objective in view. To integrate this plan into the planning process of church organization, departments, and agencies at all levels (national, regional, diocesan, parish) will require local adaptation so that all elements of pastoral ministry are operating in unison.

The plan's general objective is a synthesis of the prophetic pastoral guidelines approved at the III Encuentro. It provides the vision and orientation for all pastoral activity. [6]

This document is also a response to the proselytism of the sects. Its effectiveness requires the renewal of our parish structures, active participation by pastors and administrators, and a renewed missionary attitude at all levels of our Church.[7]

6. Pastoral planning is the effective organization of the total process of the life of the Church in fulfilling her mission of being a leaven of the Kingdom of God in this world. Pastoral planning includes the following elements:

- analysis of the reality wherein the Church must carry out her mission;
- reflection on this reality in light of the Gospel and the teachings of the Church;
- commitment to action resulting from this reflection;
- pastoral theological reflection on this process;
- development of a pastoral plan;
- implementation;
- ongoing evaluation of what is being done;
- and the celebration of the accomplishment of this life experience, always within the context of prayer and its relationship to life.

Pastoral de Conjunto is a coresponsible, collaborative ministry involving coordination among pastoral agents of all of the elements of pastoral life and the structures of the same in view of a common goal: the Kingdom of God.

This pastoral plan is a technical instrument which organizes, facilitates, and coordinates activities of the Church in the fulfillment of her evangelizing mission. It is at the service of the *Pastoral de Conjunto*. It is not only a methodology, but also an expression of the essence and mission of the Church, which is communion.

PASTORAL PLANNING PROCESS

III ENCUENTRO

7. EVALUATION

6. IMPLEMENTATION

5. PLAN

4. THEOLOGICAL REFLECTION

1. ANALYSIS OF REALITY

2. DISCERNMENT

3. DECISION
ENCUENTRO
CONCLUSIONS

MISSION

REALITY

ECCLESIAL COMMUNITY

CELEBRATION

SPIRITUALITY

MISTICA

II. Framework of Hispanic Reality

A. History

7. The Hispanic presence in the Americas began immediately with Christopher Columbus' first voyage of discovery in 1492, and the first Christian evangelization began in 1493 with the Spanish settlements on Hispaniola. The event was more encounter than discovery because Europeans rapidly intermingled with native Americans of high and sophisticated cultures, thus launching a new age and a new people—a true mestizaje.

   In search of land and labor, Spaniards soon encountered the region that would one day become the United States. In 1513 Ponce de Leon probed the coasts of La Florida; then, Pánfilo de Narváez attempted the settlement of Florida in 1527, while Nuño de Guzmán at the same time pressed overland north of Mexico. Survivors of Narváez' failed expedition brought word of many tribes and great wealth. Fray Marcos de Niza responded in 1539 by preceding the great expedition of Francisco Vásquez de Coronado into the flanks of the Rockies. A year later Fray Juan Padilla gave his life as a martyr on the Kansas plains. Padre Luis Cáncer, a Dominican missionary, poured out his life in Florida in 1549. Despite the setbacks in conversion, Pedro Menéndez de Avilés forged ahead by founding the city of San Agustin in 1565. Jesuit missionaries moved into Chesapeake Bay, only to vanish long before Roanoke. A map of 1529 illustrated by the royal Spanish cartographer, Diego Ribero, shows that missionaries and explorers arrived as far north as present day Maryland, New York, and New England, and gave Spanish names to the rivers and mountains they saw. Far to the west, adventurers probed into New Mexico, where missionaries lost their lives in futile attempts at evangelization; not until Juan de Oñate arrived in 1598 with scores of new settlers did stability finally come: Generations before the Pilgrims tenuously built their colonies, Spanish missionaries struggled to bring the Americas into the fold of Christ.

8. In the 17th century Franciscan missionaries raised elegant churches in the Pueblo towns of New Mexico; Jesuits along the western slopes of New Spain wove scattered Indian *rancherías* into efficient social systems that raised the standard of living in arid America. But the primacy of evangelization as a cornerstone of Spanish royal policy was swept away by political ambitions in the 18th century; the missions fell victim to secularism. First, the Jesuits were exiled and the order suppressed; Franciscans and Dominicans tried valiantly to stem the tide of absolutism, but their numbers dwindled rapidly and the Church's service to the poor crumpled.

   Independence swept Mexico, and the northern provinces of New Spain, now the states of a new republic, fell to the invading armies of the United States. Under the provisions of the Treaty of Guadalupe Hidalgo in 1848, the old mission territories were annexed to the burgeoning United States. Spanish Florida and Louisiana, for a while French, were stars in the blue field of conquest; and from the Mississippi to the Pacific shores the frontiers of mestizaje were put under Anglo law and custom.

9. The 19th century was characterized by decades of neglect and adjustment. Hispanic and Native American populations were ill served and overlooked. The people of the mainland continued to move north as they had for more than a millennium; only now they encountered a new tide of empire which was inundating old familiar places and families.

   Political and social conditions in the 20th century have only enhanced the northern migration. New avenues of immigration opened from the island nations; Puerto Ricans, Cubans, and Dominicans poured into the Eastern seaboard. Mexicans continued to trek north to find work and opportunities. And the worsening conditions of Central and South America have added thousands to the stream of immigrants who speak a language once dominant in North America and now scorned by all too many who remain ignorant of the deep cultural power it exercises throughout the world.

   The United States of America is not all America. We speak of the Americas to describe a hemisphere of many cultures and three dominant languages—two from the Iberian peninsula and one from a North Atlantic island. Since the Church is the guardian of the mission of Jesus Christ, it must forever accommodate the changing populations and shifting cultures of mankind. To the extent the Church is impregnated with cultural norms, to that extent it divides and separates; to the extent it replaces cultural norms with the primacy of love, it unites the many into the Body of

Christ without dissolving difference or destroying identity.

B. Culture

10. The historical reality of the Southwest, the proximity of countries of origin, and continuing immigration all contribute to the maintenance of Hispanic culture and language within the United States. This cultural presence expresses itself in a variety of ways: from the immigrant who experiences "culture shock," to the Hispanic whose roots in the United States go back several generations and who struggles with questions of identity while often being made to feel an alien in his own country.

Despite these differences, certain cultural similarities identify Hispanics as a people. Culture primarily expresses how people live and perceive the world, one another, and God. Culture is the set of values by which a people judge, accept, and live what is considered important within the community.

Some values that make up the Hispanic culture are a "profound respect for the dignity of each *person*... deep and reverential love for *family* life...a marvelous sense of community...a loving appreciation for God's gift of *life*...and an authentic and consistent *devotion* to Mary...."[8]

Culture for Hispanic Catholics has become a way of living out and transmitting their faith. Many local practices of popular religiosity have become widely accepted cultural expressions. Yet the Hispanic culture, like any other, must continue to be evangelized.[9]

C. Social Reality

11. The median age among Hispanic people is 25. This plus the continuous flow of immigrants ensures a constant increase in population.

Lack of education and professional training contribute to high unemployment. Neither public nor private education has responded to the urgent needs of this young population. Only eight percent of Hispanics graduate at the college level.[10]

Families face a variety of problems. Twenty-five percent of the families live below the poverty level, and 28 percent are single parent families.[11]

Frequent mobility, poor education, a limited economic life, and racial prejudice are some of the factors that result in low participation in political activities.

As a whole, Hispanics are a religious people. Eighty-three percent consider religion important. There is an interest in knowing more about the Bible and a strong presence of popular religious practices.[12]

Despite this, 88 percent are not active in their parishes. On the other hand, the Jehovah's Witnesses, pentecostal groups, and other sects are increasing within the Hispanic community. According to recent studies, the poor, men, and second generation Hispanics are those who least participate in the life of the Church.[13]

D. Assessment

12. 1. The Catholic heritage and cultural identity of Hispanics are threatened by the prevailing secular values of the American society. They have marginal participation in the Church and in society; they suffer the consequences of poverty and marginalization.

2. This same people, due to its great sense of religion, family, and community, is a prophetic presence in the face of the materialism and individualism of society. Since the majority of Hispanics are Catholic, their presence can be a source of renewal within the Catholic Church in North America. Because of its youth and growth, this community will continue to be a significant presence in the future.

3. The current pastoral process offers some exciting possibilities on both social and religious levels: more active participation in the Church, a critique of society from the perspective of the poor, and a commitment to social justice.

4. As the year 1992 approaches, celebrating the five-hundredth anniversary of the evangelization of the Americas, it is more important than ever that Hispanics in the United States rediscover their identity as well as their Catholicity, be re-evangelized by the Word of God, and forge a much needed unity among all Hispanics who have come from the entire spectrum of the Spanish-speaking world.

III. Doctrinal Framework

13. The mission of the Church is the continuation of Jesus' work: to announce the Kingdom of God and the means for entering it.[14] It is the proclamation of what is to come and also an anticipation of that plenitude here and now in the process of history. The Kingdom which Jesus proclaims and initiates is so important that, in relation to it, all else is relative.[15]

The Church, as community, carries out the work of Jesus by entering into the cultural, religious, and social reality of the people, becoming incarnate in and with the people, "in virtue of her mission and nature she is bound to no particular form of human culture, nor to any political, economic, or social system."[16] Therefore, she is able to preach the need for conversion of everyone, to affirm the dignity of the human person, and to seek ways to eradicate personal sin, oppressive structures, and forms of injustice.

14. The Church in its prophetic voice denounces sin and announces hope and in this way continues the historic and tangible presence of Jesus. Since Jesus proclaimed Good News to the poor and liberty to captives,[17] the Church continues to make an option for the poor and the marginalized.

The Church likewise identifies with the risen Christ, who reveals himself as the new creation, as the proclamation and realization of new values of solidarity among all: through his simplicity; in peace; through the proclamation of his Kingdom which implies a new social order; through a new style of Church as leaven; and above all, through his gift to us of his Spirit.

15. This Spirit unites the members of the community of Jesus intimately one with another, all in Christ with God. Our solidarity comes from this indwelling Spirit of Christ. The Spirit impels the community to accomplish in life a prophetic commitment to justice and love and helps it to live, within an experience of missionary faith, its union with the Father.

This responsibility falls on the whole Church—the People of God: the Pope and bishops, priests, religious, and laity, who with a sense of coresponsibility must accomplish Jesus' work. All this is expressed in a singular way in the Eucharist. It is here that Jesus offers himself as victim for the salvation of all and challenges the entire People of God to live out the commitment of love and service.

IV. Spirituality

16. The spirituality or *mistica* of the Hispanic people springs from their faith and relationship with God. *Spirituality is understood to be the way of life of a people, a movement by the Spirit of God, and the grounding of one's identity as a Christian in every circumstance of life.* It is the struggle to live the totality of one's personal and communitarian life in keeping with the Gospel; spirituality is the orientation and perspective of all the dimensions of a person's life in the following of Jesus and in continuous dialogue with the Father.

Since spirituality penetrates the totality of life, it is likewise made manifest in a multitude of expressions. At this particular moment of their journey, Hispanic Catholics are revealing their spirituality through the nine prophetic pastoral guidelines of the III Encuentro, which have been summarized in the *General Objective and Specific Dimensions* of this plan. The pastoral plan is thus not only a series of goals and objectives but also a contribution to the development, growth, and fruition of the people's life of faith as discerned in the Spirit of God and incarnated in our time.

V. General Objective

17.

TO LIVE AND PROMOTE...
by means of a *Pastoral de Conjunto*
a MODEL OF CHURCH that is:
communitarian, evangelizing, and missionary,
incarnate in the reality of the Hispanic people and
open to the diversity of cultures,
a promoter and example of justice...
that develops leadership through integral education...
THAT IS LEAVEN FOR THE KINGDOM OF GOD IN SOCIETY.

SITUATION FRAMEWORK
OF THE HISPANIC COMMUNITY

    HISTORY
    CULTURE
    SOCIAL REALITY

DOCTRINAL FRAMEWORK

    LIFE AND MISSION OF JESUS
    AND THE CHURCH

GENERAL OBJECTIVE

ASSESSMENT

To live and promote by means of a *Pastoral de Conjunto* a model of church that is: communitarian, evangelizing, and missionary; incarnate in the reality of the Hispanic people and open to the diversity of cultures; a promoter and example of justice; active in developing leadership through integral education; leaven for the Kingdom of God in society.

SPECIFIC DIMENSIONS

PASTORAL DE CONJUNTO
EVANGELIZATION
MISSIONARY OPTION
FORMATION

PASTORAL DE CONJUNTO:
From Fragmentation
to Coordination

To develop a *Pastoral de Conjunto*, which through pastoral agents and structures manifests communion in integration, coordination, in-servicing, and communication of the Church's pastoral action, in keeping with the general objective of this plan.

EVANGELIZATION:
From a Place to a Home

To recognize, develop, accompany, and support small ecclesial communities and other church groups (e.g., *Cursillos de Cristiandad, Movimiento Familiar Cristiano*, RENEW, Charismatic Movement, prayer groups, etc.) which in union with the bishop are effective instruments of evangelization for the Hispanic people. These small ecclesial communities and other groups within the parish framework promote experiences of faith and conversion, outreach and evangelization, interpersonal relations and fraternal love, and prophetic questioning and actions for justice. They are a prophetic challenge for the renewal of our Church and humanization of our society.

MISSIONARY OPTION:
From Pews to Shoes

To promote faith and effective participation in Church and societal structures on the part of these priority groups (the poor, women, families, youth) so that they may be agents of their own destiny (self-determination) and capable of progressing and becoming organized.

FORMATION:
From Good Will to Skills

To provide leadership formation adapted to the Hispanic culture in the United States that will help people to live and promote a style of Church that will be leaven of the Kingdom of God in society.

EVALUATION
CELEBRATION-SPIRITUALITY-*MÍSTICA*

VI. Specific Dimensions

18. The four specific dimensions wherein the general objective is made explicit are:

    A. *Pastoral de Conjunto*: *From Fragmentation to Coordination*
    B. Evangelization: *From a Place to a Home*
    C. Missionary Option: *From Pews to Shoes*
    D. Formation: *From Good Will to Skills*

A. *Pastoral de Conjunto: From Fragmentation to Coordination*

1. Background

19. The Hispanic Catholic experiences a lack of unity and communion in the Church's pastoral ministry.

    There is a lack of union and coordination in criteria, vision, goals, and common actions, as well as a lack of fraternity, communion, and teamwork in the various aspects of pastoral ministry. The challenge here is for the laity, religious, and clergy to work together.

    The process of the III Encuentro emphasized certain key elements of the *Pastoral de Conjunto*: broad participation by the people, small communities, small groups; teamwork; integration of different pastoral areas; a common vision; interrelating among the dioceses, regions, and the national level; openness to the needs of the people and to the universality of the Church. These key elements are to be joined to already existing efforts in Hispanic pastoral ministry throughout the country. Many dioceses are already providing offices and resources for Hispanic ministry. Although much has been done, the needs are still great.

20. These experiences help the Hispanic people to live the Church as communion. The *Pastoral de Conjunto* manifests that communion to which the Church is called in its fullest dimension. The Hispanic people wish to live this communion of the Church not only among themselves but also with the different cultures which make the Church universal here in the United States.

Greater participation by Hispanic Catholics in the total life of the Church will make possible their authentic integration and help the Church to become an even greater presence and leaven of communion in our society.

2. *Specific Objective*

21. To develop a *Pastoral de Conjunto* which, through pastoral agents and structures, manifests communion in integration, coordination, in-servicing, and communication of the Church's pastoral action, in keeping with the general objective of this plan.

3. *Programs and Projects*

a) **Pastoral Integration**

22. (1) To integrate the common vision of this *National Pastoral Plan* in all the structures of the NCCB/USCC, which are responsible for pastoral action and education.

    How: The Secretariat for Hispanic Affairs will meet with the directors of the departments of the NCCB/USCC to seek to integrate Hispanic pastoral activity within the existing structures.

    When: In accordance with the normal channels for plans and programs and budget procedures of the respective entities involved (NCCB/USCC).

    Responsible Agent: Secretariat for Hispanic Affairs.

23. (2) To share the common vision of the *National Pastoral Plan* at different levels: diocese, area (e.g. deaneries, vicariates, etc.), parish, apostolic movements, and organizations, so that they may respond to this missionary thrust in evangelization.

    How: On the diocesan or area level—convocation of priests and diocesan personnel by the diocesan bishop; on the area or parish level—gathering by the area Hispanic Center or groups, the pastor of parish organizations and pastoral ministers; on the level of apostolic movements and organizations—gatherings with national leaders of movements to seek the best way to implement the *National Pastoral Plan*.

When: In accordance with the normal channels for plans and programs and budget procedures of the respective entities involved.

Responsible Agents: Diocesan level: the diocesan bishop, the vicar, Hispanic office, area coordinator; Parish: pastor; Organizations and apostolic movements: national directors, Secretariat for Hispanic Affairs.

24. (3) To ensure Hispanic leadership in pastoral decision-making at all levels.

    How: Priority funding for leadership competency; hiring Hispanics for pastoral decision-making positions at all levels.

    When: In accordance with the normal channels for plans and programs and budget procedures of the respective entities involved.

    Responsible Agents: NCCB/USCC, the diocesan bishop, vicars, pastors, and other personnel directors.

25. (4) Promote understanding, communion, solidarity, and multicultural experiences with other cultural minorities.

    How: Sharing the common vision and plan with existing church organizations.

    When: In accordance with the normal channels for plans and programs and budget procedures of the respective entities involved (NCCB/USCC).

    Responsible Agents: NCCB Committee on Hispanic Affairs and the Secretariat for Hispanic Affairs.

b) Coordination of Hispanic Pastoral Action

26. (1) Maintain or create structures on the national, regional, and diocesan levels to ensure effective coordination of Hispanic pastoral life according to this plan. The secretariat, the regional and diocesan offices and institutes are indispensable in carrying out the coordination and continuity of this plan, as well as the formation of pastoral ministers with this common vision. The creation of pastoral centers and offices is advised in those dioceses where they do not exist and are needed, as is the coordination of those in existence.

How: Economically ensuring the existence of these offices and institutes; through the creation of coordinating teams at the national, regional, and diocesan levels to carry out this *Pastoral de Conjunto*.

When: In accordance with the normal channels for plans and programs and budget procedures of the respective entities involved (NCCB/USCC).

Responsible Agents: NCCB Committee on Hispanic Affairs, Secretariat for Hispanic Affairs, regional offices, and diocesan offices.

27. (2) Promote the *Pastoral de Conjunto* at the diocesan level through the creation of a diocesan pastoral plan in order to adopt and implement this National Pastoral Plan in each diocese according to its own reality.

    How: Creating a diocesan pastoral team or council made up of vicar, priests, deacons, religious, and laity representing parishes, communities, and movements, who will carry out the necessary steps for total pastoral planning.

    When: In accordance with the normal channels for plans and programs and budget procedures of the respective entities involved.

    Responsible Agents: The diocesan bishops, vicars, diocesan directors for Hispanic affairs, and diocesan promotion teams (EPDs) with the assistance of the regional offices.

28. (3) Promote the area and the parish *Pastoral de Conjunto* through the creation of an area or parish pastoral plan in order to adapt and implement the diocesan plan in each parish.

    How: Gatherings of the area coordinator and/or the pastor and the pastoral team with representatives of the small ecclesial communities and the pastoral council in order to carry out the necessary steps of total pastoral planning.

When: In accordance with the normal channels for plans and programs and budget procedures of the respective entities involved.

Responsible Agents: The area coordinator, the pastor and parish team or pastoral team or pastoral council.

29. (4) To develop diocesan and area coordination among small ecclesial communities in the areas and the parishes.

How: Periodic meetings with the coordinators or facilitators of the areas and of the small ecclesial communities to foster a common vision of missionary evangelization.

When: In accordance with the normal channels for plans and programs and budget procedures of the respective entities involved.

Responsible Agents: Diocesan offices for Hispanic affairs, diocesan promotion teams (EPDs), area centers and pastors, in collaboration with diocesan offices of adult religious education and of lay ministry.

c) **In-Service Training for Hispanic Pastoral Action**

30. (1) That pastoral institutes, pastoral centers, and schools of ministries provide the formation and training of pastoral agents for Hispanic ministry at the national, regional, diocesan, and parish levels, according to the common vision of the pastoral plan.

How: Through the creation of programs, courses, materials, and other necessary resources, mobile teams, etc.

When: In accordance with the normal channels for plans and programs and budget procedures of the respective entities involved.

Responsible Agents: National Federation of Pastoral Institutes and directors of other pastoral centers.

31. (2) Develop the theological-pastoral growth of Hispanics in the United States.

How: Facilitating encuentros for Hispanic pastoral ministers; publishing theological pastoral reflections of Hispanics; organizing opportunities for practical experience in different pastoral areas; assisting with scholarships for advanced studies in different pastoral areas; celebrating liturgies which incorporate the wealth of Hispanic cultural expressions.

When: In accordance with the normal channels for plans and programs and budget procedures of the respective entities involved.

Responsible Agents: National Federation of Pastoral Institutes and other centers of pastoral formation, e.g. *Instituto de Liturgia Hispana.*

32. (3) Employ the formational resources and personnel of the NCCB/USCC for the integral development of Hispanic leadership.

How: Ensuring that Hispanics be included in the priorities of the NCCB/USCC as an integral part of the Church of the United States, in coordination with the existing entities of Hispanic pastoral activity.

When: In accordance with the normal channels for plans and programs and budget procedures of the respective entities involved (NCCB/USCC).

Responsible Agent: Secretariat for Hispanic Affairs.

d) **Pastoral Communication**

33. (1) Promote dialogue and cooperation among diverse groups, apostolic movements, and small ecclesial communities in order to achieve mutual understanding, sharing, and support that will lead to communion, common vision, and unity of criteria for pastoral action.

How: Periodic gatherings and encuentros between representatives of different entities; exchange of newsletters or information items; organization of common projects.

When: Progressively and continuously and in keeping with the normal channels for plans and programs and budget procedures of the respective entities involved.

Responsible Agents: Vicar, diocesan director for Hispanic affairs, area coordinators, clergy, leaders of small ecclesial communities, and directors of apostolic movements.

34. (2) Use the mass media as an instrument of evangelization in denouncing violence in all its forms and the injustices suffered by families, youth, women, the undocumented, migrants, refugees, farmworkers, prisoners, and all others marginalized in society.

How: Inform and train personnel in charge of the Church's mass communications media in order that they incorporate the concerns and needs of Hispanics into the total ministry of their office according to the vision of the pastoral plan.

When: In accordance with the normal channels for plans and programs and budget procedures of the respective entities involved.

Responsible Agents: Communication departments of various church organizations.

35. (3) Train and raise the consciousness of pastoral ministers to specialize in the use of mass communications media.

How: By means of regional workshops where training and technical skills and critical awareness can take place.

When: In accordance with the normal channels for plans and programs and budget procedures of the respective entities involved.

Responsible Agents: Diocesan communications offices in collaboration with the regional offices and pastoral institutes, with the assistance of the USCC Committee on Communications.

36. (4) To make available the Secretariat for Hispanic Affairs' newsletter, *En Marcha*, to the grass roots as an instrument of information and formation for Hispanic pastoral ministers.

How: Using the existing channels of communication of regional and diocesan offices and their lists of leaders in order to enlarge its circulation.

When: In accordance with the normal channels for plans and programs and budget procedures of the respective entities involved.

Responsible Agent: Secretariat for Hispanic Affairs.

B. Evangelization: *From a Place to a Home*

1. Background

37. The great majority of our Hispanic people feel distant or marginated from the Catholic Church. Evangelization has been limited in many cases to Sunday liturgies and a sacramental preparation which has often not stressed a profound conversion that integrates the dimensions of faith, spiritual growth and justice for the transformation of society. The Hispanic community recognizes that the parish is, ecclesiastically and historically speaking, the basic organizational unit of the Church in the United States, and it will continue to be so; at the same time it is affirmed that conversion and a sense of being Church are often best lived out in smaller communities within the parish which are more personal and offer a greater sense of belonging.

38. Many apostolic movements and church organizations have traditionally served to unite our church people in small communities for various purposes. We encourage the continuance of these organizations and their development as viable and effective means for evangelization.

Within the pastoral process of Hispanic ministry other efforts have been made to recognize small groups for analysis, reflection, and action; to respond to the needs of the people. By means of mobile teams and reflection groups, the III Encuentro also facilitated the evangelization process through the formation of small ecclesial communities.

These small ecclesial communities promote experiences of faith and conversion as well as concern for each person and an evangelization process of prayer, reflection, action, and celebration.

39. The objective of the programs which follow is to

continue, support, and extend the evangelization process to all Hispanic people. In this way we will have a viable response by the Catholic community to the proselytism of fundamentalist groups and the attraction they exercise on our people. In addition, we will be more sensitive to our responsibility to reach out in a welcoming way to newcomers and to the inactive and unchurched.

2. *Specific Objective*

40. To recognize, develop, accompany, and support small ecclesial communities and other Church groups (e.g., *Cursillos de Cristiandad, Movimiento Familiar Cristiano,* RENEW, Charismatic Movement, prayer groups, etc.), which in union with the bishop are effective instruments of evangelization for the Hispanic people. These small ecclesial communities and other groups within the parish framework promote experiences of faith and conversion, prayer life, missionary outreach and evangelization, interpersonal relations and fraternal love, prophetic questioning and actions for justice. They are a prophetic challenge for the renewal of our Church and humanization of our society.

3. *Programs and Projects*

a) Elaboration of Criteria and Training for the Creation, Development, and Support of Small Eeclesial Communities

41. (1) To bring together a "think tank" of pastoral agents with experience in small ecclesial communities, to prepare a workbook of guidelines which spells out the constitutive elements of small ecclesial communities, and the criteria and practical helps for their development and coordination in the light of the Pastoral Prophetic Guidelines of the III Encuentro.

How: Organize a national "think tank" of people experienced in various styles of small ecclesial communities.

When: In accordance with the normal channels for plans and programs and budget procedures of the respective entities involved.

Responsible Agents: Coordinated by the Secretariat

for Hispanic Affairs with the assistance of the National Advisory Committee to the Secretariat (NAC), in collaboration with the regional offices, National Federation of Pastoral Institutes, and the diocesan offices for Hispanic affairs.

42. (2) To organize a national training session for teams representing each region, with the help of the workbook and other church documents, so as to develop a common vision and methodology in the formation and support of small ecclesial communities. These teams are then to conduct training sessions at the regional and diocesan levels.

How: By way of a national training session to spearhead regional and diocesan workshops.

When: In accordance with the normal channels for plans and programs and budget procedures of the respective entities involved.

Responsible Agents: Coordinated by the Secretariat for Hispanic Affairs in collaboration with the regional and diocesan offices.

43. (3) To invite the diocesan directors of apostolic movements and pastors to a pastoral theological reflection on integral evangelization and small ecclesial communities. This will facilitate a joint evaluation and discernment which will produce an integration of objectives and collaboration in the development of programs of evangelization.

How: By inviting the diocesan directors by way of workshops and courses organized in the different dioceses of the country.

When: In accordance with the normal channels for plans and programs and budget procedures of the respective entities involved.

Responsible Agent: Diocesan offices for Hispanic affairs.

b) Parish Renewal for Community Development and Missionary Outreach

44. Part of the process of the III Encuentro was the organization of mobile teams to visit and bring closer

to the Church those who feel distant and marginalized. This made us more aware of the strong campaign of proselytism which confronts the Hispanic people. It is imperative to offer dynamic alternatives to what fundamentalist groups and sects offer. The framework for such alternatives is a missionary parish which forms small ecclesial communities to promote integral evangelization in which faith is shared and justice is lived out.

The following projects of parish renewal are suggested for adaptation and implementation at the local level to evangelize the unchurched and marginalized.

45. (1) Create a welcoming and inclusive atmosphere that is culturally sensitive to the marginalized.

How: Emphasizing a missionary and community focus in the Sunday Masses, homilies, parish schools, programs of catechesis, sacramental preparation and celebrations, bulletins, and other parish programs (e.g., RCIA); directing liturgical and catechetical programs to include and motivate them to participate in small ecclesial communities; organizing in each parish and by areas, consciousness-raising activities with a missionary and community focus.

When: In accordance with the normal channels for plans and programs and budget procedures of the respective entities involved.

Responsible Agents: Pastor and parish groups, pastoral council, in collaboration with diocesan offices and area centers.

46. (2) Accompany the existing movements and groups in the parish so that their evangelizing purposes can be enhanced in accordance with the vision of the pastoral plan.

How: Ongoing formation on the original purpose of the various movements and groups and the evangelizing mission of the Church and the pastoral plan.

When: In accordance with the normal channels for plans and programs and budget procedures of the respective entities involved.

Responsible Agents: Diocesan offices and the directors of the Apostolic movements and groups.

47. (3) To promote the parish as a "community of communities" especially through small area groups or through small ecclesial communities integrating families and existing groups and especially preparing these communities to receive those who are marginalized from the Church.

How: Organize workshops on the diocesan level for pastors and the members of pastoral councils to study and plan the organization of small ecclesial communities in accord with the general objective of this plan; form a Hispanic team or integrate Hispanics into the pastoral council with the pastor and other parish ministers.

When: In accordance with the normal channels for plans and programs and budget procedures of the respective entities involved.

Responsible Agents: The diocesan bishop, vicar, and the diocesan office for Hispanic affairs, in coordination with the regional offices.

48. (4) Train teams of visitors to be proclaimers of the Word and the love of God and to form communities with the visited families, thus acting as a "bridge" between the marginalized and the Church.

How: Parish training workshops to develop skills to analyze the local reality; respond to the needs of marginalized families; form communities of acceptance, love, and justice; facilitate a process of conversion, formation, and ecclesial commitment; appreciate popular religiosity; teach the Bible and its Catholic interpretation; acquire basic knowledge of the liturgy and its relationship to private prayer.

When: In accordance with the normal channels for plans and programs and budget procedures of the respective entities involved.

Responsible Agents: The Diocesan office for Hispanic affairs, area centers, and the diocesan promotion teams (EPDs) in coordination with the pastor and the parish council.

49. (5) Organize a pastoral visitation plan to the homes of the marginalized through a process of listening/ responding to needs and then inviting these families to form part of small ecclesial communities.

How: Organize a systematic plan of visitations for each parish.

When: In accordance with the normal channels for plans and programs and budget procedures of the respective entities involved.

Responsible Agents: The pastor and the pastoral council.

50. (6) Promote integration between faith and the transformation of unjust social structures.

How: Develop a form of conscientization and commitment to justice, which is an integral part of evangelization in small ecclesial communities and all parish programs; work together to respond to the needs of the most marginalized from a faith commitment based on a continued analysis of the local reality; by integrating the Church's social teachings and commitment to justice as an integral part of evangelization in the formation of small ecclesial communities, and by reviewing and evaluating existing programs from this perspective, and making the necessary changes in them.

When: In accordance with the normal channels for plans and programs and budget procedures of the respective entities involved.

Responsible Agents: The pastor, Hispanic parish leaders, the pastoral council in collaboration with the diocesan offices, the regional office, the pastoral institutes, and the *Instituto de Liturgia Hispana*.

C. Missionary Option: *From Pews to Shoes*

1. Background

51. Throughout the process of the III Encuentro, the Hispanic people made a preferential missionary option for the poor and marginalized, the family, women, and youth. These priority groups are not only the recipients but also the subjects of the Hispanic pastoral ministry.

52. The *poor* and the *marginalized* have limited participation in the political, social, economic, and religious process. This is due to underdevelopment and isolation from both Church and societal structures through which decisions are made and services offered. The following problems stand out:

   • Lack of opportunities for education and advancement;
   • Poor health, hygiene, and living conditions;
   • Migrant farmworkers, in addition, suffer instability of life and work, which aggravates the aforementioned problems.

53. Hispanic *families*, most of them urban, poor, and larger than non-Hispanic families, face a series of difficulties involving such things as:

   • Communication between spouses and between parents and children;
   • Divorce and separation;
   • Unwed mothers;
   • Abortion;
   • Alcoholism and drugs;
   • Lack of formation for educating children about sex and morals;
   • Isolation in both the Hispanic and non-Hispanic environment;
   • Lack of church contact, especially with the parish structure;
   • Undocumented status and resulting family tensions.

54. Within this reality, women suffer a triple discrimination:

   • Social (*machismo*, sexual and emotional abuse, lack of self-esteem, exploitation by the media,
   • Economic (forced to work without proper emotional and technical preparation, exploited in regard to wages and kinds of work, bearing full responsibility for the family, lacking self-identity);
   • Religious (her importance in the preservation of faith is not taken into account, she is not involved in decision-making yet bears the burden for pastoral ministry).

55. Youth—both male and female:

- A large number are alienated from the Church;
- Generally lack adequate attention and pastoral care;
- Victims of the materialism and consumerism of society; experience difficulty in finding their own identity as they exist between different languages and cultures;
- Suffer the consequences of family disintegration;
- Feel strong peer and other pressures toward drugs, crime, gangs, and dropping out of school.

2. *Specific Objective*

56. To promote faith and effective participation in Church and societal structures on the part of these priority groups (the poor, women, families, youth) so that they may be agents of their own destiny (self-determination) and capable of progressing and becoming organized.

3. *Programs and Projects*

a) **Organization and Assistance for Farmworkers (Migrants)**

57. One full-time person at the national level in the Office of the Pastoral Care of Migrants and Refugees who will plan and evaluate the pastoral ministry with farmworkers (migrants) through two annual meetings with one person from each region.

How: Consult regional offices about representatives and about adequate structures for that region.

When: In accordance with the normal channels for plans and programs and budget procedures of the respective entities involved.

Responsible Agent: NCCB Committee on Migration.

b) **Conscientization on Christian Social Responsibility and Leadership Development**

58. To develop social justice ministries and leadership development by means of specific contacts with socio-civic entities that respond to the conditions of the poor and the marginalized. These ministries should state the influence and the concrete collaboration of the Church with these entities.

How: Community organizing efforts at the national, regional, diocesan, and parish levels.

When: In accordance with the normal channels for plans and programs and budget procedures of the respective entities involved.

Responsible Agents: USCC Committee on Social Development and World Peace and the Campaign for Human Development.

c) **Hispanics in the Military**

59. Meetings of military chaplains according to areas, where there is Hispanic personnel. The objective is to:

- Integrate the process of the III Encuentro in their specific ministry;
- Reflect together on the situation of Hispanics in the military, especially women, given the difficulties and pressures which they frequently encounter;
- Elaborate a program of conscientization and evangelization for Hispanics in the military;

How: A committee of military chaplains for Hispanic ministry organized in areas where there are military bases with large number of Hispanics.

When: In accordance with the normal channels for plans and programs and budget procedures of the respective entities involved.

Responsible Agents: Archdiocese for the Military Services in collaboration with the National Federation of Pastoral Institutes.

d) **Promotion of Family Life Ministry**

60. (1) To analyze the variety of family expressions and specific pastoral issues; discover and design models of participation and organization for the integration of the family in the Church and society; establish common goals for family life ministry.

How: By organizing a national forum or forums on Hispanic family life ministry in cooperation with diocesan leaders of Hispanic family life.

When: In accordance with the normal channels for

plans and programs and budget procedures of the respective entities involved.

Responsible Agents: NCCB Committee on Marriage and Family Life in collaboration with the Secretariat for Hispanic Affairs.

61. (2) Publish results of the national forum or forums in a pedagogical format for use in small ecclesial communities.

How: Through a committee of the participants in the national forum or forums on family life ministry.

When: In accordance with the normal channels for plans and programs and budget procedures of the respective entities involved.

Responsible Agent: NCCB Committee on Marriage and Family Life in cooperation with the Secretariat for Hispanic Affairs.

62. (3) Disseminate material prepared and encourage its use at the local level.

How: Through diocesan offices for family life, Hispanic ministry, regional pastoral institutes, and diocesan pastoral centers.

When: In accordance with the normal channels for plans and programs and budget procedures of the respective entities involved.

Responsible Agent: NCCB Committee on Marriage and Family Life in cooperation with the Secretariat for Hispanic Affairs.

e) The Role of Women in the Church

63. To provide forums for women who offer different services or ministries in Hispanic pastoral ministry, in order to:

- analyze the situation of Hispanic women to manifest more clearly their gifts of intelligence and compassion, which they share with the Church;
- identify a model of Church that nourishes and fosters ministries by women;

- value the role of the small ecclesial community in the promotion of women;
- examine, in light of the process of the III Encuentro, the reality of the Hispanic woman and consider which ministries should be maintained and which should be created.

How: Regional gatherings.

When: In accordance with the normal channels for plans and programs and budget procedures of the respective entities involved.

Responsible Agents: National Federation of Pastoral Institutes in collaboration with the Secretariat for Hispanic Affairs and the NCCB Committee on Women in Society and the Church.

f) Youth Ministry

64. (1) Organization: To guarantee the participation of Hispanic youth in the life and mission of the Church.

How: By encouraging the creation of organisms of coordination at the national, regional, diocesan, and parish levels; by providing opportunities for Hispanic youth to discern religious and priestly vocations;

When: In accordance with the normal channels for plans and programs and budget procedures of the respective entities involved.

Responsible Agents: The Secretariat for Hispanic Affairs in collaboration with the NCCB Committee on Hispanic Affairs and the USCC Youth Desk.

65. (2) Networking Hispanic Youth Ministry: To identify existing, effective programs which can serve as models for reaching the most alienated youth and to assist in multiplying these programs in different dioceses and parishes.

How: Share programs and methodologies with other dioceses; use existing centers, regional encuentros, mobile teams, organizations, small ecclesial communities, and store fronts on a diocesan and parish level so that Hispanic youth can experience the Church welcoming them and offering them opportunities for formation and service.

When: In accordance with the normal channels for plans and programs and budget procedures of the respective entities involved.

Responsible Agents: Diocesan Youth Offices and *Comité Nacional Hispano de Pastoral Juvenil* (CNH de PJ), in collaboration with the Secretariat for Hispanic Affairs and the USCC Youth Desk.

66. (3) National Encuentro of Hispanic Youth Regional Representatives. Topics for consideration for the National Encuentro should include:

- Statistics on Hispanic youth and pertinent data on the reality of youth;
- Existing models of youth pastoral ministry;
- Training seminars for ministers of youth evangelization;
- Strategies for family involvement.

How: Through diocesan and regional encuentros.

When: In accordance with the normal channels for plans and programs and budget procedures of the respective entities involved.

Responsible Agents: Hispanic youth in collaboration with the NCCB Committee on Hispanic Affairs and the National Committee for Hispanic Youth/Young Adult Ministry (CNH de PJ) in collaboration with the Secretariat for Hispanic Affairs.

D. Formation: *From Good Will to Skills*

1. *Background*

67. Throughout the process and in the conclusions of the III Encuentro, we have found the following to be true of Hispanic people with respect to formation.

There is an appreciation for the great efforts being made to form pastoral ministers on the part of the institutes, centers of pastoral ministry, schools of ministry, parishes, and others that have brought about a greater conscientization, sense of responsibility, and desire for participation.

There is a lack of pastoral ministers, which makes uncertain the survival of the Catholic faith among Hispanics. Pastoral ministers, especially the laity, have not always found support, interest, recognition, or acceptance in Church structures such as the parish and diocesan offices.

68. There is need for the creation of centers, programs of formation, spirituality, and catechesis that can respond to the needs of Hispanics, especially at the parish level.

It is important that the projects of formation/spirituality which are developed have an integral and missionary dimension and bring about a commitment to justice. Integral leadership formation must include basic catechetical training.

2. *Specific Objective*

69. To provide leadership formation adapted to the Hispanic culture in the United States that will help people to live and promote a style of Church which will be a leaven of the Kingdom of God in society.

3. *Programs and Projects*

a) **Program of Reflection and Concientization**

70. Facilitate the continuation of the theological-pastoral reflection at all levels as an integral part of pastoral ministry and a way of discerning the journey of the people.

(1) To foster theological-pastoral reflection for pastoral ministers at the grass-roots level who accompany the people in the pastoral process.

How: Local workshops; a workbook of guidelines to assist ministers in facilitating such reflection in small ecclesial communities.

When: In accordance with the normal channels for plans and programs and budget procedures of the respective entities involved.

Responsible Agents: Pastor and parish leaders assisted by the diocesan offices for Hispanic affairs, other diocesan offices, the National Federation of Pastoral

Institutes in collaboration with the Secretariat for Hispanic Affairs and the NCCB Committee on the Laity.

71. (2) Organize seminars/study sessions of reflection for pastoral specialists in the different areas of liturgy, catechesis, theology, and evangelization.

How: Regional seminars/study sessions in collaboration with the pastoral institutes.

When: In accordance with the normal channels for plans and programs and budget procedures of the respective entities involved.

Responsible Agent: National Federation of Pastoral Institutes and the *Instituto de Liturgia Hispana*.

b) Research Projects

72. To study scientifically the Hispanic reality in its socio-economic, cultural, religious, and psychological aspects; especially concentrate on:

- The family;
- Popular religiosity;
- Poor and marginalized (migrants, barrio, urban poor);
- Youth;
- Women.

How: Procure scholarships for research on the graduate level.

When: In accordance with the normal channels for plans and programs and budget procedures of the respective entities involved.

Responsible Agents: NCCB Committee on Hispanic Affairs and other appropriate NCCB/USCC committees (in cooperation with Catholic universities and colleges, and seminaries, with the collaboration of the National Federation of Pastoral Institutes).

c) Programs to Identify Candidates for Ordained Ministry and the Vowed Life

73. To design, support, and implement vocation programs sensitive to Hispanic cultural and religious perspectives.

(1) Prepare lay Hispanic men and women to become vocation recruiters.

How: Develop training programs for Hispanic laity in collaboration with diocesan and religious vocation directors.

When: In accordance with the normal channels for plans and programs and budget procedures of the respective entities involved.

Responsible Agents: Bishops' Committee on Vocations, National Conference of Diocesan Vocation Directors, and the National Religious Vocation Conference.

74. (2) Place Hispanic vocations as a priority on the agenda of Hispanic lay organizations

How: Develop vocation-awareness training sessions for leadership of Hispanic lay organizations.

When: In accordance with the normal channels for plans and programs and budget procedures of the respective entities involved.

Responsible Agents: Bishops' Committee on Vocations in collaboration with regional and diocesan offices of Hispanic affairs.

75. (3) Prepare vocation directors to recruit, more effectively, Hispanic candidates.

How: Sponsor training workshops, such as *In My Father's House*.

When: In accordance with the normal channels for plans and programs and budget procedures of the respective entities involved.

Responsible Agents: Bishops' Committee on Vocations, National Conference of Diocesan Vocation Directors, and the National Religious Vocation Conference.

76. (4) Involve Hispanic parishioners in identifying potential candidates for priesthood and religious life.

How: Implement the CALLED BY NAME parish-based program.

When: In accordance with the normal channels for plans and programs and budget procedures of the respective entities involved.

Responsible Agents: Bishops' Committee on Vocations in collaboration with diocesan vocation directors.

d) Programs of Formation and Training

77. To organize courses for the training of leaders at different places and levels, with emphasis on the participation of the priority groups according to the content and experience of the III Encuentro.

    (1) Train leaders from the people to create, encourage, and coordinate small ecclesial communities and represent the voice of the people in civic and social institutions. Provide guidelines for liturgical celebrations which will facilitate the spiritual growth of these gatherings.

    How: Training sessions, courses on the local level, and mobile teams of formation.

    When: In accordance with the normal channels for plans and programs and budget procedures of the respective entities involved.

    Responsible Agents: Pastors and parish leaders in coordination with diocesan offices for Hispanic affairs, other diocesan offices, regional pastoral institutes, and the *Instituto de Liturgia Hispana*.

78. (2) Elaborate a program on the importance of the role of women in the history of Hispanics and in the Church to look deeply at feminine and masculine dimensions of the human person; to value the place of women within the Hispanic context and in relation to other cultures. Train leaders to be able to apply this program at the level of the small ecclesial communities.

    How: Through seminars and courses conducted by the regional institutes.

    When: In accordance with the normal channels for plans and programs and budget procedures of the respective entities involved.

    Responsible Agents: National Federation of Pastoral Institutes in collaboration with the Secretariat for Hispanic Affairs and NCCB Committee on Women in Society and the Church.

79. (3) To elaborate a program of youth pastoral ministry for youth leaders and adult advisors that contains elements of: culture, politics, socio-economics, pastoral life, vision of the Church, and youth pastoral techniques.

    How: Naming a task force to design such a program; training teams in use of the program.

    When: In accordance with the normal channels for plans and programs and budget procedures of the respective entities involved.

    Responsible Agents: *Comité Nacional Hispano de Pastoral Juvenil* (CNH de PJ) in collaboration with the NCCB Committee on Hispanic Affairs and the Secretariat for Hispanic Affairs.

80. (4) To collaborate with seminaries, permanent diaconate centers, and houses of formation of religious men and women so that their formation programs for persons preparing for ministry with the Hispanic people will correspond to the vision of the process of the III Encuentro, as spelled out in the *National Pastoral Plan*.

    How: Establish channels of communication and cooperation between these centers of formation and Hispanic pastoral institutes; formation programs for persons preparing for ministry with the Hispanic people.

    When: In accordance with the normal channels for plans and programs and budget procedures of the respective entities involved.

    Responsible Agents: National Federation of Pastoral Institutes in collaboration with the NCCB Committees on Vocations, Priestly Formation, and the Permanent Diaconate and the Conference of Major Superiors of Men (CMSM) and the Leadership Conference of Women Religious (LCWR).

81. (5) Encourage the use of programs of formation for Hispanic and non-Hispanic directors and personnel of diocesan offices involved in education and pastoral ministry in order to help them learn about the history, culture, needs, and pastoral principles of Hispanics.

How: Periodic study seminars for diocesan personnel, pastors and parish personnel.

When: In accordance with the normal channels for plans and programs and budget procedures of the respective entities involved.

Responsible Agents: The diocesan bishop in collaboration with the vicar or diocesan offices for Hispanic affairs, the area team with the assistance of pastoral institutes.

82. (6) Invite those centers of Bible studies and materials production to produce programs and materials to assist Hispanics in the use and understanding of the Bible.

How: Communicate with the appropriate Bible centers.

When: In accordance with the normal channels for plans and programs and budget procedures of the respective entities involved.

Responsible Agents: NCCB Committee on Hispanic Affairs and Secretariat for Hispanic Affairs.

83. (7) Convoke different pastoral ministers in the nation to study the problem of proselytism among Hispanics, assess this reality, and prepare materials and mobile teams to train other pastoral agents on the local and diocesan level.

How: Through a national meeting.

When: In accordance with the normal channels for plans and programs and budget procedures of the respective entities involved.

Responsible Agent: NCCB Committee on Ecumenical and Interreligious Affairs.

e) **Program for Elaboration of Materials**

84. That the pastoral institutes promote and form a team responsible for producing materials popularly accessible to the people at the grass-roots level. Special recommendation for the production of:

(1) Materials that help our leaders achieve a more profound understanding of their Catholic faith and a living spirituality as committed laity;

(2) Biblical materials at the leadership and grass-roots levels that assist Catholics in understanding and living the Word in order to avoid ignorance and fundamentalism;

(3) A workbook or manual in popular language for a continuous analysis of reality in the light of the Gospel and the teachings of the Church as a basis for pastoral action and its evaluation;

(4) Simple materials for pastoral ministers, for use in training workshops and courses, so they can use these materials easily in the small ecclesial communities;

(5) Resources for information on immigration. This inludes the development of information materials on imigration, directed to a popular audience to provide orintation on rights of the undocumented and laws pertaining to legalization and naturalization;

(6) A handbook of guidelines on political rights and responsibilities as part of a program of conscientization on Christian responsibility to accompany a national campaign for voter registration through the involvement of parishes;

(7) A simple and practical pamphlet of orientation on parent/children relations, which keeps in mind characteristics of the Hispanic family, including production and dissemination of it for use in family gatherings or small ecclesial communities;

(8) A pamphlet on popular religiosity, its values and basis, accessible to the small ecclesial communities;

(9) Elaboration of materials in the areas of liturgy and spirituality, including liturgical catechesis with distinction of roles;

(10) Practical materials on natural family planning.

How: Formation of a production committee for the elaboration of materials.

When: In accordance with the normal channels for plans and programs and budget procedures of the respective entities involved.

Responsible Agents: National Federation of Pastoral Institutes in collaboration with diocesan pastoral centers and the *Instituto de Liturgia Hispana.*

VII. Evaluation

A. Orientation

85. Evaluation is an integral part of pastoral planning. It is the process that keeps us in constant personal conversion as ministers and in constant communitarian conversion as a people.

It is not a matter of looking back in a purely technical way to guarantee that what has been planned has been done; rather, it must be an expression of what the Church is and does in relation to the Kingdom.

With the help of evaluation, new horizons can be seen, as well as possibilities and alternatives to the efforts that have not produced results in attaining the goal. An effective evaluation should also provide the opportunity of reshaping the plan in the light of ongoing pastoral experiences.

86. Since it is not a matter of a purely technical analysis, the atmosphere in which pastoral evaluation takes place is of the greatest importance. The whole process of the III Encuentro has been accompanied by reflection and prayer, that is to say, with a *mística.* Pastoral evaluation demands an atmosphere of reflection, trust, freedom, mutual collaboration, and communion, for what is involved is the life of the total community in its journey to the Kingdom.

This demands participation by the people in the evaluation, since they have participated in the planning and decision-making.

Coordination, as a central element and goal of pastoral planning, calls for periodic evaluations and not just evaluation at the end. This creates a continuous process of discerning and assessing an ever-changing reality, the totality of pastoral ministry, and the priorities involved in action.

B. Specific Objective

87. To determine if the general objective of the plan is being attained and whether the process faithfully reflects what the Church is and does in relation to the Kingdom.

C. Programs and Projects

88. Carry out a continuous evaluation of the whole pastoral process according to the *National Pastoral Plan.*

1. *Coordinate from the national level the total process of evaluation.*

How: BEFORE: Appoint the National Advisory Committee (NAC) to design the appropriate instruments in line with the orientation and objective of the evaluation. There should be a uniform system for evaluation at the various levels; develop a training process for the use of the instruments at the regional and diocesan levels.

AFTER: Compile the data of diocesan and regional evaluation reports and the national report; employ the resources needed to interpret the reports according to the specific objective of the evaluation process; disseminate the results of the evaluation to the different levels in order to revitalize the process of pastoral planning.

When: In accordance with the normal channels for plans and programs and budget procedures of the respective entities involved.

Responsible Agents: NCCB Committee on Hispanic Affairs, and the Secretariat for Hispanic Affairs in collaboration with the National Advisory Committee (NAC).

2. *Provide training and formation for the evaluation process at the regional and diocesan levels.*

89. *How*: Organize a training workshop for the regional directors concerning the pastoral value, orientation, and objectives of the evaluation and the use of the instruments for the region and diocese; organize training workshops for diocesan directors at the regional level to provide orientation on the evaluation and on the use of the instrument for the diocese.

When: In accordance with the normal channels for plans and programs and budget procedures of the respective entities involved.

Responsible Agents: National Advisory Committee (NAC) in collaboration with the Secretariat for Hispanic Affairs.

3. *Evaluate the pastoral plan at the diocesan level.*

90. *How*: Convoke representatives of the parishes and the small ecclesial communities to use the appropriate instrument to carry out the evaluation; prepare a written report of the results of the evaluation to send to the regional office.

When: In accordance with the normal channels for plans and programs and budget procedures of the respective entities involved.

Responsible Agents: The ordinary, the vicar, and the diocesan office for Hispanic affairs.

4. *Evaluate the pastoral plan at the regional level.*

91. *How*: Convoke representatives of the dioceses and use the appropriate instrument to carry out the evaluation; prepare a written report of the results of the evaluation to send to the national office.

When: In accordance with the normal channels for plans and programs and budget procedures of the respective entities involved.

Responsible Agents: Regional Offices.

5. *Evaluate the pastoral plan at the national level.*

92. *How*: Convoke representatives of all the regions and use the appropriate instrument to carry out the evaluation; prepare a written report of the results of the evaluation to be incorporated into the regional and diocesan evaluations for a complete interpretation of the evaluation.

When: In accordance with the normal channels for plans and programs and budget procedures of the respective entities involved.

Responsible Agents: NCCB Committee on Hispanic Affairs and the National Advisory Committee (NAC) in collaboration with the Secretariat for Hispanic Affairs.

VIII. Spirituality and *Mística*

93. This pastoral plan is a gospel reflection of the spirituality of the Hispanic people. It is a manifestation and response of faith.

    When we look at this spirituality, we find that one of the most important aspects of its content is a sense of the presence of God, which serves as a stimulus for living out one's daily commitments.

    In this sense the transcendent God is nevertheless present in human affairs and human lives. Indeed, one might go so far as to speak of God as a member of the family, with whom one converses and to whom one has recourse, not only in moments of fervent prayer but also in one's daily living. Thus, God never fails us. He is Emmanuel, God-with-Us.

94. The Hispanic people find God in the arms of the Virgin Mary. That is why Mary, the Mother of God, as goodness, compassion, protection, inspiration, example... is at the heart of the Hispanic spirituality.

    The saints, our brothers and sisters who have already fulfilled their lives in the following of Jesus, are examples and instruments of the revelation of God's goodness through their intercession and help.

    All this makes Hispanic spirituality a home of living relationships, a family, a community. It will find expression and consequence more in ordinary life than in theory.

95. Hispanic spirituality has as one of its sources the "seeds of the Word" in the pre-Hispanic cultures, which considered their relationships with the gods and nature to be an integral part of life. In some cases, the missionaries adopted these customs and attitudes; they enriched and illuminated them so as to incarnate the Divine Word of Sacred Scripture and the Christian faith to make them come alive in religious art and drama. All this has taken shape in popular devotions which preserve and nourish the peoples' spirituality. At the same time, Christian principles have been expressed in attitudes and daily behavior which reveal divine values in the experience of the Hispanic people. This spirituality has been kept alive in the home and has become a profound tradition within the family.

96. The spirituality of the Hispanic people, a living reality throughout its journey, finds expression in numerous ways. At times it takes the form of prayer, novenas, songs, and sacred gestures. It is found in personal relationships and hospitality. At other times it surfaces as endurance, patience, strength, and hope in the midst of suffering and difficulties. Their spirituality can also inspire a struggle for freedom, justice, and peace. Frequently it is expressed as commitment and forgiveness as well as in celebration, dance, sacred images, and symbols. Small altars in the home, statues, and candles are sacramentals of God's presence. The *pastorelas, posadas, nacimientos, via crucis,* pilgrimages; processions; and the blessings offered by mothers, fathers, and grandparents are all expressions of this faith and profound spirituality.

97. At various times through the centuries, these devotions have gone astray or have been impoverished due to the lack of a clear and enriching catechesis. This pastoral plan with its evangelizing, community-building, and formative emphasis can be a source of evangelization for these popular devotions and an encouragement for enriching liturgical celebrations with cultural expressions of faith. It seeks to free the Spirit who is alive in the gatherings of our people.

98. The III Encuentro process was yet one more step in the development and growth of their spirituality. Many participants appeared to have moved from a personal and family spirituality to one that is communitarian and ecclesial. They moved from a sense of individual and family injustices to a recognition of general injustice to all people. This growth was sensed also in their awareness and experience of being Church, in their familiarity with ecclesial documents, in their active participation in liturgies and prayers.

99. For people who celebrate life and death with great intensity and meaning, the eucharistic liturgy has a special place. The liturgy and sacraments offer to a people imbued with a profound religious sense the elements of community, the assurance of grace, the embodiment of the Paschal Mystery, in the dying and rising of the Lord in his people. This is especially true of what happens in the celebration of the Eucharist—the source of our unity. Numerous possibilities are

found for artistic elements that enrich the sacramental celebrations with originality and joyfulness. These sacramental moments capture the spirituality and *mística*, which overflow from the living of their Christian vocation and their Hispanic identity.

100. In the gathering around a simple, common table, Jesus told his disciples to "do this in memory of me." It was to this gathering that Jesus revealed his mission, his life, his innermost prayer to his friends and then asked them to do the same in his memory. He mandated them to do all that he had done, had lived for, in their lives. This consistent stopping to share a common meal has nourished the Hispanic people throughout history. As Jesus' disciples, they reserve a place for him at the table.

101. Throughout the process of the III Encuentro, many Hispanic Catholics have sought to live in dialogue with their God who inspires and motivates, with Mary who accompanies Jesus' disciples. The pastoral plan takes its source out of the gathering and sharing of the Hispanic people. It is an expression of his presence in us. The pastoral plan provides a way for this People of God to express their life with the Spirit, a life deeply rooted in the Gospel.

IX. Appendices

A. Bibliography

Census Bureau, December 1987.

I Encuentro Nacional Hispano de Pastoral, Conclusions, Secretariat for Hispanic Affairs, USCC Office of Publishing and Promotion Services, Washington, D.C., 1972.

Evangelii Nuntiandi (On Evangelization in the Modern World), Apostolic Exhortation, Pope Paul VI, USCC Office of Publishing and Promotion Services, 1975.

Gaudium et Spes (Pastoral Constitution on the Church in the Modern World), Second Vatican Council, USCC Office of Publishing and Promotion Services, Washington, D.C., 1965.

The Hispanic Catholic in the United States: A Socio-Cultural and Religious Profile, by Roberto Gonzalez and Michael La Velle, Northeast Catholic Pastoral Center for Hispanics, Inc., 1985.

The Hispanic Presence: Challenge and Commitment, Pastoral Letter, USCC Office of Publishing and Promotion Services, Washington, D.C., 1984.

Proceedings of the II Encuentro Nacional Hispano de Pastoral, Secretariat for Hispanic Affairs, USCC Office of Publishing and Promotion Services, Washington, D.C., 1977.

Prophetic Voices: The Document on the Process of the III Encuentro Nacional Hispano de Pastoral, Secretariat for Hispanic Affairs, USCC Office of Publishing and Promotion Services, Washington, D.C., 1986.

Sects or New Religious Movements: Pastoral Challenge, Vatican Secretariat for Christian Unity, Rome, USCC Office of Publishing and Promotion Services, Washington, D.C., 1986.

B. Cross References

Cross references demonstrate the relationship of the plan to previous documents produced throughout the encuentro process. These sources, mainly the pastoral letter, *The Hispanic Presence: Challenge and Commitment* (*HP*), and *Prophetic Voices: The Document on the Process of the III Encuentro Nacional Hispano de Pastoral* (*PV*), can readily be referred to by employing the guide below.

PASTORAL PLAN	CROSS REFERENCES
II. Framework of Hispanic Reality	
A. History	*HP*, no.6
B. Culture	*HP*, no.1
C. Social Reality	*HP*, no.7
V. General Objective	*PV*, nos. 4, 5, 6, 7, 8
VI. Specific Dimensions	
A. *Pastoral de Conjunto*	*PV*, no.4
B. Evangelization	*PV*, nos. 5, 7
C. Missionary Option	*PV*, nos. 1, 2, 3, 8, 9
D. Formation	*PV*, no. 6
A. *Pastoral de Conjunto*	
1. Background	*HP*, no. 11, 17 *PV*, Evangelization, pp. 34, 35
3. Programs and Projects	
a. Pastoral Integration	*PV*, nos. 11, 31
b. Coordination of Hispanic Pastoral Action	*PV*, no.13
c. In-Service Training for Hispanic Pastoral Action	*PV*, no. 12
d. Pastoral Communication	*PV*, nos. 15, 16, 21
B. Evangelization	
1. Background	*HP*, nos. 11, 15 *PV*, Evangelization, p. 34 "Introduction"; *PV*, Integral Education, pp. 36, 37

3. Programs and Projects

    a. Elaboration of Criteria and Training for the
       Creation, Development and Support of Small
       Ecclesial Communities   *PV*, nos. 10, 14, 17

    b. Parish Renewal for Community Development
       and Missionary Outreach   *PV*, nos. 18, 19, 20, 26, 28

C. Missionary Option

   1. Background   *PV*, Social Justice, pp. 38, 39, 40
                                     HP, nos. 12.i, j, k, l

   3. Programs and Projects

    a. Organization and Assistance for Farmworkers
       (Migrants)   *PV*, nos. 21, 22, 23

    b. Conscientization on Christian Social Responsibility
       and Leadership Development   *PV*, nos. 23, 24, 26, 29

    c. Hispanics in the Military

    d. Promotion of Family Life Ministry   *PV*, nos. 23, 37, 43

    e. The Role of Women in the Church   *PV*, nos. 22, 23

    f. Youth Ministry   *PV*, Youth, pp. 40, 41, 42
                                       PV, nos. 30, 32, 33, 34, 35, 36, 38

D. Formation

   1. Background   *HP*, no. 12.a, c, d, e, f;
                                       PV, Leadership Formation,
                                       "Introduction," p.42

   3. Programs and Projects

    a. Program of Reflection and Conscientization   *PV*, nos. 39, 40

    b. Research Projects   *PV*, no. 43

    c. Programs to Identify Candidates for
       Ordained Ministry and the Vowed Life   *HP*, no. 12.e, i; *PV*, nos. 42, 43

    d. Programs of Formation and Training   *PV*, nos. 41, 42, 43, 44

C. Organizational Chart

Throughout the plan, "Responsible Agents" are identified as those organizations or entities charged with implementing specific programs or projects. The organizational chart is an aid to see at a glance the various church organizations assigned to a task. The numbers below refer to the paragraph numbering system employed throughout the text. The program or project can be readily found by locating the reference.

Organizations (Responsible Agents)	Programs			
	Pastoral de Conjunto	Evangelization	Missionary Option	Formation
NCCB	24			
Committees: Hispanic Affairs	25, 26		64, 66	72, 79, 82
Vocations				73, 74, 75, 76, 80
Priestly Formation				80
Permanent Diaconate				80
Laity and Family Life				70
Women in Society and the Church			63	78
Youth			64, 65	
Marriage and Family Life			60, 61, 62	
Liturgy				
Ecumenical and Interreligious Affairs				83
Migration			57	
USCC Departments	24			72
Secretariat for Hispanic Affairs	22, 23, 25, 26, 32, 36	41, 42	60, 61, 62, 63, 64, 65, 66	70, 78, 79, 82
National Advisory Committee to Secretariat for Hispanic Affairs		41		

Organizations (Responsible Agents)	Programs			
	Pastoral de Conjunto	Evangelization	Missionary Option	Formation
Social Development and World Peace			58	
Campaign for Human Development			58	
Communications	35			
DIOCESE **Diocesan Bishop**	23, 24, 27	47		81
Vicar	23, 24, 27, 33	47		81
Diocesan Departments	24, 29, 34, 35	45, 50	65	70, 76, 77, 81
Diocesan Offices for Hispanic Affairs	23, 26, 27, 29, 33	41, 42, 43, 45, 46, 47, 48, 50		70, 74, 77, 81
Diocesan Promotion Team (EPD)	27, 29	48		
Area/Pastoral Centers	29, 30, 31	45, 48		81, 84
Area Coordinator	23, 28, 33			81
PARISH				
Pastor	23, 24, 28, 29	45, 48, 49, 50		70, 77
Pastoral Team	28	45		70, 77
Pastoral Council	28	45, 48, 49, 50		70, 77
Coordinators, Facilitators of Small Ecclesial Communities	33			

Organizations (Responsible Agents)	Programs			
	Pastoral de Conjunto	Evangelization	Missionary Option	Formation
Apostolic Movements and Organizations	23, 33	46		
Regional Offices for Hispanic Affairs	26, 27, 35	41, 42, 47, 50		74
National Federation of Pastoral Institutes	30, 31	41	59, 63	70, 71, 72, 78, 80, 84
Pastoral Institutes	31, 35	50		77, 81
National Committee for Hispanic Youth/ Young Adult Ministry (CNH de PJ)			65, 66	79
Instituto de Liturgia Hispana	31	50		71, 84
Catholic Universities, Colleges, and Seminaries				72
Conference of Major Superiors of Men				80
Leadership Conference of Women Religious				80
Archdiocese for the Military Services			59	
National Conference of Diocesan Vocation Directors				73, 75
National Religious Vocation Directors				73, 75

D. Terminology

Acompañamiento: The series of activities that enlightens, directs, guides, gives support, and motivates a community in its formation process and in its evangelizing mission.

Analysis of Reality: To study a certain reality and understand the underlying causes that give rise to it in its particular place and historical moment. In the Church, the evangelizing mission is accomplished when this study is undertaken in light of the Gospel to help judge and seek the appropriate responses for the establishment of the Kingdom of God. In order to obtain a critical and scientific analysis, the Church can employ these instrumentations that the social sciences make available.

Assessment: Description of the conditions through the examinations of essential elements which have been determined once the reality has been analyzed in its different areas.

Background: The series of socio-political, economic, and religious elements that make up the situation that the precise actions of this plan intend to answer.

Conscientization: To make people and communities become aware of their reality and eventually lead them to assume their responsibility to change the reality through literacy campaigns, education and formation.

Diocesan Promotion Team (EPD): Pastoral team formed during the process of the III Encuentro whose mission was to coordinate and energize the process at the diocesan level. The team was composed of committed lay and religious leaders who were selected as representatives from different areas of pastoral work.

Doctrinal Framework: The series of biblical, theological, and pastoral aspects which enlighten and inspire the precise options of a specific plan or pastoral project.

Encuentros: Pastoral ministers' meetings called for by the hierarchy, with the purpose of studying, reflecting, and analyzing the reality and commitment. They have served to guide and direct the pastoral process of the Hispanic people along common lines of action for approximately the last 15 years.

Evangelization: We understand evangelization to imply a continuous, lifelong process in which a Christian makes an ever-deepening effort to arrive at a personal and communal encounter with the messenger Christ, and a total commitment to his message, the Gospel. (*Proceedings of the II Encuentro Nacional Hispano de Pastoral*, p. 68).

General Objective: It is the guiding principle which provides a common vision. It is the fundamental purpose toward which the programs and projects of the plan are oriented.

Guidebook: It is meant to be a pedagogical instrument or means to facilitate the formation and work on different issues for pastoral agents at the grass-roots level. It includes the contents of the theme and techniques and methods for its use in small communities as a means of community reflection and formation.

In-servicing: Presentations by specialized pastoral ministers in the fields of theology, biblical studies, sociology, and pastoral ministry who assist in deepening certain pastoral action, leadership formation, or training as they accompany the reflecting community.

Integral Education: Takes into account the totality of the person and not just those aspects useful to society. The human person has multiple dimensions, such as the cultural, the religious, the political, the economic, and the psychological. We recognize that there must exist a fundamental respect for the culture of the person being educated (*Proceedings of the II Encuentro Nacional Hispano de Pastoral*, p. 76).

Mestizaje: The historical, cultural, and spiritual coming together of two disparate parent peoples to generate a new people, a new culture, and a new spirituality.

Mística: The series of motivations and deep values which enliven the process of the people and create experiences of faith, producing a spirituality that encourages life and pastoral work.

Mobile Teams (EMT): Small groups prepared and trained during the process of the III Encuentro to carry on each step of the process: grass-roots consultation, group formation, reflection, and other.

Pastoral: The specific actions of the ecclesial communities in so far as they communicate to the world the Christian message of salvation. These actions are pastoral to the extent that they are guided by revelation, the orientation of the Church, and the temporary conditions of humankind.

Pastoral de Conjunto: It is the harmonious coordination of all the elements of the pastoral ministry with the actions of the pastoral ministers and structures in view of a common goal: the Kingdom of God. It is not only a methodology but the expression of the essence and mission of the Church, which is to be and to make communion.

Pastoral Ministers: We refer to people, lay and members of the hierarchy and religious, who perform their pastoral action at different levels of the Church and in different areas.

Pastoral-Theological Reflection: The action or series of actions by which we study and discover within a context of faith the foundation of the Christian message and the evangelical meaning of our pastoral work. This reflection helps us to identify, remember, and live the presence of God with us in our history and in our journey.

Pastoral Plan: It is the technical instrument that organizes, facilitates, and coordinates the actions of the Church as a whole in the realization of its evangelizing mission. The Pastoral Plan is at the service of the *Pastoral de Conjunto* enabling each person with his/her own charisms and ministries to act within a common plan.

Pastoral Planning: By pastoral planning we understand the effective organization of the total process of the life of the Church in fulfilling her mission of being a leaven of the Kingdom of God in this world. Pastoral planning includes the following elements:

- analysis of the reality wherein the Church must carry out her mission;
- reflection of this reality in light of the Gospel and the teachings of the Church;
- commitment to action resulting from this reflection;
- pastoral-theological reflection on this process;
- development of a pastoral plan;
- implementation;

- celebration of the accomplishment of this life experience;
- and the ongoing evaluation of what is being done.

Pastoral Process: It is the constant effort of the Church to journey with its people in their pilgrimage. It is the orderly succession of actions, occurrences, and events that guides the specific actions of the local or national Church in every historical moment of service in its mission.

Popular Catholicism: Hispanic spirituality is an example of how deeply Christianity can permeate the roots of a culture. Hispanic people have learned to express their faith in prayer forms and traditions that were begun and encouraged by missionaries, and passed from one generation to the next (*Hispanic Presence: Challenge and Commitment,* 12.o).

Priority Groups: The family, the poor, youth, and women are the four groups to which the III Encuentro wanted to give special pastoral attention.

Programs and Projects: The operative actions which help identify and carry out the specific objectives. Each program may include several projects.

Proselytism: The improper attitudes and behavior in the practice of Christian witness. Proselytism embraces whatever violates the right of the human person, Christian or non-Christian, to be free from external coercion in religious matters, or whatever, in the proclamation of the Gospel, does not conform to the ways God draws free men to himself in response to his calls to serve in spirit and in truth (*The Ecumenical Review*—Vol.XIII, No. 1 "Common Witness and Proselytism: A Study Document.").

Small Ecclesial Communities: Small groups organized for more intense personal and community relationships among the faithful and for a greater participation in the life and mission of the Church (*Instrumentum Laboris* for the 1987 Synod on the Laity, no. 58).

Specific Dimension: The most specific and basic expression of the general objective that expresses a particular dimension of same.

Notes

1. 1 Cor 12:12-13.

2. Mt 28:18-20.

3. National Conference of Catholic Bishops, *The Hispanic Presence: Challenge and Commitment* (*HP*), pastoral letter of the U.S. Bishops, Washington, D.C.: USCC Office of Publishing and Promotion Services, 1983), no. 1. (Note: This document is included in this collection.)

4. Ibid. no 19.

5. Pope Paul VI, *Evangelii Nuntiandi* (*EN*), apostolic exhortation (On Evangelization in the Modern World), Washington, D.C.: USCC Office of Publishing and Promotion Services, 1975, no. 20; cf. Second Vatican Council, *Gaudium et Spes* (*GS*) (Pastoral Constitution on the Church in the Modern World) no. 153; NCCB *Cultural Pluralism in the United States* (*CP*) statement by the USCC Committee on Social Development and World Peace, Washington, D.C.: USCC Office of Publishing and Promotion Services, 1981, 8.

6. III Encuentro Nacional Hispano de Pastoral, *Prophetic Voices: The Document on the Process of the III Encuentro Nacional Hispano de Pastoral.* (*PV*), Washington, D.C.: USCC Office of Publishing and Promotion Services, 1987. (Note: This document is included in this collection.)

7. Vatican Secretariat for Promoting Christian Unity, *Sects or New Religions Movements: Pastoral Challenge*, Washington, D.C.: USCC Office of Publishing and Promotion Services, 1986, p.15 no. 5.3-5.4.

8. *HP*, no. 3.

9. *EN*, no. 20.

10. Census Bureau, December 1985.

11. Ibid.

12. Roberto Gonzalez and Michael LaVelle, *The Hispanic Catholic in the United States: A Socio-Cultural and Religious Profile,* Northeast Catholic Pastoral Center for Hispanics, Inc., 1985.

13. Ibid.

14. Mt 28:18-20.

15. *PV*, "A Pastoral Theological Reflection," pp. 49-51.

16. *GS*, no. 42.

17. Lk 4:18-19.

Ministerio Hispano

Tres Documentos Importantes

Secretariat for Hispanic Affairs
National Conference of Catholic Bishops

La National Conference of Catholic Bishops/United States Catholic Conference aprobó la publicación bilingüe de tres importantes documentos hispanos en una edición: la carta pastoral de 1983, *La Presencia Hispana: Esperanza y Compromiso*; el documento del Proceso del III Encuentro Nacional Hispano de Pastoral de 1986, *Voces Proféticas*; y el *Plan Pastoral Nacional para el Ministerio Hispano* de 1987. Estos documentos presentan la evolución del contexto histórico del ministerio hispano en los Estados Unidos, ofrecen un esquema del proceso evangelizador y misionero del proceso que se utilizó en el III Encuentro Nacional y ofrece una guía para los agentes pastorales, líderes, el clero y los profesionales que participan en el ministerio con Hispanos/Latinos. La publicación fue revisada por el Secretariado de Asuntos Hispanos de NCCB y su publicación fue autorizada por el que suscribe.

Monseñor Dennis M. Schnurr
General Secretary
NCCB/USCC

Preparación del texto y diseño por Marina Herrera, Ph. D..

Las citas bíblicas fueron tomadas de la Biblia Latinoamericana, edición de 1989, con derecho de impresión de Ramón Ricciardi y Bernardo Hurault 1972, Sociedad Bíblica Católica Internacional, Roma. Se usa con permiso.

ISBN 1-55586-197-0

Contenido

Plan Pastoral Nacional para el Ministerio Hispano / 59

Este nuevo volumen titulado *Ministerio Hispano: Tres Documentos Importantes* contiene tres documentos primarios que representan muchos años de desarrollo para el liderazgo y la planificación pastoral hispana: *La Presencia Hispana: Esperanza y Compromiso, Voces Proféticas,* y *Plan Pastoral Nacional para el Ministerio Hispano.* Miles de católicos hispanos fueron consultados en la creación de estos documentos. Por tanto, estos documentos son informativos y útiles en la preparación de agentes pastorales, líderes, clero y profesionales en el trabajo de la Iglesia que están al servicio de los católicos hispanos de los Estados Unidos.

La creación de esta edición responde a varias necesidades. Primero, en el curso de los últimos años, miembros del personal de las diversas regiones, diócesis y parroquias han pedido al Secretariado de Asuntos Hispanos de NCCB que ofrezca materiales para la preparación y formación de líderes laicos. Segundo, otros pastoralistas que laboran en la Iglesia han solicitado materiales que presenten con claridad el proceso y desarrollo del ministerio hispano desde sus inicios. El Secretariado consideró que la publicación de este material en un solo tomo sería una manera de responder a esas necesidades y serviría como compendio para los que participan en la pastoral para y con los hispanos.

La Presencia Hispana: Esperanza y Compromiso (la carta pastoral de los obispos de EE.UU. de 1983) es el primer documento de este tomo. Por medio de la experiencia real de varias comunidades hispanas—experiencias que incluyen su fe y sus tradiciones—los obispos comparten un mensaje que ayuda a todos los católicos a ser más conscientes de la presencia de los católicos hispanos quienes desean sentir que tienen un hogar en la Iglesia. En este momento, en que los católicos anticipan el Gran Jubileo del año 2000 y los años que siguen, ellos podrán sentir el impacto de las comunidades hispanas en la vida parroquial. *La Presencia Hispana: Esperanza y Compromiso* continuará siendo un vehículo importante para ayudar a las parroquias y a las diócesis a prepararse para atender las necesidades pastorales del futuro inmediato.

Voces Proféticas (publicado originalmente en 1986, y el segundo documento de este tomo) sirve como récord del proceso de dos años de duración para la preparación del Tercer Encuentro Nacional Hispano de Pastoral. Este proceso incluyó consultas con más de cien mil personas; la documentación es un instrumento valioso para continuar la reflexión, el diálogo y la planificación. *Voces Proféticas* proporcionará ideas para ayudar al personal y a los agentes pastorales diocesanos que preparan planes pastorales para el ministerio entre hispanos.

El *Plan Pastoral Nacional para el Ministerio Hispano* (el tercer documento de este tomo) es el plan estratégico que resultó de los tres Encuentros Nacionales. Las conclusiones de cada una de esas tres reuniones de católicos hispanos marcan pasos importantes en la creación del plan pastoral nacional. Durante el Primer Encuentro Nacional (1972), los católicos hispanos reafirmaron su identidad como católicos y resolvieron promover el apostolado hispano. Durante el Segundo Encuentro Nacional (1977), continuaron desarrollando la infraestructura eclesial de la pastoral hispana en los Estados Unidos. El Tercer Encuentro Nacional (1985) llevó a la creación de un plan estratégico para la pastoral hispana—*Plan Pastoral Nacional para el Ministerio Hispano*—que da énfasis a la Iglesia en sus aspectos misionero, comunitario y participatorio. Este plan pastoral ha contribuído a la solidaridad entre las diversas comunidades eclesiales hispanas y proporciona guías importantes para los agentes de pastoral y los profesionales laborando con la Iglesia que desean responder a las necesidades pastorales de los católicos hispanos en nuestro país.

La Iglesia, en su búsqueda por respuestas a los grandes retos pastorales, merece estudiar la experiencia de los católicos hispanos como un modelo efectivo de pastoral. El uso de estos documentos brindará un importante primer paso hacia este fin, y también ayudará a entender mejor el proceso de inculturación en la Iglesia.

+ Roberto O. González, Presidente
Comité de Obispos para Asuntos Hispanos
Conferencia Nacional de Obispos Católicos
Abril de 1995

La
Presencia
Hispana

Esperanza y Compromiso
Carta Pastoral sobre el Ministerio Hispano

Aprobada en noviembre de 1983
Primera publicación en enero de 1984

Contenido

Abreviaturas

AA	*Apostolicam Actuositatem* (Decreto sobre el Apostolado de los Seglares), Vaticano II, 1965.		*JPP*	*Planificación de la Pastoral de Conjunto*, Medellín, CELAM, 1968.
ABUS	Declaración a los Obispos de los Estados Unidos, Papa Juan Pablo II, octubre 1979.		*LG*	*Lumen Gentium* (Constitución Dogmática sobre la Iglesia), Vaticano II, 1964.
BSU	Nuestros hermanos y hermanas, NCCB, 1979.		Medellín	Documentos Finales de la Conferencia General del CELAM, 1968.
CELAM	Consejo Episcopal Latinoamericano.		*MPLA*	*Mensaje a los Pueblos de América Latina*, Puebla, CELAM.
CP	*The Challenge of Peace* (El Desafío de la Paz), NCCB, 1983.		NCCB	Conferencia Nacional de Obispos Católicos.
CT	*Catechesi Tradendae* (Sobre la Catequesis), Exhortación Apostólica del Papa Juan Pablo II, 1979.		*NCD*	*National Catechetical Directory* (Directorio Catequético Nacional), Conferencia Nacional de Obispos Católicos, 1979.
EN	*Evangelii Nuntiandi* (La Evangelización del Mundo Moderno), Exhortación Apostólica del Papa Pablo VI, 1975.		PHB	*Los Obispos hablan con la Virgen*, Carta Pastoral de los Obispos Hispanos de los Estados Unidos, 1982.
II ENHP	*Proceedings of the II Encuentro Nacional Hispano de Pastoral*, Washington, D.C., August 1977.		Puebla	*Conclusiones de Puebla* de la III Conferencia General de Obispos Latinoamericanos (CELAM) sobre "La Evangelización en el Presente y en el Futuro de América Latina", 1979.
FBC	Federal Bureau of the Census (Oficina Federal del Censo), diciembre 1987.		*SC*	*Sacrosanctum Concilium* (Constitución sobre la Sagrada Liturgia), Vaticano II, 1963.
FC	*Familiaris Consortio* (Exhortación Apostólica sobre la Familia), el Papa Juan Pablo II, 1981.		USCC	United States Catholic Conference (Conferencia Católica de los Estados Unidos).
GE	*Gravissimum Educationis* (Declaración sobre la Educación Cristiana), Vaticano II, 1965.			
GS	*Gaudium et Spes* (Constitución Pastoral de la Iglesia en el Mundo Actual), Vaticano II, 1965.			

I. Llamado al Ministerio Hispano

1. En este momento de gracia reconocemos que la comunidad hispana que vive entre nosotros es una bendición de Dios. Exhortamos a todas las personas de buena voluntad a que compartan nuestra visión de los dones especiales que los hispanos traen al Cuerpo de Cristo, su Iglesia peregrina sobre la tierra (1 Cor 12:12-13).

   Invocando a la Santísima Virgen María para que nos guíe, deseamos especialmente exponer nuestras reflexiones sobre la presencia hispana en los Estados Unidos a los católicos laicos, religiosos y religiosas, diáconos y sacerdotes de nuestro país. Pedimos a los católicos, que como miembros del Cuerpo de Cristo, al desempeñar las funciones que les corresponden, presten verdadera atención a nuestras palabras. La presencia hispana nos estimula a todos a ser más *católicos* y a tener un espíritu más amplio con respecto a la diversidad de la expresión religiosa.

2. Aunque como resultado de esta presencia, la Iglesia ha de afrontar muchas necesidades pastorales, nos agrada que los católicos hispanos expresen el deseo de tener más oportunidad de compartir sus dones históricos, culturales y religiosos con la Iglesia que consideran suya, y a la que ven como parte vital de su tradición. Escuchemos su voz. Hagamos que todos se sientan en la Iglesia como en su propia casa (PHB, I. b & III. c). Seamos una Iglesia verdaderamente universal, una Iglesia acogedora, recibiendo con agrado los dones y expresiones diversas de nuestro credo: "un solo Señor, una sola fe, un solo bautismo, un solo Dios y Padre de todos" (Ef 4:5-6).

3. Los hispanos ejemplifican y fomentan valores esenciales para el servicio a la Iglesia y a la sociedad. Entre estos valores se hallan los siguientes:

   (a) Un profundo respeto por la dignidad de cada *persona* que refleja el ejemplo de Cristo en el Evangelio;

   (b) Un profundo y respetuoso amor por la *vida familiar* en la que toda la "familia extensa" halla sus raíces, su identidad y su fortaleza;

   (c) Un maravilloso sentido de *comunidad* que celebra la vida mediante la "fiesta";

   (d) Un afectuoso agradecimiento por *la vida*, don de Dios

   y un concepto del tiempo que les permite disfrutar de ese don;

   (e) Una auténtica y firme *devoción a María*, Madre de Dios.

4. Todos tenemos la obligación de apreciar nuestra propia historia y reflexionar sobre el origen étnico, racial y cultural que nos hace ser una nación de inmigrantes. Desde el punto de vista histórico, la Iglesia de los Estados Unidos ha sido una "Iglesia de inmigrantes", cuya historia notable con respecto a la atención prestada a innumerables inmigrantes europeos sigue siendo única. Hoy esa misma tradición debe inspirar a la Iglesia, una autoridad, compasión y determinación similar, al acercarse a los recientes inmigrantes y migrantes hispanos.

   Aunque crece el numero de hispanos en nuestro país seria engañoso insistir solamente en este crecimiento numérico. Fijarse principalmente en el número podría llevarnos con facilidad a ver en los hispanos un gran problema pastoral y pasar por alto, al mismo tiempo, el hecho aún más importante de que constituyen una oportunidad pastoral única.

   Ciertamente las necesidades pastorales de los católicos hispanos son grandes. Aunque su fe es profunda y firme, se halla asediada y mermada por las presiones constantes de la dinámica social de asimilación. Por otra parte, la historia, la cultura y la espiritualidad que animan su fe viva, merecen que todos nosotros las conozcamos, las compartamos y las apoyemos. Su contribución pasada y presente a la vida de fe de la Iglesia merece aprecio y reconocimiento.

   Actuemos juntos para crear una visión pastoral y una estrategia que surgiendo de un pasado memorable, se renueve con el impulso creador del presente.

5. La Iglesia tiene un amplio conjunto de enseñanzas sobre la cultura y la relación íntima de ésta con la fe. "En la propia revelación a su pueblo que culminó con la manifestación plena de su Hijo encarnado, Dios habló de acuerdo a la cultura propia de cada época. En forma similar, en circunstancias diversas, la Iglesia ha existido a través de los siglos y ha utilizado las riquezas de las diferentes culturas en su predicación, para esparcir y explicar el mensaje de Cristo, exa-

minarlo, entenderlo más profundamente y expresarlo más perfectamente en la liturgia y en varios aspectos de la vida de fe" (*GS*, 58).

Del mismo modo que para otros pueblos con una fuerte tradición católica, para los hispanos la religión, la cultura, la fe y la vida, son inseparables. El catolicismo hispano es un ejemplo notable de cómo el Evangelio puede impregnar una cultura hasta sus mismas raíces (*EN*, 20). Pero esto también nos recuerda que ninguna cultura carece de defectos y pecados. La cultura hispana, lo mismo que cualquier otra, necesita ser confrontada por el Evangelio.

El respeto por la cultura se basa en la dignidad de la persona, hecha a imagen de Dios. La Iglesia muestra su estima por esta dignidad, tratando de asegurar que el pluralismo y no la asimilación o la uniformidad, sea el principio que guíe la vida de las comunidades, tanto eclesiales como seculares. Todos nosotros en la Iglesia, debemos hacer que la aceptación de nuestros hermanos hispanos sea más amplia, y que nuestro compromiso hacia ellos, sea más profundo.

Realidad Hispana

6.   No hay cultura europea más antigua en nuestro país que la hispana. Los españoles y sus descendientes ya estaban en el sudeste y sudoeste a fines del siglo XVI. En otras regiones de nuestro país la afluencia constante de inmigrantes hispanos ha hecho que estos fueran más visibles en tiempos más recientes. Mirando al futuro se ve claramente que la población hispana en los Esta-dos Unidos cobrará mucha más importancia, tanto en la sociedad en general, como en la Iglesia en particular.

Hace sólo 30 años el censo de los Estados Unidos estimó que había 6 millones de hispanos en el país. El censo de 1980 contó casi 15 millones, cifra en la que no se incluyen los habitantes de la isla de Puerto Rico, los múltiples trabajadores indocumentados, los recién refugiados cubanos, los que han huido de la creciente violencia en América Central y del Sur, ni tampoco otros muchos hispanos omitidos por el censo. Algunos expertos estiman que la población total hispana en los Estados Unidos es por lo menos de 20 millones.[1]

Actualmente los Estados Unidos ocupa el quinto lugar en el mundo, entre los países de habla española. Sólo México, España, Argentina y Colombia tienen mayor número de hispanos.[2]

Los católicos hispanos son muy diversos. Provienen de 19 repúblicas latinoamericanas, Puerto Rico y España. El grupo mayoritario es el de los méxico-americanos que constituyen el 60 por ciento. A éstos les siguen los puertorriqueños, que constituyen el 17 por ciento, y los cubanos que constituyen el 8 por ciento. Los dominicanos, peruanos, ecuatorianos, chilenos, y cada vez más, los centroamericanos; en especial los salvadoreños, lo mismo que otros latino-americanos, están ampliamente representados.

Los hispanos son distintos en su origen racial, su color, su historia, sus logros y manifestaciones de fe y también en el grado de desventaja racial y económica que sufren. Sin embargo, comparten muchos elementos culturales, entre los que se incluyen un catolicismo profundamente enraizado, valores como el del compromiso hacia la familia extensa, el idioma común, español, aunque hablado con diversos acentos.

Los hispanos se hallan en todos los estados de la Unión y en casi todas la diócesis. Aunque muchos, especialmente en el sudoeste, viven en zonas rurales. Más del 85 por ciento se hallan en grandes centros urbanos como Nueva York, Chicago, Miami, Los Angeles, San Antonio y San Francisco. En lugares como Hartford, Washington, D.C. y Atlanta, son prueba de su pre-sencia el numero creciente de anuncios en español e inglés, así como otros grandes barrios hispanos.[3]

Es significativo el hecho de que los hispanos cons-tituyen la población más joven de nuestro país. Su edad promedio, 23.2, es menor que la de los demás grupos. El 54 por ciento de los hispanos tienen aproxi-madamente 25 años o menos.

Condiciones Socioeconómicas

7.   En general, la mayoría de los hispanos de nuestro país viven en la pobreza, o casi en la pobreza. Se han producido ciertas mejoras en su situación económica y social en la última generación, en conjunto, pero todavía los hispanos no han empezado a compartir la riqueza de nuestro país; riqueza que ellos han

contribuido a producir. A pesar de las crecientes expectativas, la participación de los hispanos en el proceso político es limitado, a causa de su sub-desarrollo económico y social. Por esta razón, están insuficientemente representados en el nivel de los que toman decisiones, tanto en la Iglesia como en la sociedad.

El promedio de ingreso anual de las familias no hispanas es de $5,000 más que el de las familias hispanas. El 22.1 por ciento de los hispanos viven en la pobreza, comparado con el 15 por ciento de la población en general.[4]

Históricamente, el desempleo ha sido siempre mayor entre los hispanos que entre los demás. Los puerto-rriqueños son los más afectados, con un índice de desempleo que suele ser un tercio más alto que el de los otros hispanos.[5] En tiempos de crisis, como en la depresión económica del comienzo de la década de los ochenta, los hispanos se hallaban entre los últimos para ser contratados y entre los primeros para ser despedidos.

Más de la mitad de los hispanos empleados tienen puestos de trabajo que no son ni profesionales ni ad-ministrativos. Trabajan principalmente como braceros en la agricultura, o están empleados en los servicios urbanos. En ninguno de estos dos sectores ha tenido éxito todavía la lucha valerosa de los trabajadores por obtener medios adecuados de negociación y para con-seguir una remuneración justa.

La falta de preparación académica y profesional es uno de los factores importantes que mantienen a los hispanos en la pobreza. Aunque ahora los hispanos que terminan los estudios secundarios y universitarios son más que hace diez años, sólo el 40 por ciento de ellos termina la escuela secundaria con éxito, en comparación con el 66 por ciento de la población en general. Los hispanos están insuficientemente representados incluso dentro de la población del sistema escolar católico, en el que representan sólo el 9 por ciento de la población estudiantil.

Las oportunidades educativas en las zonas de gran concentración hispana, con frecuencia, son inferiores a lo normal. Una frustración inicial en la escuela lleva a muchos hispanos a abandonar los estudios sin haber adquirido la preparación necesaria, mientras muchos de los que permanecen en la escuela se encuentran en un sistema educativo que no siempre les apoya. Con frecuencia, los estudiantes hispanos se hallan en una encrucijada cultural. Viven en su hogar según la tradición hispana, al mismo tiempo que en la escuela y en el trabajo sienten que se ejerce presión sobre ellos para que se dejen asimilar y abandonen sus costumbres y tradiciones.

Datos impersonales nos dicen que los hispanos son numerosos, aumentan rápidamente, son de diversas nacionalidades de origen, y se hallan por todos los Estados Unidos. Su situación económica y social es inferior y tienen necesidad de un mayor acceso a la educación y de entrar en el proceso de la toma de deci-siones, pero hay una realidad humana detrás de los datos encuestos y a veces desalentadores. Vemos en los rostros de los hispanos una serenidad profunda, una esperanza constante y una alegría llena de vita-lidad. En muchos de ellos observamos el sentido evangélico de la gracia y el carácter profético de la pobreza.

II. Logros en el Ministerio Hispano de los Estados Unidos

8. Al intentar responder a las necesidades pastorales de los hispanos, nos basamos en la labor iniciada hace muchos años. Reconocemos con gratitud lo que hicieron hombres y mujeres previsores, hispanos y no hispanos, quienes siendo pioneros en este apostolado, ayudaron a mantener y a enriquecer la fe de cientos de miles de personas. Merece que se les reconozcan sus valerosos esfuerzos.

9. La supervivencia de la fe entre los hispanos en muchos aspectos parece casi un milagro. Incluso en momentos en que la Iglesia oficial no podía estar presente, la fe permaneció debido a la familia (la tradición religiosa familiar proporcionó un ímpetu y dinamismo a los que se debe la conservación de la fe). Pero no dependamos hoy solamente de esta tradición. Todas las generaciones de todas las culturas tienen necesidad de ser evangelizadas (*EN*, 54).

Una de las glorias de las mujeres hispanas, laicas y religiosas, ha sido el papel que han desempeñado alimentando la fe y manteniéndola viva en su familia y comunidad. Ellas han sido, tradicionalmente, las principales formadoras en la oración, las catequistas y con frecuencia, modelos excelentes del discipulado cristiano.

El creciente número de dirigentes laicos y diáconos permanentes (20 por ciento del total de los Estados Unidos) es un signo de que el liderazgo laico de las bases se ha llamado a servir a la Iglesia.

También son dignos de mención los diversos movimientos apostólicos que han ayudado a asegurar la supervivencia de la fe de muchos católicos hispanos. Por ejemplo, los Cursillos de Cristiandad, Encuentros Conyugales, Encuentros de Promoción Juvenil, el Movimiento Familiar Cristiano, Comunidades Eclesiales de Base, y la Renovación Carismática, así como otros más, han sido muy útiles para poner de manifiesto las posibilidades apostólicas de muchas personas, matrimonios y comunidades hispanas. Muchas asociaciones como PADRES y HERMANAS han proporcionado una red de apoyo a sacerdotes y mujeres del movimiento cristiano hispano.

Entre los que han colaborado generosamente en esta tarea figuran las congregaciones religiosas de hombres y mujeres. El hecho de que un porcentaje importante de los sacerdotes hispanos sea religioso es un signo de que dichas congregaciones han dedicado sus recursos, su personal y su energía a esta labor. Las congregaciones religiosas de mujeres han ayudado de forma muy especial a satisfacer las necesidades espirituales y materiales de los braceros agrícolas migrantes, los pobres de las ciudades, los refugiados de América Latina y los indocumentados. Los misioneros norteamericanos que vuelven de América Latina regresan con un gran interés por los hispanos y un deseo de dedicarse a su cuidado.

Ya desde por el año 1940 los obispos mostraron auténtica preocupación por los católicos hispanos al establecer, por iniciativa del arzobispo de San Antonio, Monseñor Robert E. Lucey, una comisión especial con objeto de que se ocupara de los hispanos del sudoeste. En 1912 Philadelphia empezó el apostolado hispano. Nueva York y Boston establecieron oficinas diocesanas para los hispano-parlantes en los años cincuenta. En otras zonas del país también se había dado atención a los hispanos desde temprano.

Más adelante, los constantes esfuerzos de los obispos, quienes reconocieron la necesidad de la presencia hispana en la dirección nacional de la Iglesia, culminaron en el establecimiento en 1970, de la Sección de los Hispano-parlantes de la Conferencia Católica de los Estados Unidos, dentro del Departamento de Desarrollo Social de esta Conferencia. En 1974 la Sección se convirtió en el Secretariado de Asuntos Hispanos de la Conferencia Nacional de Obispos Católicos, y de la Conferencia Católica de los Estados Unidos.

Bajo la dirección de los obispos, y con el apoyo del Secretariado de Asuntos Hispanos de la Conferencia Nacional de Obispos Católicos, los católicos hispanos han sido responsables de dos Encuentros Nacionales de Pastoral. En 1972 y 1977, estas reuniones de personas laicas dedicadas a sus propias comunidades, concluyeron con llamados proféticos a toda la Iglesia. Igualmente, como resultado del Segundo Encuentro Nacional Hispano de Pastoral, celebrado en 1977, se impulsó la pastoral juvenil hispana a nivel regional, diocesano y parroquial, mediante la *"National Youth Task Force"*, que se denomina actualmente Comité Nacional Hispano de Pastoral Juvenil.[6]

El nombramiento de obispos y arzobispos hispanos desde 1970 ha acrecentado considerablemente este apostolado. Nos alegramos con todos los católicos hispanos que ven en estos nuevos obispos un signo claro y manifiesto de que la Santa Sede reconoce su presencia y la aportación que son capaces de hacer a la vida de la Iglesia en los Estados Unidos. Los últimos delegados apostólicos han expresado su preocupación por los grupos étnicos y minoritarios de la Iglesia de nuestro país y han pedido a las jerarquías de la Iglesia que atiendan sus necesidades.

En la última década también se han establecido oficinas regionales, institutos pastorales, comisiones y oficinas diocesanas y centros pastorales, todos los cuales se han convertido en instrumentos pastorales eficaces de servicio a los hispanos.

III. Implicaciones Pastorales Urgentes

10. Pedimos a todos los católicos de los Estados Unidos que estudien las posibilidades creativas para responder de forma innovadora, flexible e inmediata a la presencia hispana. Los hispanos y los no hispanos deben actuar unidos, enseñarse mutuamente, aprender unos de otros y juntos evangelizar en el sentido más amplio y completo de la palabra. Hoy, más que nunca, se necesita para atender al pueblo hispano, clero no hispano, especialmente religiosos, sacerdotes y obispos que hayan estado a la vanguardia del apostolado hispano.

La Misión de la Iglesia y la Presencia Hispana

11. Desde una perspectiva eclesial, la evangelización, que constituye la principal misión y finalidad de la Iglesia, no consiste simplemente en llamadas aisladas a la conversión individual, sino en una invitación a unirse al pueblo de Dios (*EN*, 15). Esto se refleja en la experiencia hispana de evangelización, en la que se incluye un importante elemento comunitario, expresado en una visión integral de la fe y en la actividad pastoral que se realiza en comunidad (*II ENHP*, I.4.c).

Esta experiencia se resume en el concepto de pastoral de conjunto, un enfoque y método de acción pastoral surgido de la reflexión común entre los agentes de evangelización (Puebla, 650, 122 y 1307). En la pastoral de conjunto está implícito el reconocimiento de que tanto el sentir de los fieles como las enseñanzas de la jerarquía son elementos esenciales en la concepción de la fe. Este enfoque pastoral reconoce también que la misión pastoral de la Iglesia se ejerce mejor en un espíritu de concordia y apostolado de grupo (*AA*, 18).

Un apostolado hispano eficaz incluye la aplicación de esta experiencia, que puede beneficiar a la Iglesia en todos sus esfuerzos por cumplir su misión. En este sentido, es esencial una visión integral, forjada en común, que acepte como preocupaciones religiosas todas las necesidades humanas y las afronte aprovechando todas las realidades.

Posibilidades Creativas

12. Por consiguiente, invitamos a todos nuestros sacerdotes, diáconos, religiosos y laicos a que consideren las siguientes oportunidades creativas:

a. Liturgia

Nuestra Iglesia, que es universal, "respeta y fomenta las cualidades y dones espirituales de la diversas razas y pueblos" en su vida litúrgica (*SC*, 37). Al aplicar esto a la presencia hispana, se necesitan tomar medidas para celebrar el culto en español o en forma bilingüe, según las tradiciones y costumbres del pueblo al que se sirve. Esto nos debe llevar a estudiar mejor las formas de oración de los hispanos. Es alentador ver que los católicos hispanos, artistas y músicos, ya están haciendo aportaciones a la liturgia en nuestro país.

Es esencial la presencia de liturgistas hispanos en las comisiones parroquiales y diocesanas. Deben hacerse todos los esfuerzos posibles para que esta presencia llegue a ser una realidad.

Como para muchos católicos hispanos el hogar ha sido una verdadera "iglesia doméstica", éste se ha convertido tradicionalmente para ellos en el centro de la fe y del culto. Por consiguiente, se debe valorar y alentar la celebración de las fiestas tradicionales y las ocasiones especiales en el hogar.

La selección del arte litúrgico, gestos y música, junto con un espíritu de hospitalidad, pueden convertir nuestras iglesias y altares en hogares espirituales y crear en nuestras comunidades un ambiente que invite a la fiesta familiar.

b. Renovación de la Predicación

El rescate y proclamación de la Palabra con nuevas imágenes poderosas y liberadoras, es una necesidad ineludible en el ministerio hispano. Así decía el apóstol Pablo: "¿Cómo pueden creer si no han oído hablar de Él? Y ¿cómo pueden oír hablar de Él si no hay nadie que predique?" (Rom 10:14).

Los que predican deben tener siempre presente que la capacidad de escuchar está ligada a la lengua, la cultura y la realidad del que escucha. Al proclamar el mensaje del Evangelio, deben procurar hacer suya esta característica y esta realidad, con el fin de que sus palabras transmitan el verdadero contenido liberador del Evangelio.

Sedientos de la Palabra de Dios, los hispanos desean una

predicación clara y simple del mensaje y de su aplicación a la vida. Reaccionan favorablemente ante una predicación eficaz y con frecuencia expresan un anhelante deseo de una predicación mejor y más eficaz que exprese el mensaje evangélico con palabras que ellos puedan comprender.

Recomendamos encarecidamente que tanto los sacerdotes que se dedican al apostolado hispano, como los sacerdotes de parroquias y los capellanes, se matriculen en cursos de español para que puedan más fácilmente hablar con los hispanos y escucharles. Del mismo modo, pedimos a los diáconos permanentes hispanos, que adquieran una mayor facilidad de predicación y que ejerzan con más frecuencia el ministerio de la Palabra. En este sentido, es necesario la educación continua de los diáconos permanentes, así como la evaluación periódica de su ministerio.

c. Catequesis

La catequesis, así como la evangelización inicial, debe partir de la realidad en la que se encuentra el oyente del Evangelio (*EN*, 44). En el caso de los hispanos, esto implica no simplemente el uso del español, sino un auténtico dialogo, con su cultura y necesidades (*NCD*, 229). Puesto que la educación religiosa es un proceso de toda la vida para la persona (*NCD*, 32), las parroquias deben ofrecer en la catequesis un ambiente que impulse en todos los aspectos, la formación progresiva, tanto de los adultos como de los niños. Estos esfuerzos deben ser equivalentes a los de los programas para niños de habla inglesa, en lo que se refiere a su eficacia, al igual que necesitan ser explorados nuevos métodos para adultos.

Igualmente, es esencial que las diócesis patrocinen cursos de formación en español para catequistas hispanos y asegurarse que estos catequistas tengan un material apropiado y eficaz, así como programas en español (*NCD*, 194, 195). Los catequistas deben aprovechar todos los "momentos oportunos" para enseñar la doctrina de la Iglesia a los católicos hispanos. Las celebraciones familiares hispanas[7] como bautismos, quinceaños, bodas, aniversarios, fiestas patrias, novenarios, velorios y funerales, suelen ser excelentes oportunidades para enseñar y también "momentos de gracia", que permiten al catequista basarse en las tradiciones del pueblo y usarlas con ejemplos vivos de las verdades evangélicas (Puebla, 59 y *CT*, 53).

En todo nuestro país existe un profundo anhelo y hambre, "no hambre de pan ni sed de agua, sino de escuchar la

palabra del Señor" (Amos 8:11). Pedimos que se hagan esfuerzos continuos para iniciar la formación de grupos de estudio de la Biblia en las comunidades hispanas y preparar a dirigentes hispanos para que guíen y dirijan estos programas bíblicos.

d. Vocación y Formación de los Ministros Laicos

En el ministerio hispano debe tenerse como gran prioridad la formación adecuada. En la planificación de esta formación los objetivos de incrementar el pluralismo y la catolicidad determinará los medios a seguir. La formación deberá incluir el conocimiento y la experiencia práctica necesaria para ejercer el ministerio eficazmente, fomentado al mismo tiempo un compromiso serio de servicio.

Aunque los hispanos no tienen suficiente clero preparado para ejercer el ministerio entre ellos, hay entre sus filas muchos laicos dispuestos a responder al llamado de ser apóstoles (*AA*, 3). Desde ese punto de vista, concluimos que el fomento de las vocaciones y la preparación para los ministerios laicos, ayudarán a proporcionar los tan necesitados trabajadores de la viña.

Un modelo en este sentido es la *escuela de ministerios*[8] que ayuda a preparar dirigentes laicos, invita a los jóvenes a una mayor participación en la Iglesia y posiblemente puede convertirse en un lugar de elección de vocaciones sacerdotales y religiosas.

e. Vocaciones al Sacerdocio y a los Ministerios Religiosos

La escasez de sacerdotes, religiosos y diáconos permanentes hispanos es uno de los problemas más graves con que se enfrenta la Iglesia en los Estados Unidos. Existen razones históricas para esta lamentable falta de vocaciones hispanas, entre ellas la del descuido. Otra razón importante para que muchos hispanos no perseverasen en continuar su vocación, fue la presencia en seminarios y conventos de expresiones culturales, tradiciones, lengua, relaciones familiares y experiencias religiosas que estaban en conflicto con las suyas. Sin embargo, actualmente nos satisface observar que estos conflictos han disminuido y la situación ha mejorado notablemente. En los últimos años, muchos, y tal vez la mayoría de los seminarios y conventos, han hecho grandes progresos en el sentido de atender las necesidades de los hispanos. Felicitamos a estas instituciones y les exhortamos a continuar mejorando sus programas al servicio del ministerio hispano.

También exhortamos a los seminarios a ofrecer cursos de español, cultura y religiosidad hispana y de ministerio pastoral hispano para seminaristas, sacerdotes, religiosos, diáconos permanentes y todos los que ejercen una actividad pastoral.

En vista de la presente situación, nos comprometemos a fomentar las vocaciones hispanas. Los obispos, sacerdotes, religiosos y laicos deberán animar con más insistencia a los jóvenes hispanos a considerar el sacerdocio y la vocación religiosa. Dirigimos una llamada a los padres hispanos para que presenten la vida y la obra de un sacerdote o religioso como una vocación deseable para sus hijos y se sientan justamente orgullosos de tener un hijo o una hija que sirva a la Iglesia de esta forma. Sin su apoyo firme, la Iglesia no tendrá el número necesario de sacerdotes y religiosos hispanos para atender sus comunidades.

Esto requiere acentuar en las familias hispanas una idea más positiva acerca de los sacerdotes y religiosos, de la que tienen en la actualidad. La presencia de la Iglesia en las comunidades hispanas debe ser de tal modo que los hispanos puedan experimentar la realidad del amor e interés por ellos. Los sacerdotes y religiosos tienen la grave responsabilidad de presentar a los jóvenes hispanos una experiencia positiva y alegre de la Iglesia, e invitarles a considerar el sacerdocio o la vida religiosa al tomar alguna decisión sobre su futuro. Se pide a las oficinas diocesanas de vocaciones que hagan esfuerzos especiales para acercarse a los jóvenes hispanos e invitarles al seguimiento de Jesús en la vocación sacerdotal o religiosa.

Ante todo, la Iglesia de los Estados Unidos debe pedir al Señor de la mies que envíe las vocaciones hispanas que tan urgentemente se necesitan. Pedimos que, con este fin, se hagan oraciones especiales y continuas en las parroquias hispanas y exhortamos a los padres que recen para que uno a más de sus hijos reciba la gracia de una vocación al sacerdocio o a la vida religiosa.

f. *Educación Católica*

Los educadores católicos de los Estados Unidos tienen en su favor una larga historia de logros y dedicación a la enseñanza y formación de millones de católicos. Ahora deben consagrar su capacidad a satisfacer las necesidades educativas de los hispanos. La educación es un derecho inalienable; y al desarrollar la inteligencia, las escuelas católicas y los institutos de estudio deben también promover los valores y la cultura de sus alumnos (*GE*, 178).

Por consiguiente, pedimos con insistencia a las escuelas y otras instituciones católicas que ofrezcan más oportunidades, incluyendo becas y ayuda financiera a los hispanos que no tienen medios económicos para asistir a ellas.

También recomendamos adaptaciones que respondan de forma adecuada a la presencia hispana en nuestras escuelas. En el plan de estudio debe incluirse la educación bilingüe; los profesores deben estar familiarizados con la lengua hispana, y respetar y comprender la cultura, y la expresión religiosa hispana. Al mismo tiempo, hay que tener cuidado de que la educación bilingüe no impida ni retrase indebidamente el ingreso de los hispanos en la sociedad, tanto política como socioeconómica y religiosa, debido a una incapacidad de poderse comunicar bien en el idioma predominante.

Es importante, no solamente afirmar en los jóvenes hispanos el valor intrínseco de su tradición, sino que también hay que enseñarles la historia y la cultura hispana. La sociedad les dice con frecuencia que la cultura de sus padres, tan profundamente arraigada en el catolicismo, no tiene valor y es extraña. La Iglesia puede enseñarles lo contrario.

La Iglesia también debe convertirse en defensora de los muchos jóvenes hispanos que asisten a las escuelas públicas, haciendo todo lo que esta a su alcance para asegurar que se tomen todas las medidas que satisfagan sus necesidades. Se debe prestar una atención especial a los que han abandonado la escuela, ya sea católica o pública, y que necesitan educación y asistencia especiales para adquirir una preparación técnica.

g. *Medios de Comunicación*

Vivimos en una era en la que "el medio es el mensaje". La Iglesia ha reconocido este hecho apoyando la modernización de los medios de comunicación que tiene a su disposición. Sin embargo, en su mayor parte, la prensa y los demás medios de comunicación de la Iglesia están muy retrasados en el campo del ministerio hispano. Aunque en la última década se han iniciado algunas publicaciones valiosas en español, la prensa católica ignora, mayormente en su información, las noticias hispanas. Igualmente, aunque se hayan iniciado algunos valiosos esfuerzos bajo los auspicios de la Campaña Católica de la Comunicación y la Red de Telecomunicaciones Católicas de América, a la Iglesia le falta un conjunto sólido de programación en televisión y radio, que responda a las necesidades de la comunidad hispana.

Esto indica la necesidad de mayores esfuerzos que conduzcan a una programación sistemática y planificada y a una información continua sobre los temas relacionados con la comunidad hispana. Se requiere preparar y contratar a hispanos con talento, especializados en el campo de los medios de comunicación y en el periodismo, con el fin de producir material relevante y de actualidad. El material y los programas importados de América Latina puede servir de ayuda a corto plazo, para remediar nuestras deficiencias en este campo.

h. Ecumenismo Efectivo

El Señor Jesús rogó por la unidad de sus discípulos (Jn 17:21) no obstante, la división de las iglesias es un gran obstáculo a la evangelización. Esto se pone de manifiesto en los Estados Unidos en los casos del proselitismo activo que las sectas protestantes llevan a cabo entre los hispanos en una forma antiecuménica. Diversos grupos fundamentalistas dividen a los hispanos y sus familias con una predicación en la que se refleja un espíritu anticatólico que difícilmente puede decirse que proceda del Evangelio de Jesucristo (PHB, II, c).

Nuestra respuesta como católicos no consiste en atacar ni menospreciar a nuestros hermanos de otras tradiciones cristianas, sino en vivir el Evangelio de forma más auténtica con objeto de presentar a la Iglesia Católica como la plenitud de la cristiandad y así mantener la fe de nuestro pueblo hispano. Otras iglesias cristianas han sido parte de la historia de la salvación. La oración, el diálogo y la hermandad en los esfuerzos por atender los asuntos de interés común, siguen siendo importantes para la Iglesia Católica. No obstante, en el contexto hispano, la Iglesia Católica y su tradición han desempeñado el papel histórico más importante con respeto a la incorporación del Evangelio en la cultura. La Iglesia tiene la obligación de continuar esta misión.

i. Juventud Hispana

Deseando ser la luz del mundo y la sal de la tierra, muchos jóvenes hispanos dedican sus energías y su talento a la misión de la Iglesia. Sus principios son profundamente cristianos. Cualesquiera que sean sus circunstancias, se consideran miembros de la familia espiritual dirigida por su madre, la Virgen María. Esto es evidente en su arte, poesía y en otras formas de expresión. No obstante, las presiones del ambiente sobre los jóvenes hispanos para que se adapten y se guíen por principios egoístas, han alejado a muchos de la Iglesia.

Al igual que los jóvenes de otros orígenes, los jóvenes hispanos muestran un espíritu de generosidad con respecto a los que se hallan en una situación económica y social desfavorable. Sin embargo, en el caso de los hispanos, con frecuencia es algo más que sensibilidad con respeto a los pobres; se trata de solidaridad con personas que tienen tan poco como ellos o todavía menos que ellos. Para que no resulten víctimas de sueños de éxito fácil por salir de la pobreza a cualquier precio, necesitan ver que la Iglesia valora su capacidad y sus posibilidades.

Al responder a las necesidades de estos jóvenes, el agente pastoral experto, observará las maravillosas posibilidades implícitas en su energía abundante y en su capacidad para hablar en lenguaje de la juventud. Los jóvenes hispanos comprometidos, saben por su propia experiencia inmediata, como hacer para compartir su visión cristiana con sus semejantes, mediante medios tales como el arte y la música moderna y tradicional hispana.

A los jóvenes hispanos con capacidad de ser dirigentes deben ofrecerse oportunidades de educación religiosa, estudios bíblicos, catequesis y una formación especial, para que se afirme su vocación de servir a la Iglesia. Estos programas deberán tener en cuenta el hecho de que estos jóvenes se educarán mejor en un ambiente familiar y acogedor.

j. La Familia

La tradición del compromiso con la familia es una de las características distintivas de la cultura hispana. Aunque existen variantes entre los méxico-americanos, los puertorriqueños, cubanos y otros hispanos, hay valores familiares y características culturales que son comunes a todos los hispanos.[9]

La familia, ya sea de un solo núcleo o "extensa" ha sido el lugar privilegiado en el que se han enseñado y expresado los principios cristianos y se ha llevado a cabo la evangelización y el desarrollo de la espiritualidad. La familia hispana, a menudo ejemplifica la descripción del Papa Juan Pablo II de oración familiar: "Alegrías y dolores, esperanzas y tristezas, nacimientos y cumpleaños, aniversarios de boda de los padres, partidas, alejamientos y regresos, elecciones importantes y decisivas, muerte de personas queridas, etc., señalan la intervención del amor de Dios en la historia de la familia, como deben también señalar el momento favorable de acción de gracias, de imploración, de abandono confiado de la familia al Padre común que está en los cielos" (*FC*, 59).

Sin embargo, en nuestra planificación pastoral, no podemos dar por seguro que la familia católica hispana seguirá siendo fuerte y unida. Las familias hispanas de un solo núcleo experimentan las mismas presiones sociales con las que se enfrentan otros grupos étnicos. La unidad de la familia hispana está amenazada, en particular, por el desarraigo causado por los cambios, especialmente de estilo de vida del campo al de la ciudad y del estilo de los países latinoamericanos al nuestro; por la pobreza que sufren una gran proporción de las familias hispanas y por las presiones causadas por el proceso de asimilación que, a menudo, llevan a una separación entre las generaciones dentro de la familia y a una crisis de identidad entre los jóvenes.

Existe una necesidad apremiante de ministerios pastorales que preparen bien a los hispanos para la vida matrimonial, la crianza de los hijos, el asesoramiento de la familia y la educación religiosa. Rogamos especialmente que se tomen medidas para asistir a las familias hispanas en crisis, así como a los divorciados o separados, a los padres o las madres que educan solas a sus hijos y a las víctimas del maltrato de los padres o de uno de los cónyuges.

Invitamos a las familias hispanas, unidas por lazos tan singulares, así como a las de otros grupos culturales, con firmes tradiciones familiares, a cooperar en el proceso del descubrimiento gradual de la plenitud de la verdad de Cristo. "Está en conformidad con la tradición constante de la Iglesia, el aceptar de las culturas de los pueblos, todo aquello que está en condiciones de expresar mejor las inagotables riquezas de Cristo. Sólo con el concurso de todas las culturas, tales riquezas podrán manifestarse cada vez más claramente y la Iglesia podrá caminar hacia una conciencia cada día más completa y profunda de la verdad, que le ha sido dada ya, enteramente por su Señor" (*FC*, 10).

k. *Trabajadores Agrícolas Migrantes*

Como se ha observado, los hispanos se mudan de lugar con facilidad y se hallan tanto en lugares rurales como urbanos. Como resultado, tienden a eludir la atención y el cuidado de la Iglesia urbana. Esto pone de manifiesto la necesidad de adaptación en la atención pastoral, especialmente en el caso de los braceros agrícolas migrantes.

Existen tres corrientes principales de migración en los Estados Unidos. En el este, los braceros agrícolas migran de México, América del Sur y Florida hacia el norte, a Nueva York y Nueva Inglaterra, y trabajan en el cultivo de la caña de azúcar, del algodón, el tabaco, la recogida de las manzanas y las uvas. En las llanuras centrales, los braceros van hacia el norte desde Texas a los Grandes Lagos para recoger las cosechas de frutas, verduras y cereales. También hay un número importante de braceros puertorriqueños de temporada, la mayoría de ellos jóvenes y solteros, que trabajan principalmente en el nordeste. En el oeste, los braceros van hacia el norte a través de California, Nevada e Idaho hasta el noroeste; algunos llegan hasta Alaska en búsqueda de empleos de temporada. La migración suele comenzar en la primavera para terminar al final del otoño, cuando los braceros regresan a su lugar de residencia en el sur.[10]

Los abusos que sufren los braceros agrícolas son bien conocidos, sin embargo, nada se hace para ponerles fin. En muchas regiones las condiciones están empeorando. Mujeres y hombres se hallan desmoralizados hasta el punto de que la riqueza de la cultura hispana, los fuertes lazos familiares y la vida de fe profunda, a veces se pierden. Denunciamos el tratamiento de los braceros como mercancía, mano de obra barata, y no como personas. Pedimos a los demás que igualmente denuncien esta situación. Debido a las condiciones económicas, con frecuencia también los niños se ven obligados a tomar parte en la mano de obra. Junto con otros problemas relacionados con las mudanzas, su educación se ve perjudicada. Del mismo modo, nos parece deplorable la violación de los derechos de los trabajadores indocumentados. Todo esto hace que sea apremiante el que la Iglesia apoye el derecho que tienen los braceros agrícolas migrantes a organizarse, con el fin de entablar negociaciones colectivas con los patrones.

La experiencia en el apostolado hispano nos muestra la necesidad de equipos móviles misioneros y otras formas de ministerios ambulantes. Las diócesis y parroquias que están situadas en la ruta de las corrientes de migración, también tienen la responsabilidad de apoyar esta obra y de coordinar los esfuerzos de las diócesis de origen y destino de los braceros.

Sin duda, también, los mismos braceros hispanos, cuya visión rural de la vida se parece tanto a la de Jesús el Galileo,[11] tienen mucho que aportar para ayudar a responder a esta necesidad.

l. *Justicia Social y Acción Social*

La evangelización integral descrita anteriormente como el objetivo principal de la estrategia, pensamos que sería incompleta, sin un complemento activo de doctrina y acción social. Como decimos en nuestra carta pastoral sobre la guerra y la paz, "en la médula de la doctrina social católica está la trascendencia de Dios y la dignidad de la persona. La persona humana es el reflejo más claro de la presencia de Dios en el mundo" (*CP*, 1). Este concepto ha de aplicarse concretamente a la realidad de la presencia hispana y del ministerio que responde a ella.

En los últimos 20 años la doctrina católica ha definido cada vez con más claridad el significado de justicia social. Desde la encíclica *Pacem in Terris* del Papa Juan XXIII hasta la encíclica *Laborem Exercens* del Papa Juan Pablo II, se nos ha venido presentando una doctrina social que define como derechos humanos: un buen gobierno, alimentación, salud, vivienda, empleo y educación. En los Estados Unidos hemos aplicado estas enseñanzas a los problemas de nuestro tiempo y de nuestro país.

Ahora pedimos que se preste atención a las preocupaciones sociales que afectan más directamente a la comunidad hispana, entre ellas el derecho al voto, la discriminación, los derechos de los inmigrantes, la situación de los braceros agrícolas, el bilingüalismo y el pluralismo. Todos son problemas de justicia social de suma importancia para el ministerio hispano y para toda la Iglesia.

La Iglesia, al comprometerse con la doctrina social asume la búsqueda de la justicia como una labor eminentemente religiosa. Las personas dedicadas a esta tarea deben comprometerse, ser informadas y guiadas por aquellas que conocen por experiencia propia, la paradójica bendición de la pobreza, los prejuicios y la injusticia (Mt 6:3). Por lo

tanto, pedimos a los hispanos que asuman un papel cada vez mayor en la acción social, y a los no hispanos que traten de buscar, cada vez más, la participación hispana en una auténtica asociación.

m. *Prejuicio y Racismo*

Recordamos que los hispanos han sido víctimas en nuestro país de un prejuicio despiadado. Ha sido tan grande en algunos aspectos que se les han negado los derechos humanos y civiles fundamentales. Aún actualmente los hispanos, negros, los recientes refugiados del sudeste de Asia y los americanos nativos continúan sufriendo de ese tratamiento tan inhumano, tratamiento que nos hace conscientes de que el pecado de racismo persiste en nuestra sociedad. A pesar de los grandes progresos en la eliminación del prejuicio racial, tanto en nuestro país como en la Iglesia, existe aún más necesidad urgente de purificación y reconciliación continua. Es especialmente desalentador saber que algunos católicos mantienen fuertes prejuicios contra los hispanos y otros, y les niegan el respeto y amor debidos a su dignidad humana que es un don de Dios.

Esto es obvio incluso en algunas comunidades parroquiales, en las que algunos no hispanos, se muestran reacios a participar con los hispanos o alternar con ellos en los eventos parroquiales. Exhortamos a quienes manifiestan una actitud tan poco cristiana que analicen su comportamiento a la luz del mandamiento del amor de Jesús y acepten totalmente a sus hermanos hispanos como compañeros en la vida y obra de sus respectivas parroquias. Merecen repetirse las palabras de nuestra carta pastoral sobre el racismo: "el racismo no es simplemente un pecado entre muchos, es un mal radical que divide a la familia humana y no permite la nueva creación de un mundo redimido. Para luchar contra él se requiere una transformación igualmente radical de nuestras ideas y de nuestro corazón, así como de la estructura de nuestra sociedad" (*BSU*, p. 10).

Pedimos a los que dan empleo a hispanos que les proporcionen condiciones de trabajo seguras y adecuadas y les paguen sueldos que les permitan mantener adecuadamente a sus respectivas familias. La condición inhumana de la pobreza extrema impuesta a muchos hispanos, es la raíz de muchos problemas sociales en sus vidas. La justicia más elemental exige que tengan condiciones de trabajo y sueldos adecuados.

n. Lazos con América Latina

Los hispanos que se hallan entre nosotros son un recurso todavía no utilizado, como puente cultural entre el norte y el sur de América. La fuente de la cultura y de la fe hispana se encuentra histórica y geográficamente en América Latina. Por este motivo, una respuesta dinámica a la presencia hispana en los Estados Unidos estará necesariamente ligada a un conocimiento creciente y vinculación con la sociedad y la Iglesia latinoamericana.

América Latina, con más de 350 millones de católicos, continúa experimentado graves injusticias socioeconómicas, y en muchos de sus paises, una carencia grave de los derechos humanos más fundamentales. Estas condiciones son opresivas y deshumanizantes, gestan violencia, pobreza, odio y profundas divisiones en la estructura social y se oponen fundamentalmente a los principios del Evangelio.[12] No obstante, nuestros hermanos católicos de América Latina, especialmente los pobres, suelen ser testigos vibrantes de la liberación que propone el Evangelio, y se comprometen a construir una "civilización de amor" (Puebla, 9).

Debemos continuar apoyando y ayudando a la Iglesia de América Latina. Igualmente esperamos un continuo intercambio de misioneros, puesto que la cooperación que prevemos no es unilateral. Por nuestra parte, debemos continuar enviando a los que estén más preparados para evangelizar en América Latina, incluso a nuestro personal hispano al aumentar este en número. Teniendo en cuenta seriamente las circunstancias de las regiones de las que proceden, damos la bienvenida a los latinoamericanos y a otros sacerdotes, religiosos y religiosas que vienen a atender a los hispanos de los Estados Unidos. Recomendamos que al llegar reciban una preparación especial en el idioma y la cultura para aplicarlas en sus actividades pastorales.

La Iglesia de los Estados Unidos tiene mucho que aprender de la experiencia pastoral latinoamericana; es afortunado tener en la presencia hispana un precioso vínculo humano ligado a esa experiencia.

o. Catolicismo Popular

La espiritualidad hispana es un ejemplo de la profundidad con que el cristianismo puede penetrar las raíces de una cultura. En el transcurso de casi 500 años en América, los hispanos han aprendido a expresar su fe en oraciones y tradiciones que iniciaron, alentaron y desarrollaron los misioneros y que pasaron más tarde de una generación a otra.

Pablo VI reconoció el valor intrínseco del catolicismo popular. Aunque advirtió sobre los posibles excesos de la religiosidad popular, enumeró no obstante algunos valores que, a menudo, tienen estas formas de oración. Señaló que la piedad popular, si está bien orientada manifiesta sed de Dios, estimula la generosidad de las personas y les infunde un espíritu de sacrificio. Puede llevar a una conciencia clara de los atributos de Dios, como son su paternidad, su providencia y su presencia cariñosa y constante (*EN*, 48).

La espiritualidad hispana resalta la importancia de la humanidad de Jesús, especialmente cuando aparece débil y doliente, como en el pesebre y en su pasión y muerte. Esta espiritualidad está relacionada con todo lo que es simbólico en el catolicismo: los ritos, las estatuas e imágenes, los lugares santos y los gestos. Es igualmente una espiritualidad de firmes devociones. La Santísima Virgen María, especialmente bajo títulos patronales como Nuestra Señora de Guadalupe (México), Nuestra Señora de la Divina Providencia (Puerto Rico), Nuestra Señora de la Caridad del Cobre (Cuba), ocupa un lugar privilegiado en la piedad popular hispana.

Se necesita un diálogo más amplio entre la práctica popular y la oficial, de lo contrario la primera podría desprenderse de la orientación del Evangelio y la última podría perder la participación activa de los más sencillos y pobres entre los fieles (Medellín, 3). Una vida eclesial que vibre con un profundo sentido de lo trascendente, como existe en el catolicismo popular hispano, puede ser también un testigo admirable para los miembros más secularizados de nuestra sociedad.

p. Comunidades Eclesiales de Base

De las aportaciones que los hispanos han hecho a la Iglesia en las Américas, una de las más importantes es la formación de las comunidades eclesiales de base. La pequeña comunidad apareció en escena como un rayo de esperanza para afrontar situaciones inhumanas que pueden destruir moralmente a las personas y debilitar su fe. Un sentido revitalizador de hermandad llena de alegría pastoral y esperanza a la Iglesia de América Latina, Africa, Europa y Asia. El sínodo de los Obispos de 1974 fue testigo de una efusión de esperanza por parte de los pastores de

América Latina, que vieron las comunidades eclesiales de base como una fuente de renovación en la Iglesia. Puesto que estas comunidades de base han demostrado ser un beneficio para la Iglesia (*EN*, 58), recomendamos encarecidamente su desarrollo.

La comunidad eclesial de base no es ni un grupo de estudio y discusión, ni una parroquia. Es "el primer núcleo fundamental eclesial que en su propio nivel debe ser responsable de la riqueza y la expansión de la fe, así como del culto del cual es una expresión" (*JPP*, 10). Debe ser una expresión de la Iglesia que libera del pecado personal y estructural; debe ser una pequeña comunidad con relaciones inter-personales; debe formar parte del proceso de evangelización integral y debe estar en comunión con el resto de la Iglesia. El papel de las parroquias en particular es el de facilitar, coordinar y multiplicar las comunidades eclesiales de base en su territorio. La parroquia debe ser una comunidad de comunidades. La comunidad eclesial de base ideal es una comunidad viviente de cristianos cuya participación activa en todos los aspectos de la vida es alentada por un profundo compromiso con el Evangelio.

q. Otras Posibilidades

Exhortamos a los católicos de los Estados Unidos a utilizar sus mejores cualidades creativas para ir mucho más allá de estos primeros pasos, que son simplemente requisitos previos para una acción eficaz.

Una oportunidad para la realización de una acción creativa surge de la presencia de los hispanos en las fuerzas armadas de los Estados Unidos. Exhortamos al Vicario General Castrense a que estudie nuevos medios para llevar a cabo una evangelización integral, con especial atención a esta presencia hispana.

Asimismo, como saben los que ejercen un apostolado en las prisiones, los hispanos encarcelados están en extrema necesidad de atención. Se necesitan agentes pastorales que ayuden en ese campo.

También entre los hispanos hay minusválidos cuyas necesidades especiales se ven agravadas a causa de muchos de los problemas que hemos descrito. Se calcula que casi 2 millones de católicos hispanos tienen una o más enfermedades de incapacitación, entre ellas la ceguera, la sordera, el retraso mental, los problemas de aprendizaje y los impedimentos ortopédicos. Hay una grave necesidad de programas pastorales que estimulen la participación de los católicos minusválidos.

Esto no es más que una lista parcial. Como en todo este documento, nuestro propósito en este caso ha sido no limitar, sino animar a que haya más diálogo, reflexión y acción en esta tarea.

IV. Declaración de Compromiso

13. Somos conscientes de los muchos grupos étnicos y raciales que solicitan legítimamente nuestros servicios y recursos. Asimismo, agradecemos el esfuerzo actual importante, aunque limitado, por llegar a los hispanos de los Estados Unidos, y nos comprometemos junto con los que ejercen con nosotros una labor pastoral, a responder al llamado del ministerio hispano. La conciencia del bien realizado en el pasado y en el presente no debe hacernos lentos en comprender los signos de los tiempos. Nuestros preparativos de hoy facilitarán llevar a cabo la labor del mañana.

Reconocemos la realidad de la presencia de los hispanos de los Estados Unidos, los esfuerzos pasados de los que han tomado parte en el apostolado hispano y la necesidad apremiante de iniciar una nueva labor creadora. Para inaugurar esta nueva era en la Iglesia, tanto los hispanos como los no hispanos, tendrán que someterse a notables adaptaciones. Por otra parte, confiamos en que el compromiso con respecto al apostolado hispano nos conducirá a una reafirmación de la catolicidad y a revitalizar todas las obras para cumplir la misión esencial de la Iglesia.

Compromiso de Catolicidad

14. El carácter universal de la Iglesia comprende a la vez el pluralismo y la unidad. La humanidad con sus culturas y pueblos es tan variada que sólo pudo haber sido forjada por la mano de Dios. La Iglesia reconoce esto cuando dice que "cada una de las partes presenta sus dones a las otras partes y a toda la Iglesia" (*LG*, 13). Sin embargo, la Iglesia sobrepasa todos los límites de tiempo y raza. La humanidad entera está llamada a convertirse en el Pueblo de Dios, en paz y unidad.

El mensaje evangélico que afirma que en la Iglesia nadie es extranjero, es eterno. Como dice el apóstol Pablo, "ya no hay diferencia entre judío y griego, esclavo y libre; no se hace diferencia entre hombre y mujer. Pues todos ustedes son uno solo en Cristo Jesús" (Gal 3:28).

Por consiguiente, el ejercicio de nuestro magisterio respecto al ministerio hispano, nos lleva a invitar a todos los católicos a adoptar una actitud más acogedora con relación a los demás. Los hispanos, cuya presencia en este país está precedida solamente por la de los americanos nativos, están llamados a acoger a sus hermanos, los descendientes de otros inmigrantes europeos y del mismo modo, estos últimos están llamados a acoger a los hispanos recién llegados de América Latina. Libres de una actitud de dominio cultural o étnico, los dones de todos enriquecerán a la Iglesia y darán testimonio del Evangelio de Jesucristo.

Compromiso de Responder a las Necesidades Temporales

15. La evangelización es una labor espiritual que se extiende a todo lo que es humano y busca su realización. El Papa Juan Pablo II nos recordó ésto cuando dijo: "La Iglesia nunca abandonará al hombre, ni sus necesidades temporales, mientras conduce a la humanidad hacia la salvación" (*ABUS*).

Nuestros fieles hispanos afirmaron esta misma realidad en su Segundo Encuentro, en el que aceptaron el compromiso de la evangelización integral, "como el testimonio de la vida al servicio del prójimo para la transformación del mundo" (*II ENHP*, Evangelización, 1).

Por nuestra parte, nosotros como líderes, nos comprometemos una y otra vez a levantar nuestra voz en defensa de la dignidad humana de los hispanos. Recordamos a nuestros agentes pastorales que su trabajo incluye también el esfuerzo de ganar para los hispanos, la participación en los beneficios de nuestra sociedad. Pedimos a todos los católicos de los Estados Unidos que trabajen no solamente *por* los hispanos, sino *con* ellos, para que consigan tomar el lugar que les corresponde en nuestra democracia, así como en plena participación política que constituye para ellos un derecho y un deber. De esta forma, profundizamos nuestra opción preferencial por el pobre que debe ser siempre, según el Evangelio de Jesús y la tradición de la Iglesia, el emblema distintivo de nuestro apostolado (Puebla, 1134).

Llamado a Reconocer la Realidad Hispana

16. Al comprometernos a llevar a cabo una labor junto con los hispanos, y no simplemente en pro de ellos, aceptamos la responsabilidad de reconocer, respetar y

apreciar su presencia como un don. Esta presencia representa más que un simple potencial. Gracias a ella se realiza un valioso servicio a nuestra Iglesia y sociedad, aunque con frecuencia no es reconocido. Es una presencia profética que ha de ser alentada y requerida.

Compromiso de Recursos

17. Igualmente forma parte de nuestro compromiso, como pastores y administradores de los recursos comunes de la Iglesia, la promesa de utilizar estos en el ministerio hispano. Lo hacemos en forma explícita, según el espíritu de las primeras comunidades cristianas (Hechos 2:44).

Esta declaración de compromiso es algo más que una expresión del sentimiento, y en ella está implícito el reconocimiento de que debemos garantizar los recursos económicos y materiales necesarios para conseguir nuestros objetivos.

Vemos la necesidad de continuar apoyando, de forma más permanente, las actuales entidades nacionales, regionales y diocesanas del apostolado hispano. Dadas las limitaciones evidentes de recursos, es igualmente necesario inspeccionar y evaluar más a fondo la labor actual, con el fin de promover un mejor uso del personal, del dinero y de todos los otros medios. Asimismo, es urgente llamar la atención de los administradores respectivos sobre la necesidad de buscar más hispanos capacitados para que sirvan a su comunidad. Se necesitan igualmente más hispanos en las oficinas de la Conferencia Nacional de Obispos Católicos y de la Conferencia Católica de los Estados Unidos, en nuestras oficinas regionales, en las cancillerías, en nuestras escuelas, en nuestros hospitales y en muchas otras entidades de la Iglesia.

Lo que existe actualmente no es suficiente para satisfacer todas las necesidades. Deben realizarse esfuerzos serios, a todos los niveles, para evaluar estas necesidades más cuidadosamente y asignar fondos al ministerio hispano. La Iglesia de los Estados Unidos disfruta de la bendición de disponer de varias instituciones y ministerios cuyas energías pueden y deben aplicarse a esta labor. Debe exhortarse a las escuelas, parroquias, institutos de pastoral, medios de comunicación y diversos ministerios especializados, a que asuman ellos mismos este compromiso.

En vista de auténticas restricciones económicas, nos comprometemos a estudiar nuevas posibilidades de financiamiento. Tenemos conocimiento acerca de fórmulas de administración de presupuestos que estimulan a todos los ministerios y entidades a responder a las prioridades de la Iglesia. Debemos analizar esto al esforzarnos en responder a esta evidente necesidad pastoral.

Convocatoria del Tercer Encuentro

18. Pedimos a nuestro pueblo hispano que eleve su voz profética una vez más, como hizo en 1972 y 1977, en un Tercer Encuentro Nacional Hispano de Pastoral, de forma que juntos podamos asumir responsablemente nuestras responsabilidades. Pedimos que se inicie el proceso para que tenga lugar un encuentro, desde las comunidades eclesiales de base y las parroquias pasando por las diócesis y regiones, hasta el nivel nacional, para culminar en una reunión de representantes en Washington, D.C., en agosto de 1985.

Hacia un Plan Pastoral

19. Aparte del proceso de Encuentro, en el cual tomaremos parte, reconocemos que la planificación pastoral integral debe evitar adaptaciones meramente superficiales de los ministerios existentes. Esperamos analizar las conclusiones del III Encuentro de modo que nos sirvan de base para lograr la formulación de un Plan Pastoral Nacional de Ministerio Hispano, que será considerado en nuestra asamblea general en la primera fecha posible después del Encuentro.

Conclusión

20. Al continuar nuestra peregrinación junto con nuestros hermanos hispanos, manifestamos nuestro compromiso, con el mismo espíritu que nuestros hermanos los obispos de América Latina reunidos en Puebla (*MPLA*, 9).

    (a) Nos dirigimos a toda la Iglesia Católica de los Estados Unidos, laicos, laicas, religiosos, religiosas, diáconos y sacerdotes, para que se unan a nosotros en nuestra promesa de responder a la presencia de nuestros hermanos hispanos.

    (b) Ensalzamos la labor que se ha llevado a cabo en el pasado; nos regocijamos en ella, y prometemos hacer todo cuanto podamos por superarla.

    (c) Vislumbramos una nueva era para el ministerio hispano, enriquecida con los dones de la facultad creativa, puestos providencialmente ante nosotros, y con el Espíritu de Pentecostés que nos llama a la unidad, a la renovación y a la respuesta que pide la llamada profética de la presencia hispana.

    (d) Nos comprometemos a emprender una obra pastoral profunda, consciente y continua para poner de relieve la catolicidad de la Iglesia y la dignidad de todos sus miembros.

    (e) Contamos esperanzados con las grandes bendiciones que los hispanos pueden aportar a nuestras iglesias locales.

Que este compromiso reciba la bendición, el aliento y la inspiración de Nuestro Señor, y que su Santísima Madre, Patrona de América, nos acompañe en nuestra jornada. Amén.

Notas

1. Aún no se ha realizado un censo exacto de los hispanos. Según se probó en un juicio, el censo de 1970 no contó a todos los hispanos. Se han hecho reclamaciones similares con respecto a las cifras de 1980. Los cálculos aproximados, que incluyen a toda la población citada en el texto varían de 15 a 17 millones. Nuestra preferencia por 20 millones acepta como posible lo siguiente: 14.6 millones (censo de 1980) más 3.2 millones (población de Puerto Rico) más 126,000 refugiados cubanos de Mariel (cálculo aproximado de la Conferencia Católica de los Estados Unidos), más 1.9 millones (cálculo aproximado en 1978 de los hispanos indocumentados), además de personas no contadas por identificación impropia de hispanos. Véase *Hispanic Catholics in the United States*, P. Frank Ponce, *Pro-Mundi Vita*, Bruselas, 1981.

2. Las poblaciones hispano-parlantes mencionadas son las siguientes: México, 71.9 millones, España, 37.5 millones, Colombia, 27.6 millones, Argentina, 27 millones (Naciones Unidas, 1980).

3. Barrios: En los Estados Unidos, esta palabra en español ha llegado a significar los vecindarios hispanos, generalmente pobres, de muchas ciudades importantes.

4. Véase *Money, Income and Poverty Status of Families and Persons in the United States: 1981*, Serie p-60, No. 134, Oficina del Censo, Washington, D.C., julio de 1982.

5. Las cifras del gobierno de los Estados Unidos correspondientes a 1981 indican una tasa promedio de desempleo entre los hispanos de 9.8 por ciento; 9.4 por ciento en el caso de los méxico-americanos, 7.8 en el de los cubanos y 13.4 en el de los puertorriqueños.

6. Véase las *Conclusiones del II Encuentro*, NCCB, Secretariado de Asuntos Hispanos, 1977.

7. Las celebraciones familiares hispanas dominantes en los Estados Unidos y descritas en el texto pueden definirse como sigue:

    (a) *Quinceañeras*: Celebración que se hace cuando una joven cumple quince años. La familia hispana suele hacer esta celebración como un rito de paso a la edad adulta. La hermana Angela Erevia, del Centro Cultural México-Americano, de San Antonio, Texas, ha llamado esta celebración un momento oportuno (para enseñar), puesto que en ella se incluye tradicionalmente, como algo principal, una misa quinceañera en la que se da gracias a Dios por los quince años de la joven.

    (b) *Fiestas Patrias*: Hace referencia a la fiesta nacional principal de cada país latinoamericano, que suele ser, aunque no siempre, la que corresponde al día de la independencia y constituye una ocasión muy especial en la vida de muchas comunidades hispanas de los Estados Unidos.

    (c) *Novenarios*: Devoción que se rinde a los santos y a la Santísima Virgen María mediante diversas novenas. Esto ocurre tradicionalmente en el hogar y se reúne toda la familia para rezar y realizar lecturas especiales de devocionarios, con frecuencia, a continuación de un acontecimiento familiar importante. Un ejemplo notable es el Novenario de Difuntos, que se celebra en los días que siguen al fallecimiento de un familiar.

    (d) *Velorios*: En la costumbre tradicional de la familia hispana, éstos son con frecuencia algo más que reuniones de parientes lejanos. En ellos hay momentos de oración. Muchas familias hispanas aún consideran el rosario como una forma esencial de oración que forma parte del luto cristiano.

8. *Escuelas de Ministerios*. Durante la pasada década, varias diócesis han establecido centros para la formación de dirigentes laicos, centros que se conocen generalmente con este nombre. Aunque varían de un lugar a otro, estas escuelas de ministerios generalmente ofrecen un programa central de estudios catequísticos y bíblicos básicos, arte y decoración de iglesias, y estudios de ciencias sociales y humanidades. Además preparan a los estudiantes para diversos ministerios especializados, teniendo en cuenta la capacidad y la preferencia de los estudiantes y necesidades de la diócesis. El objetivo primordial de las escuelas es promover a personas comprometidas y con dotes de dirigentes, al servicio de sus respectivas comunidades. Los que terminan los programas y muestran más deseo en servir se les encomienda trabajar como líderes del movimiento laico, catequistas, lectores, ministros extraordinarios de la Eucaristía, y dirigentes de pequeñas comunidades y

grupos de estudio. Véase *Hispanic Portrait of Evangelization No. 10* por Cecilio J. Morales, Jr. NCCB, Comité de Evangelización, 1981.

9. Un informe de 1974 del Comité Asesor del Estado de Illinois de la Comisión de los Estados Unidos sobre los Derechos Civiles sugiere que las siguientes características pueden observarse generalmente entre los hispanos: Orientación hacia la persona, más bien que hacia las ideas o cosas abstractas; compromiso con respecto a la autonomía de la persona dentro del contexto de los principios familiares y tradicionales hispanos; hincapié sobre la gran importancia de la familia; hincapié en el ser sobre el hacer; hincapié sobre el padre, visto como figura principal de autoridad.

10. Véase *Farmworkers in the U.S.* Conferencia Católica de los Estados Unidos, 1978.

11. Aquí se hace referencia a las características humanas de Jesús y a la relación de éstas con el lugar y las circunstancias de los braceros agrícolas migrantes. En *The Galilean Journey* y *Jesús the Galilean*, ambas obras publicadas por Orbis Books, el P. Virgilio Elizondo reflexiona sobre este tema. La imagen de Jesús se ve como condicionada por su nacionalidad, idioma, el contexto político y la concepción religiosa de su tiempo. Elizondo toma la experiencia pastoral del apostolado hispano y establece un paralelo entre los habitantes de la provincia conquistada de Galilea en el tiempo de los romanos, y la marginación de los méxico-americanos de los Estados Unidos. En *En Marcha Hacia el Señor* (Departamento de Educación y Secretariado de Asuntos Hispanos de NCCB/USCC, 1982), manual para los catequistas de los braceros migrantes, esta idea se utiliza de forma muy eficaz como un medio de reflexión sobre la fe.

12. La injusticia socioeconómica y las violaciones de los derechos humanos en ciertos países latinoamericanos son los temas principales de preocupación expuestos repetidamente por la Conferencia Católica de los Estados Unidos con respecto a la política de los Estados Unidos en la región. Véase *Quest for Justice: A Compendium of Statements of the United States Catholic Bishops on the Political and Social Order 1966-1980*, J. Brian Benestad y Francis J. Butler, Conferencia Nacional de los Obispos Católicos/ Conferencia Católica de los Estados Unidos, 1981, pp. 123-129, también véase pp. 433-439 para una lista de las declaraciones y testimonios ofrecidos en esa época; véase igualmente *Statement of the U.S. Catholic Conference on Central America*, 1981 y *Statement on U.S. Policy in Central America*, Arzobispo John R. Roach, 22 de julio de 1983. El mismo análisis puede hallarse en las declaraciones principales del Consejo Episcopal Latinoamericano (CELAM). Véase la *Declaración de Medellin* CELAM, 1968, y *Mensaje a los Pueblos de Latinoamérica*, CELAM, 1979.

Voces
Proféticas

**El Documento del Proceso del
III Encuentro Nacional Hispano de Pastoral**

Primera publicación en agosto de 1986

Contenido

Abreviaturas

AG   *Ad Gentes* (Decreto sobre la Actividad Misionera de la Iglesia), Vaticano II, 1965.

CDP   *Conclusiones de Puebla de la III Conferencia General de Obispos Latinoamericanos,* "La Evangelización en el Presente y en el Futuro de América Latina", 1979.

CP   *Communio et Progressio* (Sobre los Medios de Comunicación Social y el Progreso Humano), instrucción pastoral, Comisión Pontificia para Medios de Comunicación, 1971.

CPOH   *Los Obispos Hablan con La Virgen,* carta pastoral de los obispos hispanos, 1982.

CPPH   *La Presencia Hispana: Esperanza y Compromiso,* carta pastoral de la Conferencia Nacional de Obispos Católicos, 1983.

EN   *Evangelii Nuntiandi* (Sobre la Evangelización en el Mundo Moderno), exhortación apostólica, Papa Pablo VI, 1975.

II ENHP   *Proceedings of the II Encuentro Nacional Hispano de Pastoral,* Washington, D.C., 1977.

GS   *Gaudium et Spes* (Constitución Pastoral de la Iglesia en el Mundo Moderno), Vaticano II, 1965.

IM   *Inter Mirifica* (Decreto sobre los Medios de Comunicación Social), Vaticano II, 1963.

LG   *Lumen Gentium* (Constitución Dogmática sobre la Iglesia), Vaticano II, 1964.

NCCB   National Conference of Catholic Bishops

PP   *Populorum Progressio* (Sobre el Desarrollo de los Pueblos), encíclica, Papa Pablo VI, 1967.

USCC   United States Catholic Conference

Prefacio

Es para mi un honor presentar el *Documento del Proceso del III Encuentro Nacional Hispano de Pastoral,* tal como nos fuera encomendado por la Conferencia Nacional de Obispos Católicos y de acuerdo al pensamiento y espíritu de los participantes del III Encuentro quienes confiaron al Secretariado la misión de "publicar y distribuir las Conclusiones del III Encuentro".

El contenido de este documento, va más allá de las Conclusiones del Encuentro las cuales ya han sido ampliamente difundidas y publicadas en parroquias, diócesis y boletines regionales. La presente edición incluye dos partes que enriquecen el documento de manera fundamental: 1) el resumen de las cinco prioridades del Encuentro (Evangelización, Educación Integral, Justicia Social, Jóvenes y Formación de Líderes) tomado del Documento de Trabajo puesto a manera de introducción al inicio de los compromisos; y 2) los resultados de dos reflexiones teológico-pastorales con miembros del Comité Ad Hoc para Asuntos Hispanos y 35 agentes pastorales.

La voz profética se pone en evidencia en *El Credo*, el cual es un resumen de los credos elaborados en grupos pequeños de participantes en la mañana del domingo, 18 de agosto durante el Encuentro.

El Comité de Redacción ha tenido sumo cuidado de enumerar del uno al sesenta y ocho aquellos artículos que reflejan el resultado directo del evento del III Encuentro.

Al juzgar la magnitud de este trabajo, es evidente que no puede ser producto de un esfuerzo aislado. El Sub Comité de Redacción del Comité Ad Hoc para Asuntos Hispanos, compuesto por el Arzobispo Robert Sánchez, el Arzobispo Roger Mahony, el Obispo Peter Rosazza y el Obispo Ricardo Ramírez junto con los siguientes miembros del Comité de Redacción Nacional: Padre Ricardo Chávez, Padre Jorge Crespín, Padre Juan Díaz Vilar, Sra. Maria Luisa Gastón, Hna. Soledad Galerón, Hna. Dolorita Martínez, Padre Domingo Rodríguez, Padre Rosendo Urrabazo, Padre Mario Vizcaíno, Hna. Dominga Zapata, Rev. Jose Marins, Hna. Carolee Chanona y Hna. Teolide Trevisán tanto como el indispensable equipo del Secretariado para Asuntos Hispanos, Rev. Vicente O. López, Sra. Rosalva Castañeda y Sra. Carmen Etienne han puesto en común sus talentos y energías para producir esta edición. Agradezco profundamente a cada uno de ellos, por su tiempo, trabajo y por el espíritu de generosidad con que han trabajado juntos.

Pido y espero que la publicación de este *Documento del Proceso del III Encuentro Nacional Hispano de Pastoral,* dé ánimo a los delegados del III Encuentro Nacional, a los que participaron en él, y a todos aquellos que están involucrados en el ministerio con hispanos católicos en los Estados Unidos.

Pablo Sedillo
Director
Secretariado de Asuntos Hispanos
NCCB/USCC
Agosto de 1986

I. Introducción

El III Encuentro ha sido un paso muy importante en el caminar del pueblo en el seguimiento de Cristo hacia una integración renovadora en la vida total de la Iglesia y una contribución más, en la construcción del Reino de Dios.

En este documento les presentamos el "Contexto Histórico" en el cual el proceso del III Encuentro se ubica, las "Conclusiones del III Encuentro", "El Credo", y la "Reflexión Teológica" con "La Mística" hecha después del III Encuentro.

"El Contexto Histórico" nos hace ver cómo el Encuentro no es un evento aislado, sino que es parte y fruto de un proceso de muchos años mediante el cual la pastoral hispana busca responder a las necesidades de un pueblo, educándolo y haciendo posible que sea agente de su propia historia en la construcción del Reino de Dios en este mundo actual.

Las Introducciones a los "Compromisos" están basadas en el *Documento de Trabajo* del III Encuentro que es la recopilación de los resultados de los ocho encuentros regionales. Las "Conclusiones del III Encuentro: Líneas Proféticas Pastorales," "Compromisos" y "Continuidad" recogen el consenso básico del pueblo hispano católico de Norteamérica. Sobre esas bases estamos todos unidos. En esas líneas caminamos juntos en un crecimiento continuo y con gran conciencia de haber sido llamados por el Episcopado de esta nación a expresar nuestra voz profética.

La "Reflexión Teológica" hace patente la experiencia de Dios y de Jesucristo en medio de nuestro pueblo, que se discierne en el proceso y de las Conclusiones del III Encuentro; y al mismo tiempo, la manera especial de nuestro pueblo de vivir su experiencia eclesial como respuesta a las necesidades y retos del mundo actual. Esta reflexión fue realizada por un grupo inter-regional de 35 agentes pastorales que trabajan en el ministerio hispano y posteriormente por 17 obispos del Ad Hoc Committee para Asuntos Hispanos de la NCCB.

Estos no son los únicos documentos del III Encuentro. Las conclusiones regionales y diocesanas, las guías de facilitadores y de los encuentros diocesanos y regionales, las síntesis diocesanas y regionales de la consulta a la base, los materiales de reflexión, así como los guiones de explicación del proceso, forman el cuadro completo que animó nuestro caminar.

II. Contexto Histórico

El III Encuentro no es un evento aislado en la historia de la pastoral del pueblo hispano en los Estados Unidos. Es un paso más del proceso de participación eclesial, que comenzó con el establecimiento de oficinas de la Iglesia para la atención de los hispanos a principios de este siglo, como la de Filadelfia en 1912 y la de San Antonio en 1945.

Momentos importantes en la historia de esta pastoral pueden considerarse el I Encuentro Nacional Hispano de Pastoral en Junio de 1972, la creación del Mexican American Cultural Center (MACC) en el mismo año, el Congreso Eucarístico en Filadelfia en 1976, el II Encuentro Nacional Hispano de Pastoral celebrado en Washington, D.C. en 1977, la publicación de la Carta Pastoral de los Obispos Hispanos en 1982 y la publicación por todo el cuerpo de obispos de la Carta Pastoral sobre los hispanos, *La Presencia Hispana: Esperanza y Compromiso* en 1983, donde se convoca oficialmente el III Encuentro Nacional Hispano de Pastoral.

Los Encuentros han sido momentos intensos que han desatado una serie de *cuestionamientos, actitudes y acciones* contribuyendo definitivamente al caminar del pueblo en su seguimiento de Jesús.

La fundación de PADRES en 1970 y HERMANAS en 1972 así como la creación de la oficina Regional del Midwest en 1968, la del Southwest en 1974, y del Northeast Catholic Pastoral Center for Hispanics en el mismo año forman parte de los logros del I Encuentro.

Antes del I Encuentro existían solamente tres obispos hispanos, Monseñor Patrick Flores, entonces Auxiliar de San Antonio, Monseñor Juan Arzube, Auxiliar de los Angeles y Monseñor Rene Gracida, entonces Auxiliar de Miami. Entre el I y II Encuentro se ordenaron cinco nuevos obispos hispanos. Del II al III Encuentro nueve obispos fueron ordenados, aumentando su número a diecisiete, de los cuales ocho son ordinarios y nueve auxiliares.

Después del II Encuentro se crearon también las oficinas Regionales del Southeast (1978), del Farwest (1979), del Northwest (1981) y empezó a organizarse el ministerio hispano en las diócesis del North Central en 1982 y de Mountain States en 1984.

Estas oficinas a su vez han contribuido a la organización de nuevas oficinas diocesanas y han colaborado con ellas en sus procesos de planificación, programación y evaluación creando al mismo tiempo, innumerables esfuerzos en los campos de la evangelización, catequesis, liturgia, formación de comunidades y acción social.

La creación durante el II Encuentro del "National Youth Task Force", hoy *Comité Nacional Hispano de Pastoral Juvenil,* contribuyó durante estos años a la concientización sobre la necesidad de la Pastoral Juvenil Hispana en toda la nación, llegando a convertirse en una de nuestras prioridades nacionales.

La creación del Comité Consejero Nacional (NAC) a la Oficina del Secretariado de Asuntos Hispanos en 1978, compuesto por los Directores de las Oficinas Regionales e Institutos Pastorales, así como de las organizaciones y movimientos apostólicos nacionales, generó un equipo nacional con un esfuerzo común comprometido con las líneas pastorales del pueblo. Esta organización del equipo nacional se hizo evidente en el trabajo armonioso del III Encuentro y se solidificó durante la Reflexión Teológica después del III Encuentro.

La aparición de tres nuevos Institutos Pastorales—el SEPI (Southeast Pastoral Institute) en 1979, el Midwest Institute for Hispanic Ministry en 1981, el Northwest Pastoral Institute en 1983—y la aprobación en 1984 del Catholic Hispanic Institute of California, hablan del crecimiento de la acción pastoral y de la colaboración de los obispos y del Secretariado Nacional en la promoción de la pastoral hispana en este país.

La *metodología* que se ha ido forjando a través de estos encuentros y sobre todo el proceso del II Encuentro proyecta un modelo de Iglesia de comunión y participación. Se nos consulta y todos podemos participar. Los pasos dados en la reflexión teológica después del II Encuentro, la metodología seguida y la experiencia en sí de lograr, aún en 1977, un proceso de base, hizo mucho en avanzar la madurez y compromiso de nuestros agentes pastorales. Estos son los frutos que recogemos al empezar el proceso del III Encuentro.

El proceso del III Encuentro en sus once pasos fue también coherente con este modelo (véase esquema adjunto).

Los pasos 4, 5, 7 y 8 requerían la consulta y participación del pueblo a nivel diocesano. El paso número 9, requiere

EL PROCESO DEL III ENCUENTRO NACIONAL

PLAN NACIONAL HISPANO DE PASTORAL

AGOSTO 1985-NOVIEMBRE 1986

10
III Encuentro Nacional Hispano de Pastoral. Retoma el II y lanza el III. AGOSTO 15-16-17-18, 1985 WASHINGTON, D.C.

1
Formación de los Equipos Promotores Diocesanos (EPD) y los Grupos Móviles de Trabajo. MAYO-OCTUBRE 1983

9
Encuentro Regional sobre las conclusiones diocesanas. Las conclusiones de este encuentro se llevarán al nacional. ENERO-MAYO 1985

2
Evaluar el II Encuentro Nacional. MAYO-OCTUBRE 1983

3
Promoción del III Encuentro a traves de los medios de comunicación. OCTUBRE 1983-ABRIL 1984

8
Segunda reunión diocesana para poner en común los resultados de la reflexión de la base sobre la temática nacional que será llevada al Encuentro Regional. ABRIL-DICIEMBRE 1984

4
Consulta a la base a través del contacto personal. CONTENIDO. METODO. EVANGELIZACION. OCTUBRE 1983-ABRIL 1984

7
Estudio y reflexión de la base sobre la temática nacional. ABRIL-DICIEMBRE 1984

6
Reunión nacional de Directores Diocesanos y delegados de los EPD. Selección de la temática. ABRIL 4-5-6-7, 1984

5
Reflexión a nivel diocesano sobre la consulta de la base. Selección de la temática para ser presentada a nivel nacional. OCTUBRE 1983-ABRIL 1984

lo mismo pero a nivel regional; y los pasos 6, 10 y 11 la consulta y participación a nivel nacional.

Todo el trabajo fue hecho siempre en equipo y con un presupuesto mínimo, lo cual enfatizó un modelo de Iglesia pobre y comunitaria.

La consulta de los alejados descrita en el paso número 4 del proceso, y la reflexión de los temas del III Encuentro en el paso número 7, enfatizan la dimensión misionera de la Iglesia que los hispanos, respondiendo fielmente a Jesucristo, quieren ser.

Los Obispos del Comité Ad Hoc para Asuntos Hispanos de la Conferencia de Obispos Católicos, propusieron al liderazgo hispano *cuatro objetivos* para el III Encuentro. El III Encuentro debería ser: primero, evangelizador; segundo, capaz de formar líderes en su mismo proceso; tercero, ser desarrollado a nivel de base; y cuarto, debería enfatizar las dimensiones diocesanas y regionales del proceso.

Un quinto objetivo*: El Plan Pastoral Nacional*, fue añadido al III Encuentro durante la elaboración de la Carta Pastoral, *La Presencia Hispana: Esperanza y Compromiso.*

Se pidió sugerencias a las Oficinas Regionales e Institutos Pastorales para diseñar el proceso del III Encuentro que llevara a alcanzar estos objetivos. Después de un extenso diálogo e intercambio en la reunión del Comité Consejero Nacional (NAC) en Santa Fe, en Junio de 1982, se seleccionó el modelo que reunía esas condiciones.

Extensas discusiones se originaron sobre el paso número seis. Se trató de que la participación en la consulta nacional se redujera simplemente a los directores diocesanos, en su mayoría sacerdotes o religiosos. Los argumentos se basaban en consideraciones pragmáticas de número y en las líneas de autoridad, pero se corría el peligro de volver a un modelo de Iglesia menos participativo. Predominó la decisión de incluir en la consulta nacional a un miembro de los Equipos Promotores Diocesanos (EPD) de cada diócesis, en su mayoría laicos, preservando así el modelo de comunión y participación.

El III Encuentro, con su análisis de la realidad y con-clusiones, debería ser la base para la elaboración del *Plan Pastoral Nacional.* Este Plan coronará el proceso del III Encuentro y agregará un elemento original e histórico al proceso de la Pastoral Hispana en los Estados Unidos.

El lema del III Encuentro, *Pueblo Hispano: Voz Profética,* surgió de la carta pastoral de los Obispos *La Presencia Hispana: Esperanza y Compromiso.* Allí los obispos nos piden "eleve su voz profética una vez más".[1] El lema seleccionado por los participantes en la Reunión de Consulta Nacional en Chicago en abril de 1984, creó mística y dio unidad a nuestro trabajo durante el Encuentro.

Los valores del evento del III Encuentro. El evento del III Encuentro celebrado en Washington, D.C. fue en sí mismo una experiencia de comunión y participación. Al Encuentro asistieron un total de 1,148 personas de 134 diócesis, de las cuales 56 eran obispos o superiores mayores, 168 sacerdotes, 125 religiosos o religiosas y 799 laicos. Entre todos los participantes habían 545 mujeres, 153 jóvenes y 47 trabajadores agrícolas migratorios.

Se trabajó en cinco salones con 230 personas en cada uno. Se dividieron en grupos de 45 personas y en subgrupos de 15. En los mini-plenarios de los salones de trabajo y en los plenarios de las 1,148 personas se buscó la aprobación de las Líneas Proféticas Pastorales, Compromisos y Continui-dad por consenso. El dialogo facilitó el consenso, que se logró prácticamente en todas las decisiones.

"Las Líneas Proféticas Pastorales" resumen la dirección y las opciones principales de la pastoral hispana.

"Los Compromisos" demuestran la voluntad y decisión de nuestro pueblo de hacer realidad las Líneas Pastorales. En estos compromisos se ha pasado de objetos a sujetos de la pastoral, de recipientes a agentes de las acciones pastorales.

"La Continuidad" expresa una serie de acciones prácticas para garantizar la implementación de las Conclusiones del III Encuentro. También La Continuidad indica la conciencia del pueblo de que somos una Iglesia en proceso, esforzándonos por responder con acciones pastorales a las necesidades de nuestro pueblo en su caminar a través del dinamismo de la historia.

Durante el evento se experimentó una verdadera comunión, donde obispos, sacerdotes y laicos colaboraron hombro a hombro en las conclusiones del Encuentro.

En todo el evento se vivió un sentido de espiritualidad y de unidad alimentado por las liturgias y oraciones cuidadosamente preparadas por el Instituto Nacional de Liturgia Hispana.

El pueblo, de diversas nacionalidades e historias, se sintió como uno, experimentando así aquella unidad en la diversidad que es señal de la presencia del Reino de Dios entre nosotros.

En el paso siguiente se trata de volver de nuevo a la base; de confrontar todo lo que estamos haciendo con las líneas pastorales y los compromisos, comenzando la elaboración de planes pastorales diocesanos y regionales que respondan e implementen las Conclusiones del III Encuentro Nacional Hispano de Pastoral. Se trata también de que el espíritu que animó el III Encuentro y los valores de Jesús, la metodología del proceso, la manera de ser y de hacer que se siguió en los pequeños grupos y en las reuniones, *siga siendo* la metodología y el espíritu que anime todas nuestras acciones pastorales, para de veras ser fieles al plan de Dios y continuar siendo profetas en la Iglesia y en la sociedad.

III. Las Conclusiones del III Encuentro

LINEAS PROFÉTICAS PASTORALES

Introducción

Las Líneas Proféticas Pastorales fueron el primer resultado del evento del III Encuentro en Washington, D.C.

Ellas tienen el propósito de servir de guías básicas, de dirección fundamental de nuestra acción pastoral.

Ellas señalan cómo hacer el camino, y son el punto de referencia necesario para toda nuestra labor pastoral.

En estas líneas pastorales se destacan un estilo evangelizador y misionero de vivir nuestra experiencia de Iglesia, así como una proyección hacia el mundo donde el promover y ser ejemplo de justicia es expresión básica de nuestro vivir eclesial.

Los pobres, la familia en todas sus expresiones (incluyendo a las familias incompletas), los jóvenes y la mujer, son sujetos prioritarios de nuestra pastoral.

Nuestras líneas pastorales indican también una metodología de Pastoral de Conjunto. Queremos desarrollar nuestro trabajo incluyendo e integrando armoniosamente todos los esfuerzos pastorales existentes, encauzándolos hacia la obtención de los objetivos y prioridades señalados por estas mismas líneas proféticas pastorales.

Finalmente, queremos proveer a nuestro pueblo con una educación integral en todas las dimensiones de la persona humana, que los capacite para ser agentes de su propia historia, y a nuestros líderes el entrenamiento necesario para ser servidores eficaces de la Buena Nueva en el seno de la Iglesia y de la sociedad.

Estas líneas no son nueve caminos, sino uno solo.

Queremos caminar siendo iglesia evangelizadora, misionera, promotora y ejemplo de justicia. En este sentido, la fe y la justicia se entrelazan y amalgaman, para ser la vía que nos lleva al Reino de Dios.

Líneas Proféticas Pastorales

1. Nosotros, como pueblo hispano, escogemos a la familia en todas sus expresiones como núcleo prioritario de nuestra pastoral.

2. Nosotros, como pueblo hispano, hacemos una opción preferencial por y en solidaridad con los pobres y marginados.

3. Nosotros, como pueblo hispano, hacemos una opción preferencial por los jóvenes hispanos para que participen a todos los niveles de la pastoral.

4. Nosotros, como pueblo hispano, queremos desarrollar y seguir una pastoral de conjunto que responda a nuestra realidad.

5. Nosotros, como pueblo hispano, queremos seguir una línea pastoral como Iglesia evangelizadora y misionera.

6. Nosotros, como pueblo hispano, queremos seguir la línea pastoral de promoción de liderazgo encarnado y comprometido.

7. Nosotros, como pueblo hispano, queremos seguir una línea de educación integral sensible a nuestra identidad cultural.

8. Nosotros, como pueblo hispano, queremos seguir una línea de Iglesia promotora y ejemplo de justicia.

9. Nosotros, como pueblo hispano, queremos seguir una línea de valorización y promoción de la mujer reconociendo su igualdad y dignidad, y su papel en la Iglesia, familia y sociedad.

IV. Compromisos

EVANGELIZACIÓN

Introducción

La evangelización es la misión esencial de la Iglesia, la Iglesia existe para evangelizar.

La evangelización, anuncio de la palabra de Dios, mueve a la conversión de aquellos que van a aceptar el Reino anunciado por Jesús.

En la evangelización hay que partir de las personas[2] y toda persona está encarnada en una cultura, tiempo y lugar determinados.

Una evangelización encarnada en la cultura es esencial para todos los pueblos, pero se hace especialmente importante para el pueblo hispano en este país. La tentación de una asimilación cultural está constantemente presente y en muchos casos deja de ser tentación para convertirse en realidad. Esto no sólo es contra los derechos de la persona, también atenta contra el mismo Evangelio. La evangelización es de verdad y llega hasta las raíces más profundas de la persona cuando se encarna en la cultura.

Mirando Nuestra Realidad

Durante el proceso del III Encuentro se ha estado escuchando y reflexionado a todos los niveles pastorales. Los compromisos de evangelización tomados en Washington, D.C. son una respuesta a la problemática que se descubrió sobre este tema.

En este proceso de reflexión aparecen destacados los siguientes aspectos:

Una Iglesia Fría

Se percibe una Iglesia "fría", con falta de amor fraternal y una dimensión comunitaria que necesita de gran conversión y formación para poder realizar su misión evangelizadora. Falta también dimensión misionera, por eso no llega a los pobres, marginados, alejados, encarcelados, miembros de pandillas y otros.

En nuestro pueblo existe falta de unidad e identificación y falta de responsabilidad religiosa, causada esta por el poco interés que la Iglesia jerárquica ha prestado a la formación en la fe de nuestro pueblo. Ha faltado atención pastoral.

No se toma en cuenta nuestra realidad cuando se planifica. No existe comunicación y coordinación entre los agentes pastorales; por eso no existe continuidad en la acción pastoral ni se evalúa críticamente. No se sigue una pastoral de conjunto.

Las comunidades no son vistas como los lugares más adecuados para la promoción vocacional y formación de líderes capacitados y comprometidos en una evangelización que transforme la realidad.

No se encuentran canales en las estructuras de la Iglesia para el gran deseo de participación que tiene nuestro pueblo. Esta participación es urgente para la evangelización de los más alejados y sencillos.

Todo esto lleva a que el hispano en los Estados Unidos no se ha encontrado acogido, atendido y escuchado en la Iglesia.

La Falta de Recursos

Faltan sacerdotes, religiosas/os que comprendan y conozcan el idioma y la cultura hispana. Esta falta de agentes de pastoral, hace incierta la sobrevivencia del catolicismo en el pueblo hispano ya que muchos acuden a otras iglesias para satisfacer su hambre de Dios. Otros se alejan por la actitud de algunos párrocos y líderes.

Escasean catequistas hispanos. En muchos casos no hay nada para nuestros hijos (as) después de la primera comunión, y menos para adultos.

Existen pocos centros donde reunirnos y es difícil encontrar locales disponibles a nuestro alcance económico.

Aspectos Olvidados

Son muchas las cosas y grupos en el proceso de evangelización del pueblo hispano. Veamos algunos ejemplos:

No se considera a la familia como grupo natural, el medio para formar nuestra conciencia de comunidad, y no se percibe en la evangelización un énfasis en la atención a la familia. Los medios de comunicación, la falta de formación de los padres y las presiones de todo tipo destruyen los valores familiares.

No se reconoce el papel que ejerce la mujer en la tarea de la evangelización de nuestro pueblo.

No se dedica suficiente atención a la evangelización de los jóvenes, ni son parte de una Pastoral de Conjunto.

Casi no existen medios de comunicación social en español que formen e informen al pueblo en la fe, le ayuden a descubrir la falsedad de valores, las propagandas e ideologías que inundan la televisión, radio, prensa y otros.

La mayor parte del tiempo los campesinos han sido ignorados. Existen fuertes prejuicios contra los campesinos, se les trata sin respeto, no son considerados parte de la comunidad y la Iglesia Católica ha hecho poco para defenderlos, educarlos y evangelizarlos.

Basados en esta realidad, se toman los siguientes compromisos.

· Compromisos ·

Por medio de estos compromisos el pueblo hispano intenta dar una respuesta a las necesidades más urgentes.

Es por eso que debemos estar escuchando, reflexionando y evaluando de manera que nuestra evangelización responda a las necesidades reales del pueblo al que se dirige.

10. Nosotros, como pueblo hispano, nos comprometemos a crear y mantener las pequeñas comunidades eclesiales para promover y compartir los dones cristianos encarnados en la cultura hispana, desarrollando el sentido eclesial de nuestro pueblo, promoviendo una Iglesia profética, evangelizadora, comunitaria y misionera; para atraer a los alejados y separados de las estructuras eclesiales; para continuar la catequesis según la necesidad de nuestro pueblo; para fomentar

la oración y reflexión, compartiendo nuestra fe, costumbres y ayuda material y espiritual.

11. Nosotros, como pueblo hispano, nos comprometemos a colaborar en la elaboración del plan de Pastoral de Conjunto para que sea adaptado a las diócesis por el obispo, sacerdotes, y laicos. Este plan debe basarse en el estudio y análisis de las necesidades reales del pueblo hispano, y debe considerar su cultura, idioma y costumbres.

12. Nosotros, como pueblo hispano, nos comprometemos a promover la creación de Centros de Pastoral dándole especial atención a la formación de agentes líderes de la pastoral.[3]

13. Nosotros, como pueblo hispano, nos comprometemos a procurar mayor autoridad y fuerza para las oficinas de apostolado hispano con el fin de que sean verdaderos instrumentos en la evangelización de nuestro pueblo.

14. Nosotros, como pueblo hispano, nos comprometemos a desarrollar un estilo de evangelización más personal orientado a la formación de pequeñas comunidades donde se proclame y se viva el mensaje íntegro de la salvación.

15. Nosotros, como pueblo hispano, nos comprometemos a desarrollar un plan de concientización y análisis sobre los medios de comunicación existentes manejados con fines materialistas y sin valores cristianos, para poner a la luz su falsa escala de valores.

16. Nosotros, como pueblo hispano, nos comprometemos a crear programas de radio y televisión que reflejen nuestra realidad religiosa, cultural, política y socio-económica, y la penetre con una evangelización integral que abarque la totalidad de la persona.

17. Nosotros, como pueblo hispano, nos comprometemos a ser auténticos evangelizadores promoviendo los valores cristianos desde la familia, la sociedad e Iglesia para erradicar todo tipo de abuso y explotación.

EDUCACIÓN INTEGRAL

Introducción

Una educación que promueve la inserción de la persona humana en el quehacer histórico de su pueblo es derecho inalienable de todo ser humano. Este derecho está garantizado por la Declaración sobre los Derechos Humanos de la Organización de las Naciones Unidas, y la Iglesia ha abogado por este derecho, especialmente a través de las encíclicas sobre la doctrina social de la Iglesia, de los Papas de nuestro siglo y de los grandes acontecimientos eclesiales de nuestros tiempos como el Concilio Vaticano II, Medellín y Puebla.

La educación como tal abarca muchas áreas distintas de la vida humana como la cultura, la lengua, la familia, la formación social, intelectual, emocional y espiritual, y la preparación técnica y vocacional de la persona.

Una educación integral es una formación global sobre la vida económica, política, social, cultural, familiar y eclesial que lleva a una madurez de fe y a una responsabilidad en la historia. Dada la situación marginada del pueblo, tal educación adquiere una gran importancia en el proceso de liberación.

Como seguidores de Jesucristo y miembros de la Iglesia, nosotros hemos hallado la verdad sobre nuestra razón de ser en la persona de Jesús, el Camino, la Verdad y la Vida. Por lo tanto, para nosotros la educación integral deberá ser una educación evangelizadora que contribuya a la conversión total de la persona, "no sólo en su YO profundo e individual, sino también en su YO periférico y social, orientándolo radicalmente a la genuina liberación cristiana que abre al hombre a la plena participación en el misterio de Cristo resucitado, es decir, a la comunión filial con el Padre y la comunión fraternal con todos los hombres, sus hermanos".[4]

La educación integral preparará a la persona para que pueda ver, juzgar y actuar con la mente de Cristo en el corazón de la Iglesia para la promoción de la Paz, la Justicia, el Amor y la Verdad del Reino de Dios.

Los compromisos tomados en el III Encuentro Nacional están basados en esta opción y en la realidad concreta que vivimos.

Mirando Nuestra Realidad

Falta de Formación Educativa

El pueblo sufre la falta de recursos educacionales, de programas adecuados que respeten los valores culturales y de medios de comunicación educativos. Por otro lado es víctima de una educación que educa para la desigualdad y fomenta la discriminación y el prejuicio racial.

La situación de los exiliados, refugiados, presos, marginados, inmigrantes e indocumentados exige urgentemente una educación integral que facilite su integración a la nueva realidad.

Uno de los principales factores en contra de la educación del pueblo hispano es su condición económica.

Una educación básica es necesaria para poder transformar la sociedad, superarse y organizar la comunidad.

La migración del pueblo hispano es constante. El pueblo hispano se siente parte de ambas Américas.

Se necesita educación en el área política que facilite la participación plena en el proceso democrático de los consejos escolares y gubernamentales de la Iglesia y la sociedad.

Falta de Compromiso de la Iglesia

A la Iglesia aún le falta conciencia de su deber para con el pueblo hispano al no ayudar suficientemente ni denunciar las injusticias concretas e institucionalizadas.

La educación ha de ayudar a ser sujetos en la historia dentro del plan de salvación de Dios.

Se necesita clero hispano como defensa en contra de la asimilación y para remediar la falta de una educación integral.

Muchas veces la experiencia en la parroquia hace sentir al pueblo que muchos párrocos y directores de educación religiosa no saben que hacer con los hispanos y hasta les tienen miedo.

La juventud hispana necesita una formación católica.

Algunas Necesidades Más Urgentes

Se necesitan programas especialmente dirigidos a la educación de la familia.

Carecemos de líderes en los vecindarios que trabajen en el campo de la política, etc.

Es urgente la creación de centros de evangelización y formación de laicos.

Es necesario utilizar mucho más y mejor los medios de comunicación.

Basados en esta realidad, se toman los siguientes compromisos:

· Compromisos ·

18. Nosotros, como pueblo hispano, nos comprometemos a promover la creación de un programa de Educación Integral que abarque la totalidad de la persona en su realidad actual y que incluya la formación espiritual, socioeconómica, política y multicultural, etc. Este programa dará prioridad a la familia, principal agente educativo, CEB, los jóvenes, las mujeres, los pobres y marginados (campesinos, obreros urbanos, presos, indocumentados, refugiados, migrantes...).

19. Nosotros, como pueblo hispano, nos comprometemos a colaborar para lograr la propia concientización personal nuestra y la de nuestros líderes pastorales: clero, religiosos, laicos, dirigentes de seminarios, casas e institutos de formación religiosa y ministerio en las universidades sobre la importancia que nuestra lengua, cultura, realidad histórica y religiosidad popular tienen en nuestra formación integral (religiosa, social, económica y política).

20. Nosotros, como pueblo hispano, nos comprometemos a trabajar para que se establezcan centros y equipos móviles bilingües y biculturales a todos los niveles necesarios para la promoción y educación integral del pueblo hispano, incluyendo la formación de CEB.

21. Nosotros, como pueblo hispano, nos comprometemos a procurar la adquisición, utilización, y producción de los medios de comunicación social, religiosos y civiles para elaborar programas informativos y educativos de acuerdo a las necesidades del pueblo hispano, especialmente las de las comunidades marginadas.

22. Nosotros, como pueblo hispano, nos comprometemos a involucrarnos en el sistema educativo católico y público (PTA, juntas directivas de escuelas, otros) y emplear toda nuestra influencia y capacidad para abogar por:

   (a) programas y materiales bilingües y biculturales;

   (b) un sistema educativo que permita a los hispanos la oportunidad de educación avanzada (high school, college, universidad);

   (c) una orientación y ayuda financiera para estudiantes de mayor necesidad: jóvenes, campesinos, mujeres, minusválidos, indocumentados, obreros urbanos y otros;

   (d) una educación religiosa bilingüe y bicultural;

   (e) programas de educación político-social y derechos humanos;

   (f) programas especiales de educación para migrantes.

JUSTICIA SOCIAL

Introducción

El tema de la "Justicia Social" es central en la vida cristiana. Encontramos ya en la tradición del Antiguo Testamento un llamado constante a la conversión para cambiar las estructuras de pecado, así como a nuestra conversión personal, cuya falta es muchas veces raíz de las injusticias sociales.

La justicia social emana de un modo especial de las enseñanzas de Jesús. La Iglesia fiel a su fundador, a lo largo de su historia ha querido responder a este desafío de diversas maneras. Ha establecido ministerios, obras de caridad, comunidades religiosas dedicadas al cuidado de los desamparados. En tiempos más recientes ha planteado nuevas problemáticas tales como el orden social, el derecho al trabajo, al salario justo, la deuda externa de los países, la ayuda internacional, las relaciones entre países ricos y pobres, el problema del subdesarrollo y del desarrollo, así como los modelos del comunismo y del capitalismo en cuanto a sistemas que quieren responder a las múltiples facetas de la cuestión social y la justicia.

Los hispanos católicos en los Estados Unidos en los Encuentros I, II y III, así como en los encuentros regionales y diocesanos a lo largo del país en los últimos 15 años, han estado tratando este tema como una constante por su condición social y por un deseo auténticamente cristiano de construir una sociedad y una Iglesia promotora y ejemplo de justicia.

Nuestra Realidad Socioeconómica

Durante el proceso del III Encuentro han sido muchos los temas y problemas que han aparecido sobre este asunto, pero vamos a destacar sólo unos cuantos que aparecen con más insistencia en las diferentes reflexiones de las comunidades.

Situaciones Injustas en la Sociedad

Se denuncian como causas de las injusticias que sufren un gran número de personas, las profundas diferencias que existen en el pueblo entre ricos y pobres, entre patrones y trabajadores, y entre intelectuales y analfabetos, e igual-mente, las diferencias profundas que hay entre este país y los países pobres y en subdesarrollo de donde muchos venimos, creando un mundo injusto. Se denuncia también toda clase de explotación. Los pobres se mueren de hambre, mientras este país produce más armas.

Se considera como necesidad urgente la atención a los exiliados, refugiados, presos, marginados, inmigrantes, indocumentados, incapacitados, ancianos y familias con sólo padre o madre.

Los trabajadores indocumentados viven en constante temor por abuso de los oficiales de inmigración y servicios públicos. Los trabajadores industriales sufren el abuso de las empresas al movilizar las fábricas a otros medios de producción sólo en busca de ganancias. Los trabajadores agrícolas son explotados junto con sus familias: con ínfimos salarios, condiciones de trabajo insalubres e inhumanas y el rechazo a sus intentos de organización laboral.

En la realidad urbana, nuestro pueblo se ve agobiado por la injusta distribución de servicios públicos y en la explotación de obreros en la industria.

No existen suficientes programas de educación bilingüe para superarse. Por esto sólo se puede aspirar a trabajos mal pagados (labores de campo, servicio de limpieza o en restaurantes) y muchas veces debido a la discriminación escogen a personas no hispanas para mejores trabajos.

Los hospitales, con frecuencia, no atienden a nuestra gente por falta de dinero y seguro social. Se olvida que la salud es un derecho y no un privilegio. En muchas ocasiones, la policía abusa de los hispanos y no respeta sus derechos humanos.

Se usan muy poco los medios de comunicación social para ayudar a que el pueblo norteamericano tome conciencia.

Los gastos en armamento aumentan el desempleo en este país y causan recortes en el presupuesto de servicios sociales.

Situaciones Injustas en la Iglesia

Existe muchas veces un divorcio entre la fe y la justicia. Se conocen los evangelios, la doctrina social de la Iglesia se habla, se predica, pero no siempre se practica.

La Iglesia ha hecho poco en cuanto a la defensa y educación en este área. En algunas comunidades no ayudan a capacitar nuevos líderes dentro del pueblo, y los líderes ya existentes, con frecuencia, se olvidan de la situación de injusticia en que viven otros.

La Iglesia debería trabajar más en el campo de inmigración y de convivencia social y luchar contra la discriminación, para hacer efectivo el reconocimiento de derechos, responsabilidades e igualdad. Existe también discriminación contra los hispanos por parte de bastantes parroquias. En algunas todavía se vive "como extranjeros" y a veces claramente se es rechazado por ser hispano.

Contribución de los Estados Unidos a las Injusticias en América Latina

Hay miles de personas que han sido desplazadas de sus países por la situación de extrema pobreza en América Latina ocasionada, entre otras razones, por los intereses comerciales de los Estados Unidos. Estados Unidos a veces hasta acomete contra la gente que busca la justicia en América Central. Con nuestros impuestos se colabora involuntariamente con la proliferación de armas y la destrucción de los propios pueblos.

Se denuncia:

- la situación de injusticia y opresión que sufre América Latina como consecuencia de la intervención cultural, económica, militar y política de los países ricos;

- el hambre y la pobreza que sufren estos pueblos;

- la violencia y la carrera armamentista;

- cualquier uso de armas nucleares.

Basados en esta realidad, se toman los siguientes compromisos.

· Compromisos ·

23. Nosotros, como pueblo hispano, nos comprometemos a denunciar las injusticias y luchar por los derechos humanos en todas sus dimensiones, especialmente:

(a) el derecho inalienable del trabajador a vivir y trabajar en cualquier lugar sin discriminación;

(b) el derecho de cada trabajador, hombre o mujer, obrero, campesino, migrantes, con o sin documentación, refugiados, a recibir justo salario, vivienda y servicios sociales necesarios;

(c) el derecho de refugio para todos los que sufren persecución de cualquier índole: social, política o religiosa;

(d) el derecho de defender la vida desde su concepción en todas sus formas, y luchar para que se respete.

24. Nosotros, como pueblo hispano, nos comprometemos a apoyar las declaraciones, la política de nuestros obispos en los Estados Unidos sobre inmigración y sus esfuerzos en favor de los derechos de inmigrantes e indocumentados. Pedimos que se promulguen leyes justas de inmigración y rechazamos cualquier proyecto de ley que discrimine al hispano.

25. Nosotros, como pueblo hispano, nos comprometemos a pedir que se utilicen los medios de comunicación para denunciar la violencia y las injusticias hacia la familia, los jóvenes, las mujeres, los indocumentados, los migrantes, los refugiados, los campesinos, los obreros y los encarcelados.

26. Nosotros, como pueblo hispano, nos comprometemos a contribuir en la elaboración e implementación de acciones de justicia social a nivel nacional, regional, diocesano y parroquial que incluyan programas de:

(a) concientización sobre las injusticias que afligen a nuestro pueblo;

(b) formación para la justicia de acuerdo a la doctrina social de la Iglesia;

(c) información y defensa jurídica;

(d) alfabetización y capacitación;

(e) formación cívica y política;

(f) asistencia médica.

27. Nosotros, como pueblo hispano, nos comprometemos a trabajar para que la Iglesia dé ejemplo de su doctrina social.

28. Nosotros, como pueblo hispano, nos comprometemos a abogar por una renovación de la parroquia tradicional para que sea abierta y efectivamente multicultural.

29. Nosotros como pueblo hispano nos comprometemos a adquirir conciencia crítica de los sistemas políticos y económicos opresivos, así como también de la carrera armamentista y de la política exterior intervencionista de las grandes potencias, siguiendo la orientación del Magisterio de la Iglesia.

JÓVENES

Introducción

Los jóvenes no son solamente el futuro de la Iglesia, sino más bien la comunidad joven de nuestra Iglesia.

Sin embargo, es frecuente ver que no es así cómo se sienten, sino más bien, marginados y olvidados.

Por eso los jóvenes fueron una de las prioridades en todo el proceso del III Encuentro.

Realidad de la Juventud Hispana

Juventud Alejada de la Iglesia

Nuestra juventud constituye el 54% de la comunidad hispana y el 99% está alejada de la Iglesia.

"La gran mayoría de nosotros creemos en Dios pero no practicamos nuestra fe ni participamos en la vida de la Iglesia".[5] Muchos cuestionan su autenticidad.

Entre estos jóvenes alejados de la Iglesia, los problemas de drogas, abortos, abandono de la escuela y otros son muy frecuentes.

La cultura dominante trata continuamente de desarraigarlos de sus raíces culturales haciendo que el joven hispano se sienta, muchas veces, avergonzado de ser hispano. La falta de identidad cultural es una de las problemáticas más graves del joven hispano.

Envueltos en una sociedad materialista y consumista que confunde sus valores especialmente a través de la propaganda comercial, el joven hispano vive en un vacío continuo del que trata de escapar con soluciones falsas llegando algunas veces hasta el suicidio.

Juventud Pobre

La pobreza es otro factor opresivo para el joven hispano que no le impide superarse.

Muchos jóvenes, aun cuando se esfuerzan por estudiar, se frustran cuando no tienen el apoyo financiero ni el apoyo por parte de los educadores para poder seguir una carrera.

Entre la población campesina migrante, muchos jóvenes tienen que trabajar en lugar de estudiar porque el dinero no alcanza en la familia.

Esa condición de pobreza exige de los padres largas horas de ausencia de los hogares, debilitando la vida familiar y haciendo que el joven crezca sin la orientación necesaria. En muchos casos la presión creada por la pobreza desemboca en frustraciones que provocan hasta el abuso de menores dentro de la familia.

Juventud con Hambre de Formación

"Buscamos una formación cristiana profunda, no nos basta con la preparación de la primera comunión".[6]

La Iglesia Católica carece de programas de formación. Otras religiones atraen a la juventud ofreciéndoles programas de calidad que responden a su situación de jóvenes hispanos.

Queremos que nuestras fiestas religiosas (Virgen de Guadalupe, posadas, quinceañeras, bautizos, etc.) mantengan su sentido original cristiano y no degeneren en festividades mundanas sin sentido.[7]

Hace falta fomentar el liderazgo juvenil en la Iglesia. Ese liderazgo no debe estar dirigido exclusivamente hacia la juventud en una pastoral juvenil encerrada en sí misma, sino que debe proyectarse hacia el mundo en un compromiso auténtico dentro del pueblo.

Muchos de los que estamos involucrados en la Iglesia vemos la necesidad de llegar a otros que están alejados, pero no encontramos el apoyo suficiente ni tenemos la organización adecuada para hacerlo.[8]

Las vocaciones de servicio cristiano en los jóvenes son muchas veces desalentadas por los padres de familia. Se necesita promover las vocaciones en nuestras familias.

No hay suficiente personal capacitado y comprometido en la Iglesia Católica que atienda las necesidades de los jóvenes hispanos. Se necesita entrenamientos para líderes jóvenes y adultos que puedan servir como asesores.

Dificultades de Comunicación

La comunicación entre padres e hijos en la comunidad hispana se hace difícil debido a las tensiones ocasionadas por distintos sistemas de valores culturales, a la lengua, a la falta de preparación de los padres. Se necesitan, por lo tanto, programas de educación familiar.

Al mismo tiempo es urgente una coordinación nacional que promueva una pastoral juvenil que tenga en cuenta las dimensiones culturales hispanas y que promueva programas de formación, de identidad cultural, de liderazgo y de educación entre todas las regiones de la nación. Esta coordinación nacional debería ser parte integrante de la Pastoral de Conjunto Hispana y estaría integrada dentro del Plan Pastoral Nacional.

Nuestros jóvenes están llamados a ser puentes entre nuestra cultura y la cultura norteamericana. Tomando lo bueno de ambas.

Juventud Profética

La juventud hispana a través de las diferentes regiones anuncia y denuncia alzando su voz profética:

Como jóvenes hispanos, como miembros de la Iglesia Católica, queremos elevar nuestra voz profética para anunciar los valores del evangelio, denunciar el pecado, convocar a los jóvenes a luchar por el Reino de Dios.

En primer lugar anunciamos la opción por la paz, en contra de la violencia (Mt 26:51; 2 Cor 5:18); por el amor fraternal, en contra de la injusticia (Jn 15:17); por el bien, en contra del mal (Dt 30:15); por la familia como valor fundamental a través de la cual transmite la fe (Ef 6:4) ; y por mantener la propia cultura.

Denunciamos el materialismo que hace creer que lo más importante es tener más y más, en contra de lo que enseña el Evangelio (Mt 6:25-30; *PP* 19).

Denunciamos la injusticia y la opresión que sufre América Latina como consecuencia de la intervención cultural, económica, militar y política de los países ricos.

Denunciamos el hambre y la pobreza que sufren nuestros pueblos con los que Jesús se identifica (Mt 25:31), la violencia (Mt 26:52) y la carrera armamentista (*The Challenge of Peace,* 204), nos oponemos a cualquier uso de las armas nucleares (Ibid., 215).

Denunciamos la teoría del *Melting Pot y* optamos por aprender la cultura de este país sin olvidarnos de la propia (*EN* 20). Denunciamos el aborto, el abuso de las drogas y el alcohol y la influencia negativa y manipuladora de la propaganda comercial que crea falsas necesidades.

Pero no sólo denunciamos estas injusticias sino que nos sentimos llamados a luchar por la paz del mundo, a vivir un estilo de vida más sencillo, en solidaridad con nuestras hermanas y nuestros hermanos pobres; a ir más allá de nuestras nacionalidades, razas, idiomas y niveles socio-económicos para sentirnos una familia católica.

Aportemos nuestra alegría y nuestro entusiasmo al estilo litúrgico de la comunidad eclesial de Estados Unidos. Seamos conscientes que podemos cambiar el mundo con nuestra manera de vivir hoy.[9]

Basados en esta realidad, hacemos los siguientes compromisos.

· Compromisos·

30. Nosotros, como pueblo hispano, nos comprometemos a crear una oficina que coordine a nivel nacional la Pastoral Juvenil Hispana que sea permanente y que se

comunique con los niveles regionales, diocesanos, parroquiales y de base. Esta coordinación debe crear programas integrales de formación, orientación y concientización (vocaciones religiosas, liderazgo, relaciones humanas, etc.)

31. Nosotros, como pueblo hispano, nos comprometemos a implementar dentro del plan Pastoral de Conjunto un plan de pastoral juvenil hispana a nivel parroquial, diocesano, regional y nacional a través de una opción y acciones concretas a favor de los jóvenes que incluya:

    (a) la formación integral de jóvenes tanto rurales como urbanos y los fondos económicos necesarios.

    (b) la inclusión de un coordinador a tiempo completo que se encargue del desarrollo del plan para pastoral juvenil hispana.

32. Nosotros, la juventud hispana, nos comprometemos a ser misioneros de nuestra propia juventud (peer ministry) expresando nuestra fe con nuestro espíritu juvenil y a la luz del Evangelio.

33. Nosotros, como pueblo hispano, nos comprometemos a valorizar la importancia de una asesoría bilingüe y bicultural hacia el joven de una forma adecuada y respetuosa, con una comunicación abierta.

34. Nosotros, como pueblo hispano, nos comprometemos a esforzarnos por cambiar los sistemas educativos de tal manera que nuestros jóvenes hispanos reciban la educación necesaria, tomando en cuenta su cultura, para integrarse en la sociedad americana.

35. Nosotros, como pueblo hispano, nos comprometemos a la creación e implementación de programas de capacitación de liderazgo juvenil para que los jóvenes participen con otros jóvenes, adolescentes, niños, ancianos y adultos proponiendo asociaciones y movimientos.

36. Nosotros, como pueblo hispano, nos comprometemos a promover actividades para buscar fondos económicos, los cuales ayuden a facilitar becas y programas juveniles.

37. Nosotros, como pueblo hispano, nos comprometemos a promover la unidad familiar cristiana por medio de una educación integral para padres e hijos.

38. Nosotros, como pueblo hispano, nos comprometemos a dar ejemplo de cristianismo práctico a los jóvenes y apoyar su participación, enfocando la justicia y la paz, para que los jóvenes participen en todos los ministerios de la Iglesia dando así una visión renovadora de potencial juvenil.

FORMACIÓN DE LÍDERES

Introducción

El cumplimiento de la misión de la Iglesia depende del compromiso activo de los bautizados. La reflexión del pueblo a través del proceso del III Encuentro señala esta preocupación concreta de la necesidad de formación de líderes. Ciertos puntos claves aparecieron como base para las conclusiones que salieron en el III Encuentro Nacional Hispano de Pastoral.

Dichas conclusiones se han de ubicar y entender a la luz de la realidad específica que expresó el pueblo a través del país. Los siguientes puntos tratan de captar el eje central de esa realidad.

Mirando Nuestra Realidad

Falta de Participación

El pueblo hispano siente un gran deseo de participar y esta participación es urgente para la evangelización del pueblo más lejano y sencillo.

Los obispos en su Carta Pastoral *La Presencia Hispana: Esperanza y Compromiso* dicen:

> La participación de los hispanos en el proceso político es limitada, a causa de su subdesarrollo económico y social. Por esta razón, están insuficientemente representados en el nivel de los que toman decisiones, tanto en la Iglesia como en la sociedad.[10]

En general, los hispanos estamos lejos de los centros de la Iglesia donde se toman las decisiones, sin posibilidades de participar en éstas, tanto a nivel nacional, diocesano y parroquial. Nuestra participación es aún más débil si nos referimos al ámbito de la sociedad y la política.

Escasez de Líderes

Se constata en nuestras comunidades una gran escasez de líderes laicos, sacerdotes, religiosas y religiosos hispanos capacitados y comprometidos para un servicio cristiano en su comunidad.

Dentro de la Iglesia, en particular, aún cuando nos esforzamos en prepararnos para servir, no siempre somos reconocidos y aceptados para trabajar.

Otra causa es la falta de publicidad y promoción de los diferentes servicios y oportunidades de liderazgo en que laicos hispanos pueden participar en la Iglesia hoy.

Existe una deficiencia educativa tanto a nivel urbano como rural, que nos mantiene marginados ante la cultura dominante y no nos deja desarrollarnos como personas.

La mayoría de nuestros líderes no tienen las cualidades necesarias para ser eficaces, por falta de estudio, de preparación para organizar y de sensibilidad a los problemas de la actualidad.

Falta de Formación

Se constata en muchas diócesis la falta de programas adecuados para la formación de ministros laicos hispanos, especialmente en las áreas rurales.

Necesitamos preparación en las áreas de Biblia, historia de la Iglesia, documentos de la Iglesia, cultura y valores, nociones de psicología, dinámicas de grupo y otros.

No tenemos organizadores en la comunidad, ni existe un método para trabajar con el pueblo y no se ha dado apoyo a las comunidades eclesiales de base.

Esta necesidad es aún mayor entre los grupos marginados. Las largas distancias hacen imposible aprovechar los servicios de los centros y es muy difícil que el personal del centro vaya a todos los lugares apartados.

Necesidad de Toma de Conciencia

El 90% de los hispanos no participan en la Iglesia como Iglesia; no se ha desarrollado un liderazgo responsable entre los hispanos y no hay sistema de apoyo visible.

Hace falta una participación mayor del laico en la misión evangelizadora de la Iglesia. Hasta ahora nuestros líderes no han sido conscientes de su papel en la Iglesia y en la sociedad.

Hay necesidad de que nuestra juventud tenga una experiencia positiva de pertenecer a un pueblo.

Queremos que nuestros líderes sean ejemplo para la comunidad y sirvan al pueblo que representan.

Las injusticias que sufren el refugiado e indocumentado tienen sus causas de raíz en una política injusta y en una economía mundial que está controlada por los gobiernos que no respetan la dignidad humana.

Basados en esta realidad, hacemos los siguientes compromisos:

· Compromisos·

39. Nosotros, como pueblo hispano, nos comprometemos a descubrir, motivar, apoyar, promover y fomentar líderes que sean del pueblo, conozcan al pueblo y vivan con el pueblo.

40. Nosotros, como pueblo hispano, nos comprometemos a participar en la planificación, toma de decisiones y posiciones de responsabilidad en la Iglesia a todos los niveles (nacional, regional, diocesano, parroquial).[11]

41. Nosotros, como pueblo hispano, nos comprometemos a luchar por la creación de centros de formación integral con equipos móviles que aseguren la formación continua de líderes para todos los ministerios y grupos de intereses comunes a nivel diocesano, regional y nacional.

42. Nosotros, como pueblo hispano, nos comprometemos a tomar como nuestra responsabilidad el promover las vocaciones al sacerdocio, diaconado permanente, vida

religiosa y ministerio laical dentro del pueblo hispano teniendo en cuenta que se les provea una formación que responda a las necesidades culturales y espirituales de nuestro pueblo y que se les permita encarnarse en nuestra realidad.

43. Nosotros, como pueblo hispano, nos comprometemos a trabajar con nuestros obispos, sacerdotes, diáconos permanentes y religiosos/as, para que convivan más con el pueblo y con sus líderes laicos, promoviendo reuniones de liderazgo que unifiquen criterios y resulten en un apoyo mutuo y trabajo pastoral efectivo.

44. Nosotros, como pueblo hispano nos comprometemos a concientizar a los líderes cívicos por medio de organizaciones populares, fomentando así el liderazgo en nuestra comunidad.

V. Continuidad del Encuentro

¿Qué hacer para que el proceso del III Encuentro no termine aquí?

Pautas Generales

45. Mantener o formar un equipo promotor diocesano (EPD) para:

    (a) promover e implementar las distintas recomendaciones del III Encuentro a través de equipos, tanto urbanos como rurales, parroquiales, juveniles y familiares.

    (b) coordinar un boletín para todos los participantes del Encuentro como medio de contacto continuo, información y mantener al tanto de lo acontecido después del III Encuentro.

    (c) alentar y guiar los equipos móviles en sus parroquias a organizar reuniones locales para mantener al pueblo informado y "en el proceso" continuo del III Encuentro.

    (d) Continuar el contacto del proceso con los equipos móviles de reflexión a nivel parroquial, organizando talleres parroquiales, utilizando los medios de comunicación audio-visuales, impresos, etc. para que los resultados del III Encuentro lleguen a todas las comunidades parroquiales.

46. Proponemos la elaboración e implementación de un plan pastoral diocesano.[12] Este Plan debe ser elaborado por un consejo o comisión diocesana compuesto del obispo, sacerdotes, religiosos, diáconos y laicos que se encarguen de realizar el Plan Pastoral, evaluarlo, corregirlo y que tenga autoridad para exigir su cumplimiento.[13]

47. Que las oficinas regionales y los equipos promotores:

    (a) continúen su función de asesoramiento para los planes pastorales diocesanos;

    (b) repartan y difundan las conclusiones y materiales a las diócesis y convoquen Encuentros Regionales cada dos años;

    (c) informen a la comunidad a través de los medios de comunicación sobre los resultados del III Encuentro;

    (d) aseguren la evaluación de la implementación del III Encuentro;

48. Establecer metas concretas en relación al programa del III Encuentro y evaluarlo periódicamente a nivel diocesano, regional y nacional.

49. Comenzar la implementación en los próximos 3 a 6 meses.

50. Usar el video del Papa para dar peso a nuestra labor ante los agentes pastorales y el pueblo.

51. Formar comunidades eclesiales de base para llevar a la práctica los compromisos del III Encuentro.

Delegados

Que los delegados al III Encuentro, como equipo efectivo:

52. Se reúnan con el equipo promotor diocesano para mantenerse al día con el desarrollo del Encuentro. Que esta primera reunión no tarde más de un mes después del III Encuentro, llevando el proceso de nuevo a la base.

53. Compartan, al regresar a sus diócesis, sus experiencias con los líderes de la comunidad en todos los niveles y les informen de todos los resultados del III Encuentro.

54. Organicen talleres de información sobre el desarrollo del III Encuentro para la comunidad y sus organizaciones (consejo parroquial, grupos de feligreses). Que el Apostolado Hispano de la Diócesis y el equipo promotor les brinde la ayuda material y técnica, especialmente en los lugares donde no hay apoyo de los párrocos.

Diócesis

¿Cómo llegar a las personas que no han estado involucradas en el proceso?

55. Que los obispos ya comprometidos con la comunidad hispana ejerzan sus buenos oficios para que aquellos obispos aún no incorporados a nuestros esfuerzos, se unan a la implementación de los compromisos del III Encuentro en sus respectivas diócesis. En este sentido, el Equipo Promotor Diocesano (EPD) podría organizar reuniones regulares para ayudar a las diócesis vecinas que no hubieran participado del proceso; asimismo, debiera hacerse llegar información sobre el III Encuentro a los seminarios y casas de formación religiosa en las diócesis que corresponda.

56. Motivar a los estudiantes y profesores de los colegios católicos para que se informen e interesen en el III Encuentro.

57. Incluir las líneas proféticas pastorales y los compromisos del III Encuentro en los programas de renovación espiritual, RENEW, retiros, cursillos, etc; aprovechando así las reuniones ordinarias de organizaciones existentes en la parroquia.

58. Sugerimos que las parroquias organicen un evento titulado "Domingo del III Encuentro", para difundir sus compromisos y contenidos entre la feligresía enfatizando la participación de agentes pastorales que no trabajan regularmente con los hispanos.

59. Instamos a desarrollar un proyecto misionero dirigido a quienes se han alejado de la Iglesia; integrándolos en pequeñas comunidades eclesiales, lo cual permitiría emplear eficientemente a los líderes disponibles. Debe procurarse que el material impreso a utilizarse esté redactado en lenguaje sencillo y de fácil comprensión. Los equipos promotores deberían estimular la formación de pequeñas comunidades eclesiales entre los trabajadores agrícolas migrantes. En otro plano, deben propiciarse líneas permanentes de intercambio con los diversos grupos étnicos con los cuales formamos esta Iglesia.

Secretariado Nacional

Que la oficina del Secretariado Nacional:

60. Publique y difunda las conclusiones del III Encuentro.

61. Promueva una campaña a todos los niveles—nacional, regional y diocesano—a través de los medios de comunicación: prensa, televisión, radio y material de audio-visuales, "panfletos", "posters", etc.—que cubra el desarrollo continuo del III Encuentro.

62. Establezca un domingo inmediato como el día Nacional del III Encuentro y que se celebre a todos los niveles (diocesano, regional y nacional), como la fiesta del Pueblo profético, con el propósito de celebración e información al pueblo de las líneas proféticas pastorales y los compromisos hechos en el III Encuentro.

63. Se asegure que los movimientos dentro de la Iglesia y las organizaciones nacionales revisen y planifiquen para que sus planes y programas existentes y futuros respondan a las líneas proféticas pastorales y a los compromisos del III Encuentro.

64. Haga una evaluación nacional dentro de tres años.

65. Organice un encuentro nacional cada cinco años.

Los Obispos

66. Que los obispos se reúnan con los delegados al III Encuentro para planificar la difusión de los acuerdos, y también en señal de reconocimiento y apoyo.

67. En sus diócesis, los obispos deberán reunirse con los párrocos, diáconos, religiosos y agentes de pastoral, para darles a conocer su cooperación en implementar los compromisos.

68. Pedimos a los obispos que convoquen jornadas de evaluación del III Encuentro. Estas jornadas serían el punto de partida de los preparativos con miras al IV Encuentro Nacional Hispano de Pastoral en 1992, conmemorando el Quinto Centenario de la Evangelización del Nuevo Mundo.

VI. Credo

La Espiritualidad del Encuentro Brota de las Vivencias Cristianas del Pueblo

En la mañana del 18 de Agosto de 1985 durante el III Encuentro grupos pequeños expresaron sus creencias como una parte integral del proceso. El "Credo" es un resumen de estas creencias; es una expresión de la fe de los delegados del Encuentro.

En un proceso semejante al que siguieron los cristianos en la Iglesia primitiva, los participantes en este Encuentro compartieron entre sí el significado de la presencia del Resucitado en su historia. Los relatos de sus vivencias cristianas, personales y comunitarias, permitieron descubrir la riqueza y profundidad de la fe del pueblo hispano hasta llegar a formular un Credo común.

> Al compartir nuestras vivencias vimos cómo se iba formando un arco iris. Este arco iris, símbolo de la alianza entre Dios y nosotros, dio sentido a nuestro Encuentro Nacional. Unidos en fe, esperanza y amor, vivimos este Encuentro entre nosotros y nuestro Dios como un festival de la Vida que el mismo Dios nos ofreció.

Colores, Luces y Tonos que Integran el Arco Iris de Nuestra Alianza con Dios

Creemos en la Santísima Trinidad, Dios Padre, Hijo y Espíritu Santo. Sentimos su obra poderosa en nuestro pueblo y la vemos como modelo a seguir.

Creemos en Dios Padre bondadoso y generoso, quien nos llamó y guió hasta aquí, sacándonos de la esclavitud de la discriminación a la libertad de estar unidos compartiendo nuestras experiencias y anhelos como cristianos.

Creemos en Jesucristo, nuestro Señor y Salvador, revelado en nuestra historia mediante su presencia amorosa y transformante que nos invita como pueblo a la construcción del Reino.

Creemos en el Espíritu Santo, en su inspiración y fortaleza dada a nuestros líderes así como en el amor, la luz, la unidad, que suscitó entre todos los aquí reunidos, haciendo evidentes los frutos actuales y futuros de este Encuentro.

Creemos en nuestra identificación con Cristo, como pueblo sufrido que somos, reconocemos, al igual que Él, la dignidad de todos los seres humanos y su liberación por medio del amor. Por eso, apoyamos y colaboramos en la lucha de los pobres, humillados y marginados construyendo así el Reino entre nosotros, hasta alcanzar todos la bienaventuranza eterna.

Creemos en el liderazgo de nuestros pastores y líderes políticos, de hombres y mujeres que trabajan y se sacrifican por el Reino.

Creemos en el papel de la mujer en la Iglesia y en la fuerza de superación de los jóvenes.

Creemos en una educación integral y justa, en nuestras comunidades como modelos de evangelización y en la justicia social como principios de la realización del Reino.

Creemos que para construir el Reino necesitamos conocer mejor a Cristo y vivir en un proceso de conversión personal continua. Reconocemos la necesidad del estudio, de crear medios de comunicación en nuestras comunidades, de nuestra entrega y compromiso para la acción en nuestras parroquias.

Creemos en la Iglesia Católica, integrada en Cristo a través de la comunión de nosotros los laicos con nuestros obispos, sacerdotes, religiosos y religiosas. Hemos descubierto el amor de nuestros pastores, nuestra misión de laicos y la grandeza de ser católicos.

Creemos en nuestra catolicidad, en la unidad de diversas razas y culturas que intercambian la riqueza de sus valores y talentos.

Creemos en la unidad de nuestra meta, en el caminar todos juntos en una Iglesia peregrina, guiada e impulsada siempre por Dios para construir su Reino.

Nos sentimos aceptados como hispanos, con nuestras riquezas y limitaciones, fruto de la realidad espiritual, cultural, económica y sociológica de nuestro pueblo.

Abrimos nuestros corazones para dejarnos evangelizar continuamente y para seguir con responsabilidad nuestra vocación de llevar la Buena Nueva a otras personas y grupos, en especial a los jóvenes y a los pobres.

47

Tenemos fe en nuestro pueblo porque sabemos que Dios lo ha resucitado, viviendo de manera especial y para siempre entre nosotros. Creemos que las aguas del Río Grande y del Mar Caribe son medios de unión, que al traernos aquí nos permiten ser instrumentos de Dios para fertilizar y enriquecer esta tierra que nos ha recibido.

Creemos que Dios está renovando a su Iglesia en los Estados Unidos por medio del entusiasmo, espíritu misionero y voz profética del pueblo Hispano católico.

Confiamos en la oración y la fuerza espiritual que nos brindan fe, esperanza, sencillez, buena voluntad y generosidad para aún en medio de frustraciones cumplir con nuestra misión evangelizadora, expresando con nuestros cánticos la alegría de tener a Cristo en nuestros corazones.

Creemos que el servicio es la mejor forma de evangelizar y que lo estamos haciendo mediante nuestra acción, siendo sembradores de la Palabra, fuentes de fe, buscadores incansables de la luz, instrumentos de saneamiento y reconciliación, voz profética del presente y signo de un nuevo amanecer en el mosaico católico norteamericano.

Creemos en el don de la voz profética dado por Dios a nuestro pueblo como un medio que promueve la unión y el amor necesario para la construcción del Reino. Creemos que este don nos compromete a extender el mensaje de Dios de una manera clara y eficaz y que para ello Dios ha dado a cada uno de nosotros dones especiales en beneficio de nuestro pueblo, de nuestra Iglesia en Norteamérica y a de todos nuestros hermanos en el mundo entero.

Sabemos que ser profético significa: escuchar y pasar adelante la voz de Dios que da esperanza y dirección a su Iglesia; denunciar los valores contrarios al Reino y trabajar activamente para que reine el Amor.

Nuestra voz profética busca nuevos hermanos y comparte con ellos nuestra experiencia del poder de Dios que transforma a su Iglesia.

Nuestro testimonio profético lo damos tanto por medio de nuestra voz como a través de nuestra vida.

Creemos en este Encuentro Nacional y en el proceso total de los encuentros de pastoral hispana, porque fue Dios quien nos llamó a participar en ellos, porque es Cristo quien nos invita a seguir caminando con Él en nuestra peregrinación hacia el Reino, porque es el Espíritu Santo quien iluminó a los obispos para que lo convocaran y nos ha guiado a todos para que por medio de estos Encuentros, realicemos nuestra misión como cristianos.

Creemos que este Encuentro ha formado lazos de unidad que nunca se romperán.

Creemos que el proceso de los Encuentros ha permitido a nuestro pueblo expresar su voz profética.

Creemos en las "Líneas Proféticas Pastorales" manifestadas mediante este Encuentro en relación a la Evangelización, Educación Integral, Justicia Social, Jóvenes y Formación de Líderes.

Creemos en nuestros líderes que han hecho posibles estos Encuentros, en especial en aquellos que han llevado el liderazgo pastoral de este III Encuentro.

Creemos en nuestra capacidad de trabajo pastoral y en nuestra visión, deseo y habilidad de seguir trabajando en conjunto.

Creemos en nuestro compromiso y responsabilidad como servidores del Señor que nos dedicaremos con más fervor y entrega a lograr que en nuestras parroquias se haga realidad lo que hemos propuesto aquí.

Estamos conscientes que tenemos frente a nosotros una jornada larga y que donde no hay camino, el Señor nos lo abrirá.

Creemos en María, nuestra madre, quien tomó nuestra cultura hispana bajo su protección, quien nos ha acompañado y nos acompañará siempre en nuestro caminar, trabajando para llevar el mensaje de Jesús al mundo entero.

Creemos en la intercesión de nuestra Madre querida y en su ejemplo de humildad, simplicidad y disponibilidad, que son base de nuestra cultura hispana.

Creemos que con María a nuestro lado, veremos nuestros sueños realizados.

Damos gracias a Dios por todas sus bendiciones a nuestro pueblo, por nuestra fe y cultura, por la llamada que Cristo nos ha hecho en estos tiempos, por la asistencia continua de su espíritu y por habernos permitido participar en este Encuentro. Amén.

VII. Una Reflexión Teológico-Pastoral

A continuación, presentamos el resultado de la Reflexión Teológico-Pastoral hecha por 35 agentes pastorales de todo el país en Seattle, Washington, del 1 al 4 de octubre de 1985 y por 17 obispos del Comité Ad Hoc para Asuntos Hispanos de la Conferencia Nacional de Obispos, en Tucson, Arizona del 21 al 22 de enero de 1986.

Dios Actúa a Nuestro Favor

El Plan de Dios de salvación es universal: se ofrece y se invita a todos a comprometerse como agentes de su realización.

El pueblo hispano, a través de su historia, ha ido tomando mayor conciencia de la presencia activa de Dios en su vida. Los encuentros han marcado momentos fuertes de diálogo del pueblo con Dios y en el seno de su Iglesia.

Dios, una vez más, revela su opción preferencial por los pobres al llamar al pueblo hispano a su vocación profética.[14] Nuestro pueblo asume la responsabilidad de esta llamada y experimenta el proceso del III Encuentro como un anticipo de la plenitud prometida. En torno a este Dios, que se ha revelado, y junto a su madre, María, el pueblo se alegra, celebra y festeja esta llamada.

Jesús en el Encuentro

En este momento de gracia *(Kairos)* que fue el proceso y evento del III Encuentro, en la búsqueda de recuperar y valorar su cultura e identidad, el pueblo hispano ha descubierto a Jesús encarnado en su propia historia que lo confirma en su dignidad como familia de Dios.[15]

El valorar la cultura, idioma, formas y estilo de vida, organización, y costumbres, ha creado en nuestro pueblo hispano mayor sensibilidad y solidaridad con otros grupos minoritarios y con los países del Tercer Mundo, desarrollando su dimensión de catolicidad que respeta y valora "las semillas del VERBO" presentes en todos los pueblos.[16]

A lo largo del Encuentro se ve una presencia original de Jesús, no tanto por las palabras, cuanto por los hechos. En éstos se reflejan como dos imágenes de Él: Jesús de Nazaret y el Cristo resucitado.

Nuestra fe en Jesús de Nazaret confirma, que promover la dignidad de la persona humana es esencial al Plan de Dios y que las situaciones de marginación, discriminación y de exclusión en que se niega esta dignidad, no es su plan.[17]

El III Encuentro fue una afirmación de la persona e hizo posible la participación responsable en igualdad. Esta experiencia de dignidad como persona también ha llevado a nuestro pueblo a una afirmación de la solidaridad humana, a una opción preferencial por los pobres y a una responsabilidad de buscar la justicia para todos, comprometiéndose a acciones de cambio para llegar a la comunión humana.[18]

La búsqueda y deseo de llegar a incluir en el proceso del III Encuentro a los alejados, el preocuparse por los marginados, la mujer, los migrantes, los indocumentados, los refugiados y presos, ha dado a nuestro pueblo la experiencia de identificarse con Jesús quien hace la misma opción. Desde esta opción, Jesús convoca a la creación de un pueblo de fe que se compromete con la liberación de sí mismo, y lo acompaña en su lucha y en los retos que se presentan.[19]

La práctica de Jesús nos enseña y anima a ser firmes y a aceptar las consecuencias de la opción preferencial por los pobres y la solidaridad con los mismos.

Esta experiencia de solidaridad nos lleva en fe a la afirmación de que todos los medios materiales y la tecnología deben estar al servicio de esta transformación de la sociedad y de la afirmación de la persona humana en vez de ser usados con fines materialistas e individualistas.

En la experiencia del III Encuentro y en la reflexión sobre su realidad, el pueblo fue tomando conciencia de la situación social, económica y política en que vive y ésto lo capacitó para crear un proyecto común superando los nacionalismos y madurando su conciencia de pueblo hispano.

Esta experiencia ayudó a nuestro pueblo a entender que el Reino de Dios que Jesús anuncia e inaugura, es tan importante que, en relación a él, todo es relativo.[20] Este Reino supone no sólo un cambio de corazón, sino también la superación de la explotación estructurada que sufre nuestro pueblo, que no debe seguir perpetuando y manteniendo situaciones y estructuras que son contrarias al Plan de Dios.

Esta conversión de corazón debe reflejarse también en las expectativas que el pueblo tiene aspirando a una participación en las estructuras de poder para transformarlas según los valores de las Bienaventuranzas y el Cántico de María.

El Reino también nos presenta un reto para que con libertad y creatividad vayamos desarrollando y apoyando modelos coherentes con los valores evangélicos tanto a nivel social como en la Iglesia. La tarea de la transformación y cambio es una responsabilidad comunitaria.[21]

La práctica histórica de Jesús revela la reconstrucción de la plenitud armónica entre mujer-hombre, joven-adulto-anciano, clases-razas, y lleva a una reconciliación fraterna.[22]

El III Encuentro, al convocar a nuestro pueblo para su reflexión en comunidad y grupos, le ha dado la oportunidad de experimentar el estilo de actuar de Jesús que crea un nuevo orden social donde se asegura la participación, la voz y la responsabilidad de cada uno, asumiendo así la tarea de ser agentes de su propia historia.[23]

A través de la experiencia de trabajar juntos como equipo, nuestro pueblo se educa a ejercitar el estilo de servicio que Jesús practicó en toda su vida, donde la autoridad no es dominio sino servicio y donde los ministerios no son cargos honoríficos, sino respuesta a necesidades.[24]

La realización del Reino a que Jesús nos invita, exige la colaboración con otros sectores sociales, personas y organizaciones que buscan establecer una sociedad fundada en los valores evangélicos.[25]

El pueblo hispano está consciente de los riesgos que traen estos compromisos, ya que vivir para el Reino supone una participación en la muerte y resurrección de Jesús.[26]

Como para Jesús, el Encuentro nos mostró la importancia de la oración y la exigencia de unión con el Padre, en el caminar también por nuestro "viacrucis". Pero la experiencia de este camino doloroso con Jesús, llevó también a la vivencia profunda de la paz de Cristo Resucitado. Esto se ha experimentado al encontrar ese otro rostro de Cristo que se revela como la nueva creación en la proclamación y realización de los nuevos valores de respeto a la persona, solidaridad entre nosotros, con todos los pueblos, en la sencillez, la alegría, la esperanza mantenida

en medio de siglos de opresión con mártires vivos y muertos de nuestro continente. Esta esperanza se muestra también en el anuncio de un nuevo orden social, la alegría de ser testigos del Resucitado y el nuevo estilo de Iglesia que el pueblo empieza a vivir.

Un Nuevo Estilo de Iglesia

Este nuevo estilo de Iglesia es uno de los aspectos más ricos de todo el Encuentro.[27] Como parte de la Iglesia de los Estados Unidos, la comunidad hispana proclama en el evento y realiza a lo largo del proceso un modelo de Iglesia en el que sobresale la dimensión profética.[28]

En este proceso se ha pasado de ser "voz profética" a articular y vivir compromisos proféticos que se manifiestan en un pueblo que siendo minoría, sin facilidades económicas, sin suficientes agentes de pastoral especializados, con pocos líderes y sin suficiente apoyo, desafiando todas estas limitaciones ha sido capaz de vivir un proceso que es ya un modo diferente de ser Iglesia. Dentro de la Iglesia mayoritaria, el proceso desafía al estilo común de hacer pastoral y evangelizar.

En este proceso, se parte de la realidad socio-religiosa, se analiza y juzga ésta a la luz del evangelio y las enseñanzas de la Iglesia y se actúa sobre ella con esta misma luz.[29]

La Iglesia se encarna y quiere caminar con el pueblo en toda su realidad cultural, política y religiosa; realiza esta encarnación siempre en una dimensión comunitaria, viviendo e impulsando variedad de expresiones comunitarias: familias, equipos promotores, equipos móviles, CEB, pequeñas comunidades, equipos pastorales y otros,[30] haciendo realidad, en intensidad y extensión, la experiencia de la Pastoral de Conjunto.[31]

Esta comunidad ve la necesidad y asume la responsabilidad de suscitar, formar y acompañar a sus líderes y ministros.[32]

También destaca la dimensión evangelizadora que compromete a una actividad misionera, enfatizando una evangelización dirigida preferencialmente a las personas y grupos más apartados.[33] Esta evangelización se realiza, desde pequeños grupos y comunidades (CEB, equipos móviles, grupos de visita y otros).

Se promueve una evangelización integral, que enfatiza y se compromete con la justicia social y se auto-exige la justicia que predica.[34]

Esta evangelización se concibe de un modo circular y abierto: los agentes y comunidades en su proceso de evangelizar son, al mismo tiempo evangelizadores y evangelizados.

A lo largo del proceso y evento, se ha manifestado un profundo deseo e incluso, a veces ansiedad de integración y unidad en la Iglesia Católica de los Estados Unidos. Toda la experiencia promueve la unidad y la participación. Sí, los hispanos quieren tener participación plena como miembros de esta Iglesia, pero sin tener que pagar por ello el precio de renunciar a su cultura y modo propio de expresión de la fe.[35]

La experiencia y visión del III Encuentro asumen las expresadas y vividas en el I y II, mientras suponen una profundización sobre los mismos.

Esta visión teológico-pastoral exige al pueblo hispano y a la Iglesia mayoritaria una continua conversión, puesto que todos somos una Iglesia Peregrina.

Iglesia Profética

En este estilo de Iglesia se destaca también el papel profético, sobre todo en aquellos temas más sobresalientes de la realidad en que vivimos. Esta Iglesia, siguiendo al Vaticano II, no se queda mirando sólo hacia sí misma, se asoma al mundo en su totalidad para realizar en él la presencia de Dios que anuncia otros valores y denuncia el pecado.

Se condena la carrera armamentista, todo aquello de los medios de comunicación social que aliena a la persona e impide su libertad como el consumismo, el erotismo, la pornografía, etc.. Denuncia también los sistemas sociales y políticos que en vez de servir para el crecimiento de la persona humana son elementos opresores. Por eso se ve de un modo especial la necesidad de promoción de un liderazgo que no solo trabaje dentro de la Iglesia, sino que penetre en los focos de influencia de toda la sociedad, para ser fermento del Reino.

En medio de una sociedad competitiva que protege a los privilegiados, el estilo de Iglesia de nuestro Encuentro,—siguiendo al Vaticano II, a Puebla, al magisterio de los Papas y sobre todo al mismo Jesús—opta por la familia, los más pobres, los jóvenes, la mujer, los derechos de aquellos no nacidos, los indocumentados, los campesinos y de todos los marginados de la sociedad.

VIII. Mística

Estas oraciones recogen los valores y los sentimientos que nos iluminan, motivan y mueven en nuestro caminar como pueblo hispano, como discípulos de Jesús y como miembros de la Iglesia a través de la historia.

Ellas expresan la "mística" que inspira nuestra respuesta a Dios en el seno de la Iglesia y la sociedad.

Estas oraciones son expresiones de nuestra espiritualidad.

Las siguientes Letanías y oración fueron compuestas por los obispos miembros del Comité Ad Hoc para Asuntos Hispanos durante su Reflexión Teológico-Pastoral en Tucson, Arizona del 21 al 22 de enero de 1986.

Primera Letanía

- Por el amor que nos tienes a todos y que crea una sola confianza en todo tu pueblo, te damos gracias, Señor.
- Por el respeto que tu pueblo tiene en tu sabiduría y en tu Justicia, te damos gracias, Señor.
- Por habernos dado a María como modelo e inspiración de docilidad al Espíritu Santo, te damos gracias, Señor.
- Porque el aprecio por la Pasión de Cristo ha movido a nuestro pueblo a llevar su cruz con sentido redentor, te damos gracias, Señor.
- Por los símbolos de nuestra herencia que brotan de la religiosidad popular, la música, la danza y los colores de la tierra, te damos gracias, Señor.
- Por la ternura que haces experimentar a nuestro pueblo a lo largo de su historia con la presencia de María, te damos gracias, Señor.
- Por la solidaridad de los obispos en el caminar de nuestra Iglesia, te damos gracias, Señor.
- Por el don de la alegría del Evangelio en nuestro Pueblo te damos gracias, Señor.
- Por darnos a entender que nuestra vida es una peregrinación hacia Ti y por revelarnos que nuestras acciones tienen un valor que trasciende la vida mortal, te damos gracias, Señor.
- Por el don de tu presencia entre nosotros que nos anima y conforta en toda situación alegre o adversa, te damos gracias, Señor.
- Por el deseo que nuestro pueblo tiene de cumplir en su vida tu voluntad, te damos gracias, Señor.
- Por alimentarnos en los pequeños grupos con tu palabra y sacramento, te damos gracias, Señor.

- Por darnos a entender cómo usas a los débiles para confundir a los poderosos, te damos gracias, Señor.
- Por ayudarnos a mantener nuestra fe, aún en medio del sufrimiento, te damos gracias, Señor.

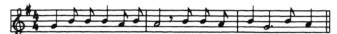

Te damos gracias, Señor, te damos gracias, Señor

Segunda Letanía

Señor, tú nos has llamado a ser tus pastores, a ayudarte a alimentar y guiar a tu pueblo. Este don nos ha permitido descubrir la dignidad, la belleza y la generosidad de tu pueblo y tu presencia en él.

- Por el don de ser los servidores de tu pueblo, te damos gracias, Señor.
- Por aprender a "ser pobres y justos" con ellos, te damos gracias, Señor.
- Por descubrir tu presencia en tu pueblo, te damos gracias, Señor.
- Por el anhelo de tu pueblo en servirnos y en servirse unos a otros, te damos gracias, Señor.
- Por el respeto y el amor de tu pueblo para nosotros y de unos a otros, te damos gracias, Señor.
- Por el espíritu de unidad, hospitalidad, comunidad y compromiso de tu pueblo, que los mueve a romper barreras entre pueblos, te damos gracias, Señor.
- Por el don de la esperanza en tu pueblo, que no sólo es promesa de una mejor vida, sino que también le motiva a luchar por una nueva sociedad en solidaridad con aquellos que también sufren, te damos gracias, Señor.
- Por el espíritu de oración, alegría y celebración de tu pueblo expresado en fiesta como manifestación de la resurrección, te damos gracias, Señor.
- Por la expresión de amor por Jesús y su Madre en el corazón de tu pueblo, te damos gracias, Señor.
- Por estos y todos los dones maravillosos que compartimos con tu pueblo, te damos gracias, Señor.

La música fue compuesta por Monseñor José J. Madera MSpS, Obispo de Fresno, para la Reflexión Teológico-Pastoral llevada a cabo en Tucson, Arizona del 21 al 22 de enero de 1986. Se obtuvo permiso para su uso.

Oración

Dios mío,

Te damos gracias por nuestra alegría, por nuestra fe en ti y en tu presencia activa. Por el don de la esperanza que no es tan sólo la promesa de una vida mejor, sino que también es la motivación de trabajar para lograr una sociedad en la cual se respete a cada una de las personas.

Te damos gracias por nuestra esperanza, que no ha sido ahogada ni siquiera por el sufrimiento, sino que por el contrario, se ha desarrollado y hoy nos impulsa a luchar en solidaridad con aquellos que sufren como nosotros.

Te damos gracias por el don de hospitalidad que nos lleva a crear una Iglesia abierta a todos, una Iglesia que respeta a todos y cada una de las personas.

Te damos gracias por nuestro arraigado sentido familiar que nos motiva a derribar barreras entre las personas y a formar una verdadera comunidad de hermanas y hermanos.

Danos la fe para discernir tu camino y la fuerza para perseverar en la fe.

Amén.

La siguiente Oración fue compuesta por los agentes pastorales durante la Reflexión Teológica-Pastoral en Seattle, Washington en octubre 1 al 4 de 1985.

Oración

¡Oh Señor! que eres el Amo de todo,
Nosotros, los hispanos de los Estados Unidos
conscientes de ser un pueblo de identidad propia
nacidos de unas raíces, tradiciones culturales, lenguaje
y fe comunes
y unidos en esta diversidad, te dirigimos esta oración:

Amo y Señor de la historia,
nosotros, tu pueblo que experimenta hambre y dolor,
hacemos una opción preferencial por los pobres y nos
erguimos en solidaridad con esta humanidad que sufre.

De tu seno Creador hemos nacido,
somos tu familia, tu pueblo creyente.
En este momento de gracia sentimos tu llamado
hacia la "Misión Profética".
Trabajamos en equipo, participamos en comunidad y
hablamos en nombre tuyo a la Iglesia y a la sociedad.

Levantados como pueblo y dispuestos a ser autores de nuestra propia historia, caminamos con esperanza y marchamos en un proceso continuo. Juntos contribuimos a la venida del Reino de Dios aquí y hoy, luchando para establecer una nueva sociedad cuya economía, relaciones y valores estén basados en el amor y la justicia de tu hijo Jesucristo.

Esto te lo pedimos en compañía de María la Madre de los creyentes.

Amén.

Agradecimiento

Comité Ad Hoc de NCCB para Asuntos Hispanos

Miembros

Most Rev. Roberto F. Sánchez,
    Archbishop of Santa Fe, Presidente
Most Rev. Juan Arzube,
    Auxiliary Bishop of Los Angeles
Most Rev. Thomas A. Donnellan,
    Archbishop of Atlanta
Most Rev. Paul Donovan,
    Bishop of Kalamazoo
Most Rev. Patrick F. Flores,
    Archbishop of San Antonio
Most Rev. Francisco Garmendia,
    Auxiliary Bishop of New York
Most Rev. Joseph L. Imesch,
    Bishop of Joliet
Most Rev. José Madera,
    Bishop of Fresno
Most Rev. Edward A. McCarthy,
    Archbishop of Miami
Most Rev. Manuel Moreno,
    Bishop of Tucson
Most Rev. Peter A. Rosazza,
    Auxiliary Bishop of Hartford
Most Rev. Michael Sheehan,
    Bishop of Lubbock
Most Rev. William S. Skylstad,
    Bishop of Yakima
Most Rev. Paul E. Waldschmidt,
    Auxiliary Bishop of Portland

Asesores

Most Rev. David Arias,
    Auxiliary Bishop of Newark
Most Rev. Gilbert E. Chávez,
    Auxiliary Bishop of San Diego
Most Rev. Álvaro Corrada,
    Auxiliary Bishop of Washington, D.C.
Most Rev. Alphonse Gallegos,
    Auxiliary Bishop of Sacramento

Most Rev. René Gracida,
    Bishop of Corpus Christi
Most Rev. Roger M. Mahony,
    Archbishop of Los Angeles
Most Rev. Raymond J. Peña,
    Bishop of El Paso
Most Rev. Ricardo Ramírez,
    Bishop of Las Cruces
Most Rev. Plácido Rodríguez,
    Auxiliary Bishop of Chicago
Most Rev. Agustín Román,
    Auxiliary Bishop of Miami
Most Rev. Arthur N. Tafoya,
    Bishop of Pueblo
Most Rev. René Valero,
    Auxiliary Bishop of Brooklyn

Secretariado para Asuntos Hispanos de NCCB/USCC

Mr. Pablo Sedillo, Director
Rev. Vicente O. López
Ms. Rose Marie Salazar
Mrs. Rosalva Castañeda
Mrs. Carmen C. Etienne

Comité Ejecutivo para el III Encuentro

Rev. Juan Romero,
    Coordinador National del III Encuentro
Sr. Consuelo Tovar, Presidenta
Most Rev. Juan Arzube
Mr. Jimmy López
Sr. Dolorita Martínez
Sr. Elisa Rodríguez
Rev. James Tamayo
Rev. Mario Vizcaíno

Equipo Promotor Nacional, (EPN)

Mr. Pepe Alonso
Mr. Leonard Anguiano
Rev. Msgr John Campbell
Rev. Eugene Cañas
Rev. Ricardo Chávez
Most Rev. Alvaro Corrada
Mr. Raúl Feliciano
Rev. Ramón Gaitán
Sr. Soledad Galerón
Rev. Rudy Juárez
Mr. Eduardo Kalbfleish
Rev. Tom Kozeny
Sr. Elisa Martínez
Mr. Enrique Méndez
Mrs. Olga Villa Parra
Rev. Pedro Ramirez
Most Rev. Agustín Román
Mr. Primitivo Romero

Mr. Reyes Ruiz
Mr. Benito Serenil
Rev. Juan Sosa
Mr. Baldomero Torres
Mrs. Mavi Torres
Ms. Carmen Villegas
Sr. María de Jesús Ybarra
Sr. Dominga Zapata
Sr. Rosa Marta Zárate

Equipo Facilitador Nacional

Sr. Carolee Chanona
Rev. George Crespín
Ms. Maria Luisa Gastón
Rev. José Marins
Rev. Domingo Rodríguez
Sr. Teolide Trevisán

Notas

1. Conferencia Nacional de Obispos Católicos, *La Presencia Hispana: Esperanza y Compromiso* (*HP*), carta pastoral de los Obispos de los Estados Unidos (Washington, D.C.: Office of Publishing and Promotion Services, 1983) no. 18.

2. Papa Pablo VI, *Evangelii Nuntiandi* (*EN*), exhortación apostólica sobre La Evangelización en el Mundo Moderno, (Washington, D.C.: Office of Publishing and Promotion Services, 1975), no. 20.

3. III Encuentro Nacional Hispano de Pastoral, *Documento de Trabajo* (Washington, D.C., Agosto 1985), no. 8, p. 4.

4. *Conclusiones de Puebla de la III Conferencia General de Obispos Latinoamericanos,* "La Evangelización en el Presente y en el Futuro de América Latina" (Washington. D.C.: USCC Office of Publishing and Promotion Services, 1979), no. 1026.

5. *Documento de Trabajo,* no. 1, p. 85.

6. Ibid., no. 7, p. 88.

7. Ibid.

8. Ibid., no. 9, p. 89.

9. Ibid.

10. CPPH, no. 7.

11. *Documento de Trabajo,* no. 7, p. 110.

12. Ibid., no. 9, p. 4.

13. Ibid., no. 9.2, p. 5.

14. Cf. Lc 4:18-19; Mt 11:3-5; *EN*, no. 12; Concilio Vaticano II, *Lumen Gentium* (*LG*) (Constitución Dogmática de la Iglesia), no. 8.

15. Cf. Fil 2:6-11; Gal 4:4; Concilio Vaticano II, *Ad Gentes* (*AG*) (Decreto sobre la Actividad Misionera de la Iglesia), no. 3.

16. CF. Concilio Vaticano II, *Gaudium et Spes* (*GS*) (Constitución Pastoral de la Iglesia en el Mundo Moderno), no. 57; CPPH, no. 14.

17. Cf. *GS*, no. 17; *EN*, nos. 30-31; Comisión Pontificia para Medios de Comunicación Social, *Communio et Progressio* (*CP*) (Comunicaciones: Institución Pastoral sobre los Medios de Comunicación, Opinión Pública y Progreso Humano) (Washington, D.C.: USCC Office of Publishing and Promotion Services, 1971), ch. 1; CPPH, no. 3.a.

18. Cf Mt 25:34-45; Rom 8:28-30; *LG*, no. 9; *EN*, no. 36; II Encuentro Nacional Hispano de Pastoral (*II ENHP*), "Evangelización y Responsabilidad Política" en *Conclusiones* (Washington, D.C.: Secretariado de Asuntos Hispanos de USCC, 1977) no. 2.

19. Cf. 1 Pe 2:9; *EN*, no. 13.

20. Cf. Mt 6:32; *EN*, no. 8.

21. Cf. Mt 4:17, 5:1-12; *EN*, nos. 10, 18-19.

22. Cf. Fil 2:6-11: Gal 3:27-28.

23. CPPH, no. 12.b.

24. Cf Jn 13:4-17.

25. *GS*, no. 42; *CP*, ch. 1.

26. Cf. Jn 12:23-26; Mt 16:24-26.

27. *II ENHP*, no. 4c.

28. *LG*, nos. 12, 35; obispos hispanos de los Estados Unidos, carta pastoral *Los Obispos Hablan con la Virgen* (*CPOH*) (Washington, D.C., 1982), ch. 2, b; *CPPH*, no. 16.

29. *GS*, no. 3.

30. Hch 2:42-47; *GS*, no. 1; *EN*, no. 58; *CPOH*, ch. 3, a, b, c; *CPPH*, no. 3.c.

31. *CPPH*, nos. 11-12; Puebla, nos. 642, 1222, 1307.

32. *CPPH*, no. 12.d.

33. *EN*, nos. 59-60, 63.

34. *LG*, no. 8, Papa Pablo VI, *Populorum Progressio (PP)* Encíclica sobre el Desarrollo de los Pueblos, (Washington, D.C.: Office of Publishing Services de la USCC, 1967), no. 82; *CPPH*, no. 12.i.

35. *GS*, no. 53; *EN*, nos. 20, 62-63.

Plan Pastoral Nacional para el Ministerio Hispano

Aprobado en noviembre de 1987
Primera publicación en enero de 1988

Contenido

Prefacio

1. Este Plan Pastoral va dirigido a toda la Iglesia de los Estados Unidos. Enfoca las necesidades pastorales de los hispanos católicos pero es un reto también a todos los católicos como miembros del mismo Cuerpo de Cristo.[1]

   Pedimos que este plan se estudie cuidadosamente y se tome en serio porque es el resultado de años de trabajo en el que participaron miles de personas que tomaron parte en el III Encuentro y es una elaboración de estrategias basadas en las Conclusiones de dicho Encuentro.

2. Nosotros, los Obispos de los Estados Unidos, adoptamos los objetivos de este plan y endosamos los medios específicos para alcanzarlos que están contenidos aquí. Pedimos a las diócesis y parroquias que incorporen este plan con el debido respeto por las adaptaciones locales. Lo hacemos con un sentido de urgencia y en respuesta al enorme reto que encierra la presencia de un número creciente de hispanos en los Estados Unidos. No sólo aceptamos esta presencia dentro de nosotros como parte de nuestra responsabilidad pastoral, concientes de la misión que nos encomendó Cristo,[2] sino que lo hacemos con alegría y gratitud. Como dijimos en la Carta Pastoral de 1983, "En este momento de gracia reconocemos que la comunidad hispana que vive entre nosotros es una bendición de Dios".[3]

   Presentamos este plan en espíritu de fe: fe en Dios que nos dará la fuerza y los recursos para llevar a cabo su plan divino en la tierra; fe en todo el Pueblo de Dios y en su colaboración en la grandiosa tarea ante nosotros; fe en los católicos hispanos y en que ellos se unirán con el resto de la Iglesia para edificar todo el Cuerpo de Cristo. Dedicamos este plan para honor y gloria de Dios, y en este Año Mariano invocamos la intercesión de la Bienaventurada Virgen María bajo el título de Nuestra Señora de Guadalupe.

I. Introducción

3. Este Plan Pastoral Nacional es el resultado del compromiso expresado en nuestra Carta Pastoral sobre el Ministerio Hispano, *La Presencia Hispana: Esperanza y Compromiso.*

   Esperamos analizar las conclusiones del III Encuentro de modo que nos sirvan de base para lograr la formulación de un Plan Pastoral Nacional de Ministerio Hispano, que será considerado en nuestra asamblea general en la primera fecha posible después del Encuentro.[4]

   Este plan es una respuesta pastoral a la realidad y a las necesidades de los hispanos en sus esfuerzos para lograr la integración y la participación en la vida de nuestra Iglesia y en la edificación del Reino de Dios.

4. La integración no debe confundirse con la asimilación. Por medio de una política de asimilación, los nuevos inmigrantes son forzados a abandonar su idioma, cultura, valores, tradiciones y a adoptar una forma de vida y un culto que son extraños para poder ser aceptados como miembros de la parroquia. Esta actitud aleja a los nuevos inmigrantes católicos de la Iglesia y los hace víctimas de las sectas y de otras denominaciones.

   La integración quiere decir que los hispanos deben ser bienvenidos a nuestras instituciones eclesiásticas en todos los círculos. Deben ser servidos en su idioma siempre que sea posible y se deben respetar sus valores y tradiciones religiosas. Además debemos trabajar para el enriquecimiento mutuo por medio del intercambio de las dos culturas. Nuestros planteles deben ser accesibles a la comunidad hispana. La participación hispana en las instituciones, programas y actividades de la Iglesia se debe procurar y apreciar. Este plan trata de organizar y dirigir la mejor manera de realizar esta integración.

5. Este plan tiene su origen en nuestra Carta Pastoral, y está basado en el Documento de Trabajo del III Encuentro y en las Conclusiones del mismo. Toma en serio el contenido de estos documentos y busca la manera de implementarlos.

   También toma en cuenta la realidad socio-cultural de los hispanos y sugiere un estilo de ministerio pastoral y modelo de Iglesia en armonía con su fe y cultura. Por esta razón requiere una afirmación explícita del concepto del pluralismo cultural en nuestra Iglesia dentro de la unidad fundamental de la doctrina como lo ha expresado muchas veces nuestro Magisterio.[5]

   Este plan usa la metodología de la *Pastoral de Conjunto* donde todos los elementos del ministerio pastoral, todas las estructuras, y todas las actividades de los agentes pastorales, hispanos y no hispanos, se coordinan en relación a un objetivo común. Para integrar este plan dentro del proceso de planificación de las organizaciones, departamentos y agencias de la Iglesia en todos los ámbitos (nacional, regional, diocesano, parroquial) requerirá la adaptación local para que todos los elementos del ministerio pastoral operen armoniosamente.

   El Objetivo General del plan es una síntesis de las Líneas Proféticas Pastorales aprobadas en el III Encuentro y presenta una visión y orientación para todas las actividades pastorales.[6]

   Este documento es también una respuesta al proselitismo de las sectas. Para que sea efectivo es necesario que se renueven las estructuras parroquiales, que haya participación activa de parte de los párrocos y administradores y una actitud misionera renovada en todos los sectores de la Iglesia.[7]

6. *La planificación pastoral* es la organización efectiva del proceso total de la vida de la Iglesia para llevar a cabo la misión de ser levadura del Reino de Dios en este mundo. La planificación pastoral incluye estos elementos:

   - análisis de la realidad en la que la Iglesia debe llevar a cabo su misión.
   - reflexión sobre esta realidad a la luz del Evangelio y de las enseñanzas de la Iglesia;
   - compromiso a la acción basada en la reflexión;
   - reflexión teológica pastoral sobre este proceso;
   - elaboración de un plan pastoral;
   - implementación;
   - evaluación continua de lo que se va haciendo;
   - y la celebración de los logros de esta experiencia viva siempre dentro del contexto de la oración y su relación a la vida.

La Pastoral de Conjunto es un ministerio corresponsable y colaborador que incluye la coordinación de los agentes pastorales de todos los elementos de la vida pastoral y de las estructuras de las mismas con miras a una meta común: el Reino de Dios.

Este Plan Pastoral es un instrumento técnico que organiza, facilita y coordina las actividades de la Iglesia en la realización de su misión evangelizadora. Este plan está al servicio de la Pastoral de Conjunto. No es sólo una metodología sino una expresión de la esencia de la Iglesia y de su misión que es la comunión.

PROCESO DE PLANIFICACION PASTORAL

III ENCUENTRO

7. EVALUACION

1. ANALISIS DE LA REALIDAD

REALIDAD

6. IMPLEMENTACION

2. DISCERNIMIENTO

MISION

5. PLAN

3. DECISION

CONCLUSIONES DEL ENCUENTRO

COMUNIDAD ECLESIAL

4. REFLEXION TEOLOGICA

CELEBRACION

MISTICA

ESPIRITUALIDAD

II. Marco de la Realidad Hispana

A. Historia

7. La presencia Hispana en las Américas empezó juntamente con el primer viaje del descubrimiento de Cristóbal Colón en 1492, y la primera evangelización cristiana empezó en 1493 con los asentamientos españoles en la Hispaniola. El evento fue un encuentro más que un descubrimiento porque los europeos se mezclaron rápidamente con los nativos de las Américas que poseían culturas sofisticadas y desarrolladas, y así se dio inicio a una nueva era y a un nuevo pueblo, es decir, a un verdadero "mestizaje".

En busca de tierras y de trabajadores, los españoles pronto encontraron la región que un día habría de convertirse en los Estados Unidos. En el 1513 Ponce de León exploró las costas de la Florida; luego, Pánfilo de Narváez trató de establecerse en la Florida en el 1527 mientras que al mismo tiempo Nuño de Guzmán avanzaba en las tierras al norte de México. Los sobrevivientes de la fracasada expedición de Narváez trajeron noticias de muchas tribus y grandes riquezas. Fray Marcos de Niza respondió en el 1539 con una expedición a las cercanías de las Rocosas que precedió a la de Francisco Vásquez de Coronado. Un año más tarde, Fray Juan Padilla dio su vida como mártir en las llanuras de Kansas. El Padre Luis Cáncer, un misionero dominico, dio su vida en la Florida en 1549. A pesar de los fracasos, Pedro Menéndez de Avilés siguió adelante y fundó la ciudad de San Agustín en 1565. Misioneros jesuitas llegaron a la Bahía de Cheasapeake solo para abandonarla mucho antes que Roanoke. Un mapa del 1529 ilustrado por el cartógrafo de la corte española, Diego Ribero, muestra que los misioneros y exploradores llegaron en el norte hasta Maryland, New York y Nueva Inglaterra y dieron nombres españoles a los ríos y montañas que vieron. En el oeste lejano, adventureros entraban en Nuevo México donde misioneros perdieron la vida en esfuerzos evangelizadores que fracasaron. No fue hasta que Juan de Oñate llegó en 1598 con decenas de nuevos colonizadores que la estabilidad llegó finalmente. Generaciones antes que los Peregrinos construyeran sus tenues colonias, los misioneros españoles luchaban por traer las Américas al rebaño de Cristo.

8. En el siglo XVII los misioneros franciscanos levantaron iglesias elegantes en los pueblos de Nuevo México; los jesuitas en las laderas del oeste de Nueva España integraron las dispersas rancherías de los indios en eficientes sistemas sociales que elevaron el estilo de vida en la América árida. Pero la importancia primaria de la evangelización como piedra angular de la política real española sucumbió ante las ambiciones políticas del siglo XVIII. Las misiones cayeron víctimas del secularismo. Primero, los jesuitas fueron exilados y la orden suprimida; los franciscanos y los dominicos trataron valientemente de detener la ola de absolutismo pero sus miembros se decimaron rápidamente y los servicios de la Iglesia para los pobres se desmoronaron.

La independencia arrasó a México y las provincias de Nueva España, ahora los estados de una nueva república, cayeron ante los ejércitos de los Estados Unidos. En las provisiones del Tratado de Guadalupe Hidalgo de 1848 los territorios de las viejas misiones fueron anexados a los crecientes Estados Unidos. La Florida española y Louisiana, francesa por un tiempo, eran estrellas en el campo azul de la conquista; y del Mississippi a las costas del Pacifico, las fronteras del mestizaje fueron puestas bajo la ley y las costumbres inglesas.

9. El siglo XIX se caracterizó por décadas de negligencia y ajustes. Las poblaciones hispanas y nativo-americanas fueron mal servidas e ignoradas. Las gentes de la meseta continuaron moviéndose hacia el norte como lo venían haciendo por más de un milenio pero ahora se encontraban con un nuevo imperio que inundaba sitios familiares y también las familias.

Las condiciones políticas y sociales del siglo XX han seguido incrementando la migración hacia el norte. Nuevas avenidas de inmigración se abrieron desde las islas: puertorriqueños, cubanos, dominicanos han invadido la costa este. Los mexicanos continúan su viaje hacia el norte en busca de trabajo y oportunidad. Y las condiciones empeoradas de América Central y del Sur han añadido miles al flujo de inmigrantes que hablan el mismo idioma que una vez dominaba a la América del Norte pero ahora es despreciado por muchos que ignoran el profundo poder cultural que ejerce en todo el mundo.

Los Estados Unidos de América no es toda la América. Hablamos de las Américas para describir un hemisferio de muchas culturas y tres idiomas dominantes—dos de la península ibérica y el otro de una isla del Atlántico norte. Ya que la Iglesia es la guardiana de la misión de Jesucristo, tiene siempre que acomodar las poblaciones cambiantes y las culturas en transición del mundo. Si la Iglesia está impregnada de normas culturales entonces divide y separa; pero si reemplaza normas culturales con la importancia suprema del amor, une a los muchos en el Cuerpo de Cristo sin disolver las diferencias ni destruir la identidad.

B. Cultura

10. La realidad histórica del Suroeste, la proximidad de los países de origen y la continua inmigración, contribuyen al mantenimiento de la cultura y el idioma hispano dentro de los Estados Unidos. Esta presencia cultural se expresa de muchas maneras: en el inmigrante que siente el "choque cultural" o en el hispano que tiene raíces en los Estados Unidos que datan de varias generaciones y que lucha con preguntas sobre su identidad mientras que frecuentemente se le hace sentir como un extraño en su propio país.

A pesar de estas diferencias, hay ciertas similitudes culturales que identifican a los hispanos como pueblo. La cultura expresa principalmente como un pueblo vive y percibe el mundo, los demás y Dios. La cultura es el conjunto de valores con los cuales un pueblo juzga, acepta y vive lo que considera importante para la comunidad.

Algunos valores que son partes de la cultura hispana incluyen "un profundo respeto por la dignidad de cada *persona*...un profundo y respetuoso amor por la *vida familiar*...un maravilloso sentido de *comunidad*...un afectuoso agradecimiento por la *vida*, don de Dios...y una auténtica y firme *devoción a María*".[8]

Para los hispanos católicos, la cultura se ha convertido en un modo de vivir la fe y de transmitirla. Muchas prácticas locales de piedad popular se han convertido en expresiones culturales generalmente aceptadas. Pero la cultura hispana, al igual que todas las demás, tiene que ser evangelizada continuamente.[9]

C. Realidad Social

11. La edad promedio de los hispanos es de 25 años. Este hecho junto con el flujo continuo de inmigrantes asegura un aumento constante a la población.

Falta de educación y preparación profesional contribuyen a un alto grado de desempleo. Ni la educación pública ni la privada han respondido a las necesidades urgentes de esta población. Sólo 8% de hispanos se gradúa de universidad.[10]

Las familias se enfrentan a una gran variedad de problemas. El 25% de ellas vive en la pobreza y el 28% son familias con sólo padre o madre.[11]

Gran movilidad, educación deficiente, economía limitada y prejuicio racial son algunos de los factores que influyen en la poca participación de hispanos en las actividades políticas.

En conjunto, los hispanos son un pueblo religioso. Un 83% considera que la religión es importante. Tienen gran interés en conocer mejor la Biblia y hay un gran apego a la prácticas religiosas populares.[12]

A pesar de esto, un 88% no son activos en sus parroquias. Sin embargo, Testigos de Jehová, grupos Pentecostales y otras sectas están aumentando dentro de la comunidad hispana. Según estudios recientes, los pobres, los hombres y los hispanos de la segunda generación son los que menos participan en la vida de la Iglesia. [13]

Diagnóstico

12. (1) El patrimonio católico y la identidad cultural de los hispanos están siendo amenazados por los valores seculares que predominan en la sociedad americana. Los hispanos participan al margen de la Iglesia y de la sociedad y sufren las consecuencias de la pobreza y de la marginación.

(2) Estas mismas personas, debido a su gran sentido religioso, de familia y de comunidad, son una presencia profética frente al materialismo e individualismo de la sociedad. Por el hecho de que la mayoría de los hispanos son católicos, su presencia puede ser una

fuente de renovación dentro de la Iglesia Católica en Norteamérica. A causa de su juventud y crecimiento, esta comunidad continuará siendo una presencia importante en el futuro.

(3) El proceso pastoral actual ofrece posibilidades magníficas en el aspecto social y religioso: más participación activa en la Iglesia, una crítica a la sociedad con la perspectiva de los pobres y un compromiso con la justicia social.

(4) Al acercarse el año 1992 con la celebración del quinto centenario de la evangelización de las Américas, es más importante que nunca que los hispanos en los Estados Unidos recobren su identidad y su catolicismo, vuelvan a ser re-evangelizados por la Palabra de Dios y forjen una unidad muy necesaria entre todos los hispanos que han venido desde todo el mundo donde se habla español.

III. Marco Doctrinal

13. La misión de la Iglesia es continuar el trabajo de Jesús: anunciar el Reino de Dios y los medios para alcanzarlo.[14] Es la proclamación de lo que habrá de venir y también la anticipación de esa plenitud aquí y ahora en el proceso de la historia. El Reino que Jesús proclama e inicia es tan importante que todo lo demás es relativo ante esa realidad.[15]

   La Iglesia, como comunidad, lleva a cabo la misión de Jesús entrando en la realidad cultural, religiosa y social de los pueblos y encarnándose en ellos y con ellos, "en virtud de su misión y naturaleza, no está ligada a ninguna forma particular de civilización humana ni a sistema alguno político, económico o social".[16] Por lo tanto ella puede predicar la necesidad que todos tienen de la conversión, de afirmar la dignidad de la persona y de buscar la manera de erradicar el pecado personal, las estructuras opresoras y las injusticias.

14. La Iglesia con su voz profética denuncia el pecado y anuncia la esperanza y de este modo continua la presencia histórica y palpable de Jesús. Al igual que Jesús proclamó la Buena Nueva a los pobres y la libertad a los cautivos",[17] la Iglesia opta por los pobres y los marginados.

La Iglesia también se identifica con el Cristo Resucitado que se revela como la nueva creación y como la proclamación y realización de nuevos valores de solidaridad con todos: por medio de su simpleza, pacíficamente, por medio de la proclamación de su Reino que implica un orden social nuevo, por medio de un nuevo estilo de Iglesia a modo de levadura y sobre todo, por medio del don que nos dejó de su Espíritu.

15. Este Espíritu une a los miembros de la comunidad de Jesús íntimamente y a todos, en Cristo con Dios. Nuestra solidaridad se basa en esta vida en nosotros del Espíritu de Cristo. El Espíritu impulsa la comunidad a hacer real en esta vida un compromiso profético a la justicia y al amor y la ayuda a vivir, dentro de una experiencia de fe misionera, su unión con Dios.

   Esta responsabilidad cae en la Iglesia toda, el Pueblo de Dios: el Papa y los obispos, sacerdotes, religiosos y laicos quienes tienen que llevar a cabo la misión de Jesús con sentido de corresponsabilidad. Todo esto se expresa de manera especial en la Eucaristía. Es allí donde Jesús se ofrece como Víctima por la salvación de todos y reta a todo el Pueblo de Dios a vivir según el compromiso de amor y servicio.

IV. Espiritualidad

16. La espiritualidad o mística del pueblo hispano nace de su fe y de su relación con Dios.

   La espiritualidad es el modo de vida de un pueblo, el movimiento del Espíritu de Dios, y el enraizamiento de una identidad cristiana en cada circunstancia de la vida. Es la lucha por vivir la totalidad de la vida personal y comunitaria de acuerdo al Evangelio. La espiritualidad da orientación y perspectiva a todas las dimensiones de la vida de una persona en el seguimiento de Jesús y en continuo diálogo con Dios.

   La espiritualidad penetra todos los aspectos de la vida y por tanto se manifiesta con gran variedad. En este momento especial de su peregrinaje, los católicos hispanos revelan su espiritualidad por medio de las Líneas Proféticas del III Encuentro que se han resumido en el *Objetivo General y* en las *Dimensiones Específicas* de este plan. El Plan Pastoral es por tanto no sólo una serie de metas y objetivos sino también una contribución al desarrollo, crecimiento y realización de la vida de fe del pueblo tal como se discierne en el Espíritu de Dios y se encarna en nuestro tiempo.

V. Objetivo General

17.
VIVIR Y PROMOVER...
mediante una pastoral de conjunto
un MODELO DE IGLESIA que sea:
comunitaria, evangelizadora y misionera,
encarnada en la realidad del pueblo hispano y
abierta a la diversidad de culturas,
promotora y ejemplo de justicia...
que desarrolle liderazgo por medio de la educación integral...
QUE SEA FERMENTO DEL REINO DE DIOS EN LA SOCIEDAD.

MARCO SITUACIONAL DE LA COMUNIDAD HISPANA

HISTORIA
CULTURA
REALIDAD SOCIAL

MARCO DOCTRINAL

VIDA Y MISIÓN DE JESÚS
Y DE LA IGLESIA

OBJETIVO GENERAL

DIAGNÓSTICO

Vivir y promover a través de una pastoral de conjunto un modelo de Iglesia que sea: comunitaria, evangelizadora y misionera, encarnada en la realidad del pueblo hispano y abierta a la diversidad de culturas, promotora y ejemplo de justicia que desarrolle liderazgo por medio de la educación integral que sea fermento del Reino de Dios en la sociedad.

DIMENSIONES ESPECÍFICAS

PASTORAL DE CONJUNTO
EVANGELIZACIÓN
OPCIÓN MISIONERA
FORMACIÓN

PASTORAL DE CONJUNTO:
De fragmentación a coordinación

Desarrollar una pastoral de conjunto que en sus estructuras y sus agentes manifieste comunión en integración, coordinación, asesoramiento y comunicación de la acción pastoral de la Iglesia según el objetivo general de este plan.

EVANGELIZACIÓN:
De ser lugar a ser hogar

Reconocer, desarrollar, acompañar y apoyar las pequeñas comunidades eclesiales y otros grupos (Cursillos de Cristiandad, RENEW, Movimiento Carismático, grupos de oración) que unidos al obispo son instrumentos efectivos de evangelización para los hispanos. Estas pequeñas comunidades eclesiales y otros grupos de la parroquia promueven experiencias de fe y conversión, oración. misión y evangelización, relaciones interpersonales y amor fraterno, cuestionamiento profético y acciones por la justicia. Son un reto profético para la renovación de la Iglesia y la humanización de la sociedad.

OPCIÓN MISIONERA:
De los asientos a los caminos

Promover la fe y la participación efectiva en las estructuras de la Iglesia y la sociedad de estos grupos prioritarios (los pobres, las mujeres, las familias y la juventud) para que sean agentes de su propio destino (auto-determinación) y capaces de progresar y de organizarse.

FORMACIÓN:
De buenas intenciones a preparación

Proporcionar formación de líderes adaptada a la cultura hispana en los Estados Unidos que ayude al pueblo a vivir y a promover un estilo de Iglesia que sea fermento del Reino de Dios en la sociedad.

EVALUACIÓN
CELEBRACIÓN-ESPIRITUALIDAD-MÍSTICA

VI. Dimensiones Específicas

18. Las cuatro dimensiones específicas donde se concretiza el objetivo general son:

    A. Pastoral de Conjunto: *De fragmentación a coordinación*
    B. Evangelización: *De ser lugar a ser hogar*
    C. Opción Misionera: *De los asientos a los caminos*
    D. Formación: *De buena intención a preparación*

A. Pastoral de Conjunto: *De fragmentación a coordinación*

1. Antecedentes

19. Los católicos hispanos sienten falta de unidad y comunión en el ministerio pastoral de la Iglesia.

    Hay falta de unión y coordinación de los criterios, la visión, las metas y las acciones comunes como también falta de fraternidad, comunión y espíritu de equipo en los diversos aspectos del ministerio pastoral. El reto consiste en que los laicos, religiosos y el clero trabajen unidos.

    El proceso del III Encuentro enfatizó ciertos elementos claves de la Pastoral de Conjunto: amplia participación del pueblo, comunidades y grupos pequeños, trabajo en equipo, integración de diferentes áreas de la pastoral, una visión común, interrelación de las diócesis, regiones y grupos nacionales, apertura a las necesidades del pueblo y a la universalidad de la Iglesia. Estos elementos claves deben unirse a los esfuerzos ya existentes en el ministerio pastoral hispano por todo el país. Muchas diócesis ya tienen oficinas y recursos para el ministerio hispano. Aunque se ha hecho mucho, las necesidades son todavía muy grandes.

20. Estas experiencias ayudan a los hispanos a vivir el sentido de comunión de la Iglesia. La Pastoral de Conjunto manifiesta a plenitud aquella comunión a que la Iglesia ha sido llamada. Los hispanos desean vivir esta comunión de la Iglesia no sólo entre sí mismos sino también con las diferentes culturas que hacen que la Iglesia sea universal aquí en los Estados Unidos.

    Una mayor participación de los hispanos católicos en todos los aspectos de la vida de la Iglesia hará posible una integración auténtica, ayudará a la Iglesia a convertirse en una presencia mayor y a ser levadura de comunión en nuestra sociedad.

2. Objetivo Específico

21. Desarrollar una Pastoral de Conjunto que por medio de agentes y estructuras pastorales manifieste comunión en la integración, coordinación, asesoramiento y comunicación de la acción pastoral de la Iglesia según el objetivo general de este plan.

3. Programas y Proyectos

a) Integración Pastoral

22. (1) Integrar la visión común de este Plan Pastoral Nacional de en todas las estructuras de NCCB/USCC que son responsables de la acción y la educación pastoral.

    Cómo: El Secretariado para Asuntos Hispanos se reunirá con los directores de los departamentos del NCCB/USCC para buscar la integración de la pastoral hispana a las estructuras existentes.

    Cuándo: Según los canales normales para la preparación de planes, programas y presupuestos de las entidades correspondientes (NCCB/USCC).

    Agente Responsable: El Secretariado para Asuntos Hispanos.

23. (2) Compartir la visión común del Plan Pastoral Nacional con los diferentes sectores: diócesis, área (decanatos, vicarías, etc), parroquias, movimientos apostólicos y organizaciones para que respondan a este ímpetu misionero en la evangelización.

    Cómo: En las diócesis o áreas, convocación por el obispo diocesano, de sacerdotes y personal diocesano; en las parroquias, reunión patrocinada por el centro hispano del área o grupos hispanos con el párroco, organizaciones parroquiales y agentes de pastoral; en los movimientos apostólicos y organizaciones, reunión con líderes nacionales de los movimientos para buscar la mejor manera de implementar el Plan Pastoral Nacional.

Cuándo: Según los canales normales para la preparación de planes, programas y presupuestos de las entidades correspondientes.

Agentes Responsables: En la diócesis, el obispo diocesano, el vicario, la oficina hispana, el coordinador del área; en la parroquia, el párroco; en las organizaciones y movimientos, los directores nacionales, el Secretariado para Asuntos Hispanos.

24. (3) Incluir líderes hispanos en las decisiones pastorales en todos los ámbitos.

Cómo: Financiamiento prioritario para la preparación de líderes; empleo de hispanos en posiciones con poder decisivo en todos los ámbitos.

Cuándo: Según los canales normales para la preparación de planes, programas y presupuestos de las entidades correspondientes.

Agentes Responsables: NCCB/USCC, el obispo diocesano, los vicarios, párrocos y otros directores de personal.

25. (4) Promover el entendimiento, la comunión y la solidaridad y las experiencias multiculturales con las demás culturas.

Cómo: Compartiendo la visión común y el plan con organizaciones eclesiales existentes.

Cuándo: Según los canales normales para la preparación de planes, programas y presupuestos de las entidades correspondientes (NCCB/USCC).

Agentes Responsables: El Comité del NCCB para Asuntos Hispanos y el Secretariado para Asuntos Hispanos.

b) Coordinación de la Acción Pastoral Hispana

26. (1) Mantener o crear estructuras nacionales, regionales y diocesanas que aseguren la coordinación efectiva de la vida pastoral hispana según este plan. El Secretariado, las oficinas regionales y diocesanas y los institutos son indispensables en llevar a cabo la coordinación y continuación de este plan, como también de la formación de agentes pastorales con esta

visión común. Aconsejamos la creación de centros y oficinas pastorales en aquellas diócesis donde no existen y son necesarias como también la coordinación de las que ya existen.

Cómo: Asegurando económicamente la existencia de esas oficinas e institutos; por medio de la creación de equipos coordinadores nacionales, regionales y diocesanos para llevar a a cabo esta Pastoral de Conjunto.

Cuándo: Según los canales normales para la preparación de planes, programas y presupuestos de las entidades correspondientes (NCCB/USCC).

Agentes Responsables: El Comité de NCCB para Asuntos Hispanos, el Secretariado para Asuntos Hispanos y las oficinas regionales y diocesanas.

27. (2) Promover la Pastoral de Conjunto en las diócesis por medio de la creación de un plan pastoral diocesano que adapte e implemente este Plan Pastoral Nacional en cada diócesis según su realidad propia.

Cómo: Creando un equipo o junta pastoral diocesana compuesta por el vicario, sacerdotes, diáconos, religiosos y laicos representativos de parroquias, comunidades y movimientos y que ejecutarán los pasos necesarios para la planificación pastoral total.

Cuándo: Según los canales normales para la preparación de planes, programas y presupuestos de las entidades correspondientes.

Agentes Responsables: Los obispos diocesanos, vicarios, directores diocesanos para asuntos hispanos y equipos promotores diocesanos (EPD) con la asistencia de las oficinas regionales.

28. (3) Promover la Pastoral de Conjunto en el área y en la parroquia por medio de la creación de un plan pastoral parroquial que adapte e implemente el plan diocesano en cada parroquia.

Cómo: Reunión del coordinador del área y/o el párroco y el equipo pastoral con representantes de las comunidades de base y del consejo pastoral para llevar a cabo los pasos necesarios en la planificación pastoral total.

Cuándo: Según los canales normales para la preparación de planes, programas y presupuestos de las entidades correspondientes.

Agentes Responsables: El coordinador el área, el párroco y el equipo pastoral o el consejo parroquial.

29. (4) Desarrollar coordinación diocesana y de cada área entre las pequeñas comunidades eclesiales del área o de la parroquia.

    Cómo: Reuniones parroquiales con los coordinadores o facilitadores de cada área y de las comunidades de base para fomentar una visión común de evangelización misionera.

    Cuándo: Según los canales normales para la preparación de planes, programas y presupuestos de las entidades correspondientes.

    Agentes Responsables: Oficinas diocesanas para asuntos hispanos, equipos promotores diocesanos (EPD), párrocos y centros de cada área, en colaboración con las oficinas diocesanas para la educación de adultos y el ministerio laico.

c) **Asesoramiento para la Acción Pastoral Hispana**

30. (1) Que los institutos y centros pastorales y escuelas de ministerios proporcionen la formación y la preparación de agentes pastorales para el ministerio hispano en la nación, las regiones, las diócesis y las parroquias según la visión común de este Plan Pastoral.

    Cómo: Por medio de la creación de programas, cursos, materiales y otros recursos necesarios y equipos móviles, etc.

    Cuándo: Según los canales normales para la preparación de planes, programas y presupuestos de las entidades correspondientes.

    Agentes Responsables: La Federación Nacional de Institutos Pastorales y los Directores de otros Centros Pastorales.

31. (2) Desarrollar el crecimiento teológico-pastoral de los hispanos en los Estados Unidos.

Cómo: Facilitando encuentros para agentes hispanos de pastoral; publicando reflexiones pastorales y teológicas de hispanos; organizando oportunidades para experiencias prácticas en diferentes campos pastorales; ayudando con becas para estudios avanzados en diferentes campos pastorales; celebrando liturgias que incorporan la riqueza de las expresiones culturales hispanas.

Cuándo: Según los canales normales para la preparación de planes, programas y presupuestos de las entidades correspondientes.

Agentes Responsables: La Federación Nacional de Institutos Pastorales y otros centros de formación pastoral tales como el Instituto de Liturgia Hispana.

32. (3) Usar el personal y los recursos para formación de NCCB/USCC para el desarrollo integral de líderes hispanos.

    Cómo: Asegurando que los hispanos sean incluidos en las prioridades del NCCB/USCC como parte integral de la Iglesia de los Estados Unidos y en coordinación con las entidades existentes para la actividad pastoral hispana.

    Cuándo: Según los canales normales para la preparación de planes, programas y presupuestos de las entidades correspondientes (NCCB/USCC).

    Agente Responsable: El Secretariado para Asuntos Hispanos.

d) **Comunicación Pastoral**

33. (1) Promover el diálogo y la cooperación entre diversos grupos, movimientos apostólicos y comunidades de base para lograr el acuerdo mutuo, el compartir, y el apoyo que lleve a la comunión, la visión común y la unidad de criterios para la acción pastoral.

    Cómo: Reuniones periódicas y encuentros entre representantes de diferentes entidades; intercambio de boletines y de asuntos informativos; organización de proyectos comunes.

Cuándo: Según los canales normales para la preparación de planes, programas y presupuestos de las entidades correspondientes.

Agentes Responsables: El vicario, directores diocesanos para asuntos hispanos, coordinadores del área, clérigos, líderes de comunidades eclesiales de base y directores de movimientos apostólicos.

34. (2) Usar los medios de comunicación social como instrumentos para la evangelización que denuncian la violencia en todas sus formas y las injusticias que sufren las familias, los jóvenes, las mujeres, los indocumentados, los migrantes, los refugiados, los trabajadores del campo, los prisioneros y todos los que están al margen de la sociedad.

Cómo: Informando y preparando el personal encargado de los medios de comunicación de la Iglesia para que incorporen los asuntos que interesan a los hispanos y sus necesidades dentro del ministerio de sus oficinas y según la visión del Plan Pastoral.

Cuándo: Según los canales normales para la preparación de planes, programas y presupuestos de las entidades correspondientes.

Agentes Responsables: Departamentos de comunicación de las diferentes organizaciones de la Iglesia.

35. (3) Preparar y concientizar a los agentes de pastoral para que se especialicen en el uso de los medios de comunicación social.

Cómo: Por medio de talleres regionales donde se presenten las técnicas necesarias y pueda desarrollarse una conciencia crítica.

Cuándo: Según los canales normales para la preparación de planes, programas y presupuestos de las entidades correspondientes.

Agentes Responsables: Las oficinas diocesanas de comunicación social en colaboración con las oficinas regionales y los institutos pastorales y la ayuda del Comité para Comunicaciones del USCC.

36. (4) Hacer llegar a las bases el boletín "En Marcha" que publica el Secretariado para Asuntos Hispanos,

para que sea instrumento informativo y de formación para los agentes de pastoral hispanos.

Cómo: Usando los mecanismos existentes para comunicación de las oficinas regionales y diocesanas y sus listas de líderes para aumentar su circulación.

Cuándo: Con regularidad y según los canales normales para la preparación de planes, programas y presupuestos de las entidades correspondientes.

Agente Responsable: El Secretariado para Asuntos Hispanos.

B. Evangelización: *De ser lugar a ser hogar*

1. *Antecedentes*

37. La gran mayoría de los hispanos se siente alejada o al margen de la Iglesia Católica. La evangelización ha estado limitada a las liturgias dominicales y a una preparación sacramental que no ha hecho hincapié en la conversión profunda que integra las dimensiones de la fe, el crecimiento espiritual y la justicia para transformar la sociedad. La comunidad hispana reconoce que la parroquia es, histórica y eclesiásticamente, la unidad básica de organización de la Iglesia en los Estados Unidos y continuará siendo. Al mismo tiempo se afirma que la conversión y el sentido de ser Iglesia se viven mejor en pequeñas comunidades, dentro de la parroquia, que son más personales y hacen a uno sentirse más parte de ella.

38. Muchos movimientos apostólicos y organizaciones eclesiales, por tradición, han servido para unir a los feligreses en pequeñas comunidades con fines diversos. Apoyamos la continuación de estas organizaciones y su desarrollo como manera posible y eficaz de evangelizar.

Dentro del proceso pastoral del ministerio hispano se han hecho muchos esfuerzos para reconocer pequeños grupos para el análisis, la reflexión y acción que responden a las necesidades de la gente. Por medio de equipos móviles y grupos de reflexión, el III Encuentro también facilitó el proceso de evangelización con la formación de pequeñas comunidades eclesiales.

Estas pequeñas comunidades promueven las experiencias de fe y conversión así como también el interés en cada persona y un proceso de evangelización con oración, reflexión, acción y celebración.

39. El objetivo de los programas siguientes es de continuar, apoyar y extender el proceso evangelizador a todo el pueblo hispano. De esta forma la comunidad católica tendrá una respuesta factible frente al proselitismo de los grupos fundamentalistas y a la atracción que ellos ejercen sobre los hispanos. Además, estaremos más concientes de nuestra responsabilidad de dar la bienvenida a los recién llegados, y de atraer a los inactivos y a los que no tienen iglesia.

2. *Objetivo Específico*

40. Reconocer, desarrollar, acompañar, y apoyar a las pequeñas comunidades eclesiales y a otros grupos de la Iglesia (Cursillos de Cristiandad, Movimiento Familiar Cristiano, *RENEW,* Movimiento Carismático, grupos de oración, etc.) que en unión al obispo son instrumentos eficaces de evangelización para los hispanos. Estas pequeñas comunidades eclesiales y otros grupos dentro del marco parroquial promueven experiencias de fe y conversión, la vida de oración, el impulso misionero, la evangelización, las relaciones interpersonales, el amor fraterno, el cuestionamiento profético y las acciones en pro de la justicia. Estas comunidades son un reto profético a la renovación de la Iglesia y a la humanización de nuestra sociedad.

3. *Programas y Proyectos*

a) *Elaboración de criterios y capacitación para la creación, desarrollo y acompañamiento de pequeñas comunidades eclesiales.*

41. (1) Convocar un simpósium de agentes pastorales con experiencias en pequeñas comunidades eclesiales para preparar un manual guía que presente los elementos esenciales a las pequeñas comunidades eclesiales y los criterios y sugerencias prácticas para su desarrollo y coordinación a la luz de las Líneas Pastorales Proféticas del III Encuentro.

Cómo: Organizar un simpósium con personas especializadas en varios estilos de pequeñas comunidades eclesiales.

Cuándo: Según los canales normales para la preparación de planes, programas y presupuestos de las entidades correspondientes.

Agentes Responsables: Coordinado por el Secretariado para Asuntos Hispanos y con la asistencia del Comité Consejero Nacional al Secretariado (NAC), en colaboración con las oficinas regionales, la Federación Nacional de Institutos Pastorales y las oficinas diocesanas para asuntos hispanos.

42. (2) Organizar un taller nacional de capacitación para equipos representativos de cada región para usar el manual y otros documentos eclesiales y así poder desarrollar una visión y metodología común en la formación de las pequeñas comunidades eclesiales y su apoyo. Estos equipos conducirían entonces sesiones de capacitación en las regiones y diócesis.

Cómo: Por medio de un taller de capacitación nacional que dé inicio a talleres regionales y diocesanos.

Cuándo: Según los canales normales para la preparación de planes, programas y presupuestos de las entidades correspondientes.

Agentes Responsables: Coordinado por el Secretariado para Asuntos Hispanos en colaboración con las oficinas regionales y diocesanas.

43. (3) Invitar a los directores diocesanos para los movimientos apostólicos y a los párrocos a una reflexión teológica-pastoral sobre la evangelización integral y las pequeñas comunidades eclesiales. Esto facilitaría una evaluación y discernimientos que producirían la integración de objetivos y la colaboración en el desarrollo de programas evangelizadores.

Cómo: Invitando a los directores diocesanos a talleres y cursos organizados en diferentes diócesis del país.

Cuándo: Según los canales normales para la preparación de planes, programas y presupuestos de las entidades correspondientes.

Agentes Responsables: Oficinas diocesanas para asuntos hispanos

b) Renovación parroquial para desarrollar comunidad y el sentido misionero.

44. Parte del proceso del III Encuentro fue la organización de los equipos móviles para visitar y acercar a la Iglesia aquellos que se sienten alejados y al margen. Esto nos hizo más concientes de la fuerte campaña proselitista que confrontan los hispanos. Hay urgencia de ofrecer alternativas dinámicas a lo que los grupos fundamentalistas y las sectas ofrecen. El marco para esas alternativas es una parroquia misionera que forma pequeñas comunidades eclesiales para promover la evangelización integral y donde se comparta la fe y se viva la justicia.

Los proyectos siguientes para la renovación parroquial son sugerencias para ser adaptadas e implementadas localmente para evangelizar a los alejados de la Iglesia y a los marginados.

45. (1) Crear una atmósfera acogedora e inclusiva donde se conozca la cultura de los marginados.

Cómo: Enfatizando el aspecto misionero y comunitario en las misas dominicales, homilías, escuelas parroquiales, los programas catequéticos y de preparación sacramental, boletines y otros programas parroquiales (i.e., RICA); pidiendo a los programas litúrgicos y catequéticos que incluyan a las pequeñas comunidades eclesiales y participen en ellas; organizando en cada parroquia y por áreas, actividades concientizadoras con enfoque misionero y comunitario.

Cuándo: Según los canales normales para la preparación de planes, programas y presupuestos de las entidades correspondientes.

Agentes Responsables: Párrocos y grupos parroquiales, consejos pastorales, en colaboración con las oficinas diocesanas y centros de cada área.

46. (2) Acompañar a los movimientos y grupos existentes en la parroquia para que sus propósitos evangelizadores puedan ser suplementados con la visión del Plan Pastoral.

Cómo: Con la formación continua sobre el fin original de los diversos movimientos y de la misión evangelizadora de la Iglesia y del Plan Pastoral.

Cuándo: Según los canales normales para la preparación de planes, programas y presupuestos de las entidades correspondientes.

Agentes Responsables: Oficinas diocesanas y los directores de grupos y movimientos apostólicos.

47. (3) Promover la parroquia como una "comunidad de comunidades" especialmente por medio de pequeños grupos de áreas o comunidades eclesiales que integren a las familias y grupos existentes y sobre todo que las preparen a recibir a los que están alejados de la Iglesia.

Cómo: Organizar talleres diocesanos para párrocos y miembros de consejos pastorales para estudiar y planificar la organización de pequeñas comunidades eclesiales según el objetivo general de este plan; formar un equipo hispano o integrar los hispanos al consejo pastoral con el párroco y otros ministros parroquiales.

Cuándo: Según los canales normales para la preparación de planes, programas y presupuestos de las entidades correspondientes.

Agentes Responsables: El obispo diocesano, vicario y la oficina diocesana para asuntos hispanos en coordinación con las oficinas regionales.

48. (4) Preparar equipos de visitadores para ser proclamadores de la Palabra y del amor de Dios y formar comunidades con las familias visitadas y así hacer "puente" entre los marginados y la Iglesia.

Cómo: Talleres parroquiales que presenten técnicas para: analizar la realidad local; responder a las necesidades de las familias marginadas; formar comunidades de aceptación, amor y justicia; facilitar un proceso de conversión, formación y compromiso eclesial; apreciar la piedad popular; enseñar la Biblia y la interpretación católica de ésta; adquirir conocimientos básicos sobre la liturgia y su relación a la oración.

Cuándo: Según los canales normales para la preparación de planes, programas y presupuestos de las entidades correspondientes.

Agentes Responsables: Oficina diocesana para asuntos hispanos, centros del área y equipos promotores diocesanos (EPD) en coordinación con el párroco y el consejo parroquial.

49. (5) Elaborar un plan de visitas pastorales a los hogares de los marginados para escuchar, responder a sus necesidades y luego invitarlos a formar parte de pequeñas comunidades eclesiales.

Cómo: Organizar un plan sistemático de visitas para cada parroquia.

Cuándo: Según los canales normales para la preparación de planes, programas y presupuestos de las entidades correspondientes.

Agentes Responsables: El párroco y el consejo pastoral.

50. (6) Promover la integración de la fe con la transformación de las estructuras sociales injustas.

Cómo: Elaborando un tipo de concientización y compromiso con la justicia que es parte integral de la evangelización en las pequeñas comunidades eclesiales y en todos los programas de la parroquia; trabajando juntos para responder a las necesidades de los que están más lejos de un compromiso de fe basándose en el continuo análisis de la realidad local; integrando las enseñanzas sociales de la Iglesia y el compromiso con la justicia como partes integrales de la evangelización en la formación de pequeñas comunidades eclesiales y revisando y evaluando programas existentes desde esta perspectiva y haciendo los cambios necesarios.

Cuándo: Según los canales normales para la preparación de planes, programas y presupuestos de las entidades correspondientes.

Agentes Responsables: El párroco, líderes parroquiales hispanos, el consejo pastoral en colaboración con las oficinas diocesanas, las oficinas regionales, los institutos pastorales y el Instituto de Liturgia Hispana.

C. Opción Misionera: *De los asientos a los caminos*

1. Antecedentes

51. Durante el proceso del III Encuentro, los hispanos hicieron una opción preferencial por los pobres, los marginados, la familia, la mujer y la juventud. Estos grupos prioritarios no son sólo los destinatarios sino los sujetos del ministerio pastoral hispano.

52. *Los pobres y marginados* tienen participación limitada en el proceso político, social, económico y religioso. Esto se debe a su subdesarrollo y marginación de las estructuras de la Iglesia y de la sociedad donde se toman las decisiones y se ofrecen los servicios. Resaltan estos problemas:

- Falta de oportunidad de educación y avance.
- Malas condiciones de salud, higiene y vivienda.
- Los trabajadores agrícolas migrantes sufren, además, a causa de la inestabilidad de su vida y trabajo que agrava los otros problemas.

53. *La familia* hispana, en su mayoría urbana, pobre y más numerosa que las familias no-hispanas, confronta una serie de dificultades en estas áreas:

- comunicación entre cónyuges y entre padres e hijos
- divorcio y separación
- madres solteras
- aborto
- alcoholismo y drogas
- falta de formación para dar a sus hijos educación sexual y moral
- marginación en el ambiente hispano y no-hispano
- falta de contacto con la Iglesia, especialmente con la parroquia
- falta de documentación legal que resulta en tensiones familiares.

54. Dentro de esta realidad, *la mujer* sufre una triple discriminación:

- social (machismo, abuso sexual y emocional, autoestimación muy baja, explotación por los medios de comunicación);

- económica (obligada a trabajar sin preparación técnica, explotación en los sueldos y tipos de trabajo, totalmente responsable de la familia, sin identidad propia);
- religiosa (no se da importancia a su papel en la preservación de la fe, no participa en las decisiones pero carga el peso del trabajo pastoral).

55. *Los jóvenes,* hombres y mujeres:

- una gran mayoría está alejada de la Iglesia;
- carecen de atención y cuidado pastoral, generalmente;
- son víctimas de la sociedad materialista y consumista;
- tienen dificultad en definir su identidad por que viven entre dos idiomas y culturas diferentes;
- sufren las consecuencias de la desintegración de la familia;
- fuerte presión de otros jóvenes hacia las drogas, el crimen, las pandillas y el abandono de la escuela.

2. *Objetivo Específico*

56. Promover la fe y la participación eficaz de estos grupos prioritarios (los pobres, la mujer, la familia y la juventud) en la Iglesia y en las estructuras sociales para que puedan ser agentes de su propio destino (auto-determinación) y capaces de superarse y organizarse.

3. *Programas y Proyectos*

a) **Organización y asesoramiento para trabajadores del campo (migrantes)**

57. Una persona a tiempo completo y con jurisdicción nacional dentro de la oficina de *Pastoral Care of Migrants and Refugees* que planifique y evalúe la pastoral con los trabajadores del campo (migrantes) mediante dos reuniones anuales con una persona de cada región.

Cómo: Consulta con las oficinas regionales sobre representantes y sobre las estructuras adecuadas para cada región.

Cuándo: Según los canales normales para la preparación de planes, programas y presupuestos de las entidades correspondientes.

Agente Responsable: El Comité del NCCB sobre Migración.

b) **Concientización sobre responsabilidad social cristiana y desarrollo de liderazgo**

58. Desarrollar ministerios para la justicia y la capacitación de líderes por medio de contactos específicos con entidades cívicas y sociales que respondan a la condición de los pobres y marginados. Estos ministerios deben aclarar la influencia y la colaboración concreta de la Iglesia con esas entidades.

Cómo: Con organizaciones comunitarias en todo el país, las regiones, las diócesis y las parroquias.

Cuándo: Según los canales normales para la preparación de planes, programas y presupuestos de las entidades correspondientes.

Agente Responsable: Las oficinas de *Social Development and World Peace* y *Campaign for Human Development.*

c) **Hispanos en el Ejército**

59. Reunión de los capellanes del ejército en las áreas donde hay personal hispano con el objetivo de:

- integrar en su ministerio el proceso del III Encuentro
- reflexionar juntos sobre la situación de los hispanos en el ejército, especialmente de las mujeres, dada las dificultades y presiones que frecuentemente confrontan.
- elaborar un programa de concientización y evangelización para hispanos en el ejército.

Cómo: Un comité de capellanes del ejército para organizar el ministerio hispano en áreas con bases militares con muchos hispanos.

Cuándo: Según los canales normales para la preparación de planes, programas y presupuestos de las entidades correspondientes.

Agentes Responsables: La arquidiócesis para los Servicios Militares en colaboración con la Federación de Institutos Pastorales.

d) Promoción de la pastoral familiar

60. (1) Analizar la variedad de formas que tiene la familia y cuestiones pastorales específicas; descubrir y diseñar modelos de participación y organización para la integración de la familia en la Iglesia y la sociedad; establecer metas comunes para la pastoral familiar.

Cómo: organizando un foro o foros de alcance nacional sobre la pastoral familiar hispana en colaboración con líderes diocesanos de la pastoral familiar hispana.

Cuándo: Según los canales normales para la preparación de planes, programas y presupuestos de las entidades correspondientes.

Agentes Responsables: El Comité del *NCCB/USCC on Marriage and Family Life* en colaboración con el Secretariado para Asuntos Hispanos.

61. (2) Publicar los resultados del foro o foros en formato educativo para las pequeñas comunidades eclesiales.

Cómo: Por medio de un comité de los participantes en el foro o foros sobre pastoral familiar.

Cuándo: Según los canales normales para la preparación de planes, programas y presupuestos de las entidades correspondientes.

Agentes Responsables: El Comité del *NCCB on Marriage and Family Life* en colaboración con el Secretariado para Asuntos Hispanos.

62. (3) Diseminar el material preparado y promover su uso en las bases.

Cómo: Por medio de las oficinas diocesanas para el ministerio familiar, el ministerio hispano, institutos pastorales regionales y centros diocesanos de pastoral.

Cuándo: Según los canales normales para la preparación de planes, programas y presupuestos de las entidades correspondientes.

Agentes Responsables: El Comité de *NCCB on Marriage and Family Life* en colaboración con el Secretariado para Asuntos Hispanos.

e) La Mujer y su Papel en la Iglesia

63. Ofrecer foros para aquellas mujeres que prestan diferentes servicios o ministerios en la pastoral hispana con el fin de:

- analizar la situación de las mujeres hispanas para dar realce a los dones de inteligencia y compasión que comparten con la Iglesia;
- identificar un modelo de Iglesia que sostiene y fomenta a la mujer en los ministerios;
- valorar el papel de la pequeña comunidad eclesial en la promoción de la mujer;
- examinar, a la luz del proceso del III Encuentro, la realidad de la mujer hispana y considerar cuales ministerios deben mantenerse y cuales deben crearse.

Cómo: Reuniones regionales.

Cuándo: Según los canales normales para la preparación de planes, programas y presupuestos de las entidades correspondientes.

Agentes Responsables: La Federación Nacional de Institutos Pastorales en colaboración con el Secretariado para Asuntos Hispanos y el Comité del *NCCB on Women in Society and in the Church.*

f) Pastoral Juvenil

64. (1) Organización: Garantizar la participación de la juventud hispana en la vida y misión de la Iglesia.

Cómo: promoviendo la creación de organismos de coordinación en la nación, las regiones, diócesis y parroquias; dando oportunidad a los jóvenes hispanos para que consideren vocaciones al sacerdocio o a la vida religiosa.

Cuándo: Según los canales normales para la preparación de planes, programas y presupuestos de las entidades correspondientes.

Agentes Responsables: El Secretariado para Asuntos Hispanos en colaboración con el Comité del NCCB para Asuntos Hispanos y la Oficina para Jóvenes del USCC.

65. (2) Compartiendo la pastoral juvenil hispana: identificar programas efectivos y existentes que pueden servir de modelo para alcanzar a los jóvenes más alejados y ayudar a la multiplicación de esos programas en diferentes diócesis y parroquias.

Cómo: Compartiendo programas y metodologías con otras diócesis; usando centros existentes, encuentros regionales, equipos móviles, organizaciones, pequeñas comunidades eclesiales, centros populares en las diócesis y parroquias para que la juventud hispana sienta la acogida de la Iglesia y su oferta de oportunidades para formación y servicio.

Cuándo: Según los canales normales para la preparación de planes, programas y presupuestos de las entidades correspondientes.

Agentes Responsables: oficinas diocesanas para jóvenes, el Comité Nacional Hispano de Pastoral Juvenil (CNH de PJ), en colaboración con el Secretariado para Asuntos Hispanos y la Oficina para Jóvenes del USCC.

66. (3) Encuentro Nacional para Representantes Regionales de la Juventud Hispana. Tópicos que deben ser considerados por este Encuentro Nacional:

* estadísticas y datos sobre la realidad de los jóvenes;
* modelos existentes de pastoral juvenil;
* seminarios de capacitación para evangelizadores de jóvenes
* estrategias para la participación de las familias.

Cómo: Por medio de encuentros diocesanos y regionales.

Cuándo: Según los canales normales para la preparación de planes, programas y presupuestos de las entidades correspondientes.

Agentes Responsables: Jóvenes hispanos en colaboración con el Comité de NCCB para Asuntos Hispanos, del Comité Nacional Hispano de Pastoral

Juvenil (CNH de PJ) en colaboración con el Secretariado para Asuntos Hispanos.

D. Formación: *De buena intención a preparación*

1. Antecedentes

67. Durante el proceso del III Encuentro y en sus conclusiones, hemos encontrado entre los hispanos estas características en cuanto a formación se refiere.

Hay aprecio por los grandes esfuerzos que hacen los institutos, centros de pastoral, escuelas de ministerios, parroquias y otros para formar agentes pastorales. Estos esfuerzos han producido mayor concientización, responsabilidad y deseo de participación.

Hacen falta agentes de pastoral y esto hace peligrar el futuro de la fe católica entre los hispanos. Los agentes de pastoral, especialmente los laicos, no siempre encuentran apoyo, interés, reconocimiento o aceptación en las estructuras eclesiales tales como la parroquia y las oficinas diocesanas.

68. Hay necesidad de crear centros, programas de formación, espiritualidad y catequesis que respondan a las necesidades de los hispanos, especialmente en las parroquias.

Es importante que los proyectos de formación y espiritualidad que se desarrollen tengan una dimensión misionera e integral y lleven a un compromiso con la justicia. La formación integral tiene que incluir capacitación catequética.

2. Objetivo Específico

69. Ofrecer una formación de líderes que esté adaptada a la cultura hispana en los Estados Unidos y que ayude a los destinatarios a vivir y a promover un estilo de Iglesia que sea fermento del Reino de Dios en la sociedad.

3. *Programas y Proyectos*

a) **Programa de Reflexión y Concientización**

70. Facilitar una continua reflexión teológica-pastoral en todos los ámbitos como parte integral del ministerio pastoral y a manera de discernir el avance del pueblo.

    (1) Fomentar la reflexión teológica-pastoral entre los agentes de pastoral en las bases que acompañan al pueblo en el proceso pastoral.

    Cómo: Talleres locales; un manual guía para ayudar a los agentes de pastoral a facilitar estas reflexiones en las pequeñas comunidades eclesiales.

    Cuándo: Según los canales normales para la preparación de planes, programas y presupuestos de las entidades correspondientes.

    Agentes Responsables: Párroco y líderes parroquiales con la ayuda de las oficinas diocesanas para asuntos hispanos, la Federación Nacional de Institutos Pastorales en colaboración con el Secretariado para Asuntos Hispanos y la oficina del NCCB para los Laicos.

71. (2) Organizar seminarios o encuentros de reflexión de pastoralistas en los diferentes campos de liturgia, catequesis, teología y evangelización.

    Cómo: Seminarios o encuentros regionales en colaboración con los institutos pastorales.

    Cuándo: Según los canales normales para la preparación de planes, programas y presupuestos de las entidades correspondientes.

    Agentes Responsables: Federación de Institutos Pastorales y el Instituto de Liturgia Hispana.

b) **Proyectos de Investigación**

72. Investigar científicamente la realidad hispana en sus aspectos socioeconómico, cultural, religioso y psicológico; dando especial atención a:

    - La familia
    - La piedad popular
    - Los pobres y marginados (migrantes, barrios, pobres urbanos)
    - Los jóvenes
    - Las mujeres

    Cómo: Obteniendo becas para investigación en las escuelas graduadas.

    Cuándo: Según los canales normales para la preparación de planes, programas y presupuestos de las entidades correspondientes.

    Agentes Responsables: El Comité del NCCB para Asuntos Hispanos y otros comités del NCCB/USCC relacionados al asunto (en cooperación con universidades y colegios católicos, y seminarios) con la colaboración de la Federación Nacional de Institutos Pastorales.

c) **Programas para identificar candidatos a la ordenación y a la vida religiosa**

73. Diseñar, apoyar e implementar programas vocacionales con especial sensitividad hacia la perspectiva cultural y religiosa de los hispanos.

    (1) Preparar hispanos laicos, hombres y mujeres, para que recluten vocaciones.

    Cómo: Desarrollar programas de capacitación para hispanos laicos en colaboración con los directores para vocaciones de las comunidades religiosas y de las diócesis.

    Cuándo: Según los canales normales para la preparación de planes, programas y presupuestos de las entidades correspondientes.

    Agentes Responsables: *Bishops' Committee on Vocations, National Conference of Diocesan Vocation Directors* y *National Religious Vocation Conference.*

74. (2) Dar prioridad a las vocaciones hispanas en la agenda de las organizaciones hispanas de laicos.

    Cómo: Desarrollar sesiones de capacitación para concientizar los líderes de las organizaciones hispanas de laicos sobre las vocaciones.

Cuándo: Según los canales normales para la preparación de planes, programas y presupuestos de las entidades correspondientes.

Agentes Responsables: Bishops' Committee on Vocations en colaboración con las oficinas regionales y diocesanas para asuntos hispanos.

75. (3) Preparar directores vocacionales para reclutar, con más eficiencia, candidatos hispanos.

Cómo: Patrocinar talleres de capacitación tales como *In My Father's House.*

Cuándo: Según los canales normales para la preparación de planes, programas y presupuestos de las entidades correspondientes.

Agentes Responsables: Bishops' Committee on Vocations, National Conference of Diocesan Vocation Directors y *National Religious Vocation Conference.*

76. (4) Invitar a los fieles hispanos a identificar posibles candidatos para el sacerdocio y la vida religiosa.

Cómo: Implementando el programa parroquial TE LLAMA POR TU NOMBRE.

Cuándo: Según los canales normales para la preparación de planes, programas y presupuestos de las entidades correspondientes.

Agentes Responsables: Bishops' Committee on Vocations en colaboración con los directores diocesanos para vocaciones.

d) Programas de Formación y Capacitación

77. Organizar cursos para la capacitación de líderes en diversos lugares y áreas, con énfasis en la participación de los grupos prioritarios identificados en el contenido y en la experiencia del III Encuentro.

(1) Preparar líderes de la base para crear, animar y coordinar pequeñas comunidades eclesiales y que representen la voz del pueblo en instituciones cívicas y sociales. Proporcionar un manual para celebraciones litúrgicas que faciliten el crecimiento espiritual de estas comunidades.

Cómo: Sesiones de capacitación, cursos locales y equipos móviles de formación.

Cuándo: Según los canales normales para la preparación de planes, programas y presupuestos de las entidades correspondientes.

Agentes Responsables: Párrocos y líderes parroquiales en coordinación con oficinas diocesanas para asuntos hispanos, otras oficinas diocesanas, institutos regionales de pastoral y el Instituto de Liturgia Hispana.

78. (2) Elaborar un programa sobre la importancia del papel de la mujer en la historia de los hispanos y de la Iglesia para profundizar en las dimensiones femeninas y masculinas de la persona; valorar el lugar de la mujer dentro del contexto hispano y en relación a otras culturas. Capacitar líderes para presentar este programa a las pequeñas comunidades eclesiales.

Cómo: Con seminarios y cursos ofrecidos por los institutos regionales.

Cuándo: Según los canales normales para la preparación de planes, programas y presupuestos de las entidades correspondientes.

Agentes Responsables: National Federation of Pastoral Institutes en colaboración con el Secretariado para Asuntos Hispanos y el *NCCB Committee on Women in Society and the Church.*

79. (3) Elaborar un programa de pastoral juvenil para líderes juveniles y asesores adultos que contenga estos elementos: cultura, política, socio-economía, pastoral, visión de Iglesia y técnicas para pastoral juvenil.

Cómo: Nombrando un equipo de trabajo *(task force)* para que diseñe este programa; capacitando equipos para usar el programa.

Cuándo: Según los canales normales para la preparación de planes, programas y presupuestos de las entidades correspondientes.

Agentes Responsables: Comité Nacional Hispano de Pastoral Juvenil (CNH de PJ) en colaboración con el

Comité del NCCB para Asuntos Hispanos y el Secretariado para Asuntos Hispanos.

80. (4) Colaborar con seminarios, centros para el diaconado permanente y casas de formación religiosa para hombres y mujeres para que sus programas para personas que se preparan para la pastoral con hispanos armonice con la visión del proceso del III Encuentro que se especifica en este Plan Pastoral Nacional.

Cómo: Estableciendo canales de comunicación y cooperación entre estos centros de formación y los institutos hispanos de pastoral; ofreciendo programas de formación para personas que se preparan a servir a los hispanos.

Cuándo: Según los canales normales para la preparación de planes, programas y presupuestos de las entidades correspondientes.

Agentes Responsables: Federación Nacional de Institutos Pastorales en colaboración con el *NCCB Committees on Vocations, Priestly Formation* y *Permanent Diaconate; Conference of Major Superiors of Men* (CMSM) y *Leadership Conference of Women Religious* (LCWR).

81. (5) Promover el uso de programas de formación para directores y el personal de oficinas diocesanas tanto hispanos como no-hispanos que laboran en la educación y la pastoral para ayudarlos a conocer la historia, la cultura y las necesidades de los hispanos y los principios pastorales para servirlos.

Cómo: Con seminarios periódicos de estudio para: personal diocesano; párrocos y personal parroquial.

Cuándo: Según los canales normales para la preparación de planes, programas y presupuestos de las entidades correspondientes.

Agentes Responsables: Los obispos diocesanos en colaboración con los vicarios u oficinas diocesanas para asuntos hispanos, equipos de áreas con la ayuda de los institutos pastorales.

82. (6) Invitar a los centros de estudios bíblicos y a los que producen materiales a producir programas y ma-teriales que ayuden a los hispanos a usar y a conocer la Biblia.

Cómo: Por medio de la comunicación con los centros bíblicos correspondientes.

Cuándo: Según los canales normales para la preparación de planes, programas y presupuestos de las entidades correspondientes.

Agentes Responsables: El Comité del NCCB para Asuntos Hispanos y el Secretariado para Asuntos Hispanos.

83. (7) Convocar a agentes de pastoral en el país para: estudiar el problema del proselitismo entre los hispanos; evaluar esta realidad y preparar material y equipos móviles que capaciten a otros agentes de pastoral para la nación y las localidades.

Cómo: Por medio de una reunión nacional.

Cuándo: Según los canales normales para la preparación de planes, programas y presupuestos de las entidades correspondientes.

Agentes Responsables: El Comité de *NCCB on Ecumenical and Interreligious Affairs.*

e) **Programa para la elaboración de materiales**

84. Que los institutos pastorales promuevan y formen un equipo responsable de producir materiales al alcance de las bases. Especialmente se recomienda la producción de:

(1) materiales que ayuden a nuestros líderes a lograr un mejor entendimiento de su fe católica y una espiritualidad viva para laicos comprometidos;

(2) materiales bíblicos para los líderes y las bases que ayuden a los católicos a entender y a vivir la Palabra y así evitar la ignorancia y el fundamentalismo;

(3) un manual guía en lenguaje popular para el análisis continuo de la realidad a la luz del Evangelio y de las enseñanzas de la Iglesia como base para la acción pastoral y su evaluación;

(4) materiales simples para agentes de pastoral para usar en talleres y cursos de capacitación y que sean de fácil uso en las pequeñas comunidades eclesiales;

(5) recursos con información sobre inmigración; esto incluye el desarrollo de materiales informativos sobre inmigración, dirigidos al pueblo para dar orientación sobre los derechos de los indocumentados y leyes relacionadas con el proceso de legalización y naturalización;

(6) un manual guía sobre los derechos y las responsabilidades políticas como parte de un programa de concientización sobre la responsabilidad cristiana de acompañar la campaña para el registro de votantes en las parroquias;

(7) un manual de pautas, sencillo y práctico, para las relaciones padres-hijos que tiene presente las características de la familia hispana; la producción y diseminación de este manual para que se use en reuniones familiares o en las pequeñas comunidades eclesiales;

(8) un folleto sobre piedad popular, sus valores y sus raíces, para las pequeñas comunidades eclesiales;

(9) elaboración de materiales en las áreas de liturgia y espiritualidad, que incluya catequesis sobre la liturgia y los diferentes papeles en ella;

(10) materiales prácticos sobre la planificación natural de la familia.

Cómo: Formación de un comité de producción para la elaboración de materiales.

Cuándo: En 1987 y continuamente y según los canales normales para la preparación de planes, programas y presupuestos de las entidades correspondientes.

Agentes Responsables: Federación Nacional de Institutos Pastorales en colaboración con los centros diocesanos de pastoral y el Instituto de Liturgia Hispana.

VII. Evaluación

A. Orientación

85. La evaluación es parte integral de la planificación pastoral. Es el proceso que nos mantiene en constante conversión como agentes de la pastoral y en constante conversión comunitaria como pueblo.

No se trata de mirar hacia atrás de forma meramente técnica para garantizar que lo planificado se llevó a cabo; sino tiene que ser una expresión de lo que la Iglesia es y hace en relación al Reino.

Por medio de la evaluación, se pueden ver nuevos horizontes, y también posibilidades y alternativas a los esfuerzos que no han dado resultado en alcanzar la meta. Una evaluación efectiva también es una oportunidad para remodelar el plan en vista de la experiencia pastoral continua.

86. Ya que no es un asunto de un análisis puramente técnico, el ambiente en donde se lleva a cabo la evaluación es de suma importancia. Todo el proceso del III Encuentro se acompañó siempre con reflexión y oración, es decir, con una Mística. La evaluación pastoral demanda una atmósfera de reflexión, confianza, libertad, colaboración mutua y comunión, porque lo que está en juego es la vida de toda la comunidad en su peregrinar hacia el Reino.

El pueblo tiene que participar en la evaluación ya que ha participado en la planificación y en la toma de decisiones.

La coordinación, aspecto central y meta de la planificación pastoral, exige evaluaciones periódicas y no sólo al final. Esta crea un proceso continuo para discernir y evaluar la realidad cambiante, la totalidad del ministerio pastoral y las prioridades de la acción.

B. Objetivo Específico

87. Determinar si el objetivo general del plan se está consiguiendo y si el proceso refleja con fidelidad lo que Iglesia es y lo que hace en relación al Reino.

C. Programas y Proyectos

88. Llevar a cabo una evaluación continua de todo el proceso pastoral según el Plan Pastoral Nacional.

1. *Coordinar el proceso de evaluación desde la perspectiva nacional.*

Cómo: ANTES: Nombrar el Comité Consejero Nacional (NAC) para que diseñe instrumentos apropiados según la orientación y el objetivo de la evaluación. Debe haber un sistema uniforme para la evaluación de los diferentes sectores; desarrollar un proceso de capacitación para usar los instrumentos en las regiones y diócesis. DESPUÉS: Recopilar datos de los informes de evaluación de las diócesis, regiones y de la nación; utilizar los recursos necesarios para interpretar los informes de acuerdo al objetivo específico del proceso evaluativo; diseminar los resultados de la evaluación a todos los grupos para dar nueva vida al proceso de planificación pastoral.

Cuándo: Según los canales normales para la preparación de planes, programas y presupuestos de las entidades correspondientes.

Agentes Responsables: El Comité del NCCB para Asuntos Hispanos y el Secretariado para Asuntos Hispanos en colaboración con el Comité Consejero Nacional.

2. *Ofrecer capacitación y formación para el proceso de evaluación en la región y la diócesis.*

89. *Cómo:* Organizando un taller de capacitación para los directores regionales sobre el valor, la orientación y los objetivos de la evaluación pastoral y el uso de los instrumentos para la región y diócesis; organizar talleres de capacitación para directores diocesanos en las diócesis para orientar sobre la evaluación y sobre el uso del instrumento para la diócesis.

Cuándo: Según los canales normales para la preparación de planes, programas y presupuestos de las entidades correspondientes.

Agentes Responsables: El Comité Consejero Nacional (NAC) en colaboración con el Secretariado para Asuntos Hispanos.

3. *Evaluar el plan pastoral en la diócesis.*

90. *Cómo:* Convocar representantes de las parroquias y de las pequeñas comunidades eclesiales para usar el instrumento apropiado para llevar a cabo la evaluación; preparar un informe escrito de los resultados de la evaluación para enviar a las oficinas regionales.

Cuándo: Según los canales normales para la preparación de planes, programas y presupuestos de las entidades correspondientes.

Agentes Responsables: El obispo, el vicario y las oficinas diocesanas para asuntos hispanos.

4. *Evaluar el plan pastoral en la región*

91. *Cómo:* Convocar representantes de las diócesis y utilizar el instrumento apropiado para llevar a cabo la evaluación; preparar un informe escrito de los resultados de la evaluación para enviarlo a la oficina nacional.

Cuándo: Según los canales normales para la preparación de planes, programas y presupuestos de las entidades correspondientes.

Agentes Responsables: Las oficinas regionales.

5. *Evaluar el plan pastoral en el país*

92. *Cómo:* Convocar representantes de todas las regiones y usar el instrumento apropiado para realizar la evaluación; preparar un informe escrito de los resultados de la evaluación para ser incorporado en las evaluaciones regionales y diocesanas para una interpretación completa de la evaluación.

Cuándo: Según los canales normales para la preparación de planes, programas y presupuestos de las entidades correspondientes.

Agentes Responsables: El Comité de NCCB para Asuntos Hispanos y el Comité Consejero Nacional (NAC) en colaboración con el Secretariado para Asuntos Hispanos.

VIII. Espiritualidad y Mística

93. Este plan pastoral es una reflexión a la luz del Evangelio de la espiritualidad del pueblo hispano. Es una manifestación y respuesta de fe.

   Cuando consideramos esta espiritualidad, vemos que uno de sus aspectos más importantes es el sentido de la presencia de Dios que sirve de estímulo para vivir los compromisos diarios.

   En este sentido el Dios transcendente está presente en los eventos y vidas de los humanos. Hasta podemos hablar de Dios como miembro de la familia, con quien uno conversa y a quien acudimos, no sólo en momentos de oración fervorosa sino también en el vivir diario. Así, Dios nunca nos falta. El es Emanuel, Dios-con-nosotros.

94. Los hispanos encuentran a Dios en brazos de la Virgen María. Es por eso que María, la Madre de Dios, toda bondad, compasión, protección, inspiración, modelo… está en el corazón de la espiritualidad hispana.

   Los santos, nuestros hermanos y hermanas que ya han completado su vida en el seguimiento de Jesús, son ejemplos e instrumentos de la revelación de la bondad de Dios por medio de su intercesión y ayuda.

   Todo esto hace que la espiritualidad de los hispanos sea un hogar de relaciones vivas, una familia, una comunidad que se manifiesta y concretiza más en la vida diaria que en la teoría.

95. La espiritualidad de los hispanos tiene como una de sus fuentes las "semillas del Verbo" de las culturas pre-hispánicas, que consideraban la relación con los dioses y la naturaleza como parte integral de la vida. En algunos casos, los misioneros adoptaron estas costumbres y actitudes; las enriquecieron e iluminaron para que encarnaran la Palabra Divina de la Sagrada Escritura y de la fe cristiana y les dieron vida en el arte y el drama religioso. Todo esto creó devociones populares que preservan y alimentan la espiritualidad del pueblo. Al mismo tiempo, los principios cristianos se expresan diariamente en actitudes y acciones que revelan los valores divinos en la experiencia del pueblo hispano. Esta espiritualidad se ha mantenido viva en el hogar y es una tradición profunda en la familia.

96. La espiritualidad de los hispanos, una realidad viva a lo largo de su peregrinaje, se manifiesta en muchas formas. A veces es en forma de oración, novenas, canciones y gestos sagrados. Se manifiesta también en las relaciones personales y la hospitalidad. Otras veces, se muestra como tolerancia, paciencia, fortaleza y esperanza en medio del sufrimiento y las dificultades. Esta espiritualidad también inspira la lucha por la libertad, la justicia y la paz. Con frecuencia se manifiesta en compromiso y perdón como también en celebración, danzas, imágenes y símbolos sagrados. Altarcitos, imágenes y velas en la casa son sacramentales de la presencia de Dios. Las pastorelas, las *posadas,* los *nacimientos,* el *vía crucis,* las *peregrinaciones,* las procesiones y las bendiciones que ofrecen las madres, los padres y los abuelos son manifestaciones de esta espiritualidad y fe profunda.

97. A través de los siglos, estas devociones se han desviado o empobrecido por falta de una catequesis clara y enriquecedora. Este plan pastoral con su énfasis evangelizador, comunitario y formativo puede ser ocasión de evangelización para estas devociones populares y un aliciente para enriquecer las celebraciones litúrgicas con expresiones culturales de fe. Este plan trata de libertar al Espíritu que vive en las reuniones del pueblo.

98. El proceso del III Encuentro fue un paso más hacia el desarrollo y crecimiento de esta espiritualidad. Muchos participantes parecen haber cambiado de una espiritualidad personal y de familia a una espiritualidad comunitaria y eclesial; de reconocer la injusticia individual y hacia la familia a reconocer la injusticia hacia el pueblo. Este crecimiento también se vio en su experiencia de ser Iglesia, en su familiaridad con los documentos eclesiales en su participación activa en liturgias y oraciones.

99. La celebración eucarística tiene un lugar especial para este pueblo que celebra la vida y la muerte con gran intensidad y significado. La liturgia y los sacramentos ofrecen a este pueblo con gran sentido religioso los elementos de comunidad, la certeza de la gracia, la realidad del Misterio Pascual en la muerte y resurrección del Señor en su pueblo. Esto es verdaderamente lo que ocurre en la celebración de la Eucaristía, fuente

de nuestra unidad. Existen muchas posibilidades de enriquecer las celebraciones sacramentales con originalidad y gozo. Estos momentos sacramentales manifiestan la espiritualidad y la mística que brotan de la vocación cristiana y de su identidad hispana.

100. En una reunión alrededor de una simple y común mesa, Jesús dijo a sus discípulos "hagan esto en conmemoración mía". Fue en esta reunión de amigos que Jesús reveló su misión, su vida, su oración más íntima y luego les pidió que hicieran lo mismo en su memoria. Les ordenó que hicieran en su vida todo lo que él había hecho, y por lo que él iba a dar su vida. Esta costumbre de compartir la mesa ha servido de alimento a los hispanos en su historia. Al igual que los discípulos de Jesús, ellos reservan un sitio para él en su mesa.

101. Durante el proceso del III Encuentro, muchos católicos hispanos han tratado de vivir en diálogo con su Dios que inspira y motiva, con María que acompañó a los discípulos de Jesús. El plan pastoral se basa en las reuniones y el compartir del pueblo hispano. Es una expresión de la presencia de Dios en nosotros. El plan pastoral es una manera de que el Pueblo de Dios exprese su vida con el Espíritu, una vida profundamente enraizada en el Evangelio.

IX. Apéndices

A. Bibliografía

I Encuentro Nacional Hispano de Pastoral, Conclusiones, Secretariado para Asuntos Hispanos, NCCB/USCC, Washington, D.C., 1972.

Evangelii Nuntiandi (Sobre la Evangelización en el Mundo Contemporáneo), Exhortación Apostólica del Papa Pablo VI, 1975.

Gaudium et Spes (Constitución Pastoral de la Iglesia en el Mundo Actual), Vaticano II, 1965.

The Hispanic Catholic in the United States: A Socio-Cultural and Religious Profile, Roberto González y Michael LaVelle, Northeast Catholic Pastoral Center for Hispanics, Inc., 1985.

Oficina Federal del Censo de los Estados Unidos, diciembre de 1987.

La Presencia Hispana: Esperanza y Compromiso, Carta Pastoral, USCC Office of Publishing and Promotion Services, Washington, D.C., 1984.

Proceedings of the II Encuentro Nacional Hispano de Pastoral, Secretariado para Asuntos Hispanos, NCCB/USCC, Washington, D.C., 1977.

Sectas o Nuevos Movimientos Religiosos: Un Reto Pastoral, Secretariado del Vaticano para la Unidad Cristiana, 1986.

Voces Proféticas: Documento del III Encuentro Nacional Hispano de Pastoral, Secretariado para Asuntos Hispanos, USCC Office of Publishing and Promotion Services, Washington, D.C. 1986.

B. Indice de Referencias

Este índice de referencias muestra la relación entre el Plan Pastoral y previos documentos producidos durante el proceso del III Encuentro. Estas fuentes, especialmente la carta pastoral *La Presencia Hispana: Esperanza y Compromiso (PH)* y *Voces Proféticas: Documento del Proceso del III Encuentro Nacional Hispano de Pastoral (VP)* se pueden consultar fácilmente usando este índice.

PLAN PASTORAL	REFERENCIAS
II. Contexto de la Realidad Hispana	
A. Historia	*PH*, no.6
B. Cultura	*PH*, no.1
C. Realidad Social	*PH*, no.7
V. General Objective	*VP*, nos. 4, 5, 6, 7, 8
VI. Specific Dimensions	
A. Pastoral de Conjunto	*VP*, no.4
B. Evangelización	*VP*, nos. 5, 7
C. Opción Misionera	*VP*, nos. 1, 2, 3, 8, 9
D. Formación	*VP*, no. 6
A. *Pastoral de Conjunto*	
1. Antecedentes	*PH*, no. 11, 17
	VP, Evangelización, pp. 34, 35
3. Programas y Proyectos	
a. Integración pastoral	*VP*, nos. 11, 31
b. Coordinación de la Acción Pastoral Hispana	*VP*, no.13
c. Asesoramiento para la Pastoral Hispana	*VP*, no. 12
d. Comunicación Pastoral	*VP*, nos. 15, 16, 21, 25
B. Evangelización	
1. Antecedentes	*PH*, nos. 11, 15
	VP, Evangelización, p. 34 "Introducción";
	VP, Educación Integral, pp. 36, 37

3. Programas y proyectos

    a. Elaboración de criterios y entrenamiento para la creación, desarrollo y apoyo de pequeñas comunidades eclesiales   *VP, nos. 10, 14, 17*

    b. Renovación parroquial para desarrollo comunitario y misionero   *VP*, nos. 18, 19, 20, 26, 28

C. Opción Misionera

    1. Antecedentes   *VP*, Social Justice, pp. 38, 39, 40
        PH, nos. 12.i, j, k, l

    3. Programas y Proyectos

      a. Organización y asesoramiento para trabajadores del campo (migrantes)   *VP*, nos. 21, 22, 23

      b. Concientización sobre responsabilidad social cristiana y desarrollo de líderes   *VP*, nos. 23, 24, 26, 29

      c. Hispanos en el Ejército

      d. Convocación y asesoramiento de pastoral para la familia   *VP*, nos. 23, 37, 43

      e. La mujer y su papel en la Iglesia   *VP*, nos. 22, 23

      f. Pastoral juvenil   *VP*, Juventud, pp. 40, 41, 42
        VP, nos. 30, 32, 33, 34, 35, 36, 38

D. Formación

    1. Antecedentes   *PH*, no. 12.a, c, d, e, f;
        VP, Formación de líderes, "Introducción," p.42

    3. Programas y Proyectos

      a. Programa de reflexión y concientización   *VP*, nos. 39, 40

      b. Proyecto de Investigación   *VP*, no. 43

      c. Programas para reclutar vocaciones religiosas   *PH*, no. 12.e, i; *VP*, nos. 42, 43

      d. Programas de formación   *VP*, nos. 41, 42, 43, 44

ORGANIZADOR

En este plan los "Agentes Responsables" son las organizaciones o entidades responsables de implementar los programas y proyectos específicos. Este plan de organización ayuda a ver en una ojeada las organizaciones de la Iglesia que han sido asignadas a cada tarea. Los números a continuación hacen referencia al sistema de numeración empleado en el texto. El programa o proyecto puede localizarse fácilmente empleando esta referencia.

Organizaciones (Agentes Responsables)	Pastoral de Conjunto	Evangelización	Opción Misionera	Formación
	Programas			
NCCB	24			
Comités: Asuntos Hispanos	25, 26		64, 66	72, 79, 82
Vocaciones				73, 74, 75, 76, 80
Formación Sacerdotes				80
Diaconado Permanente				80
Laicos y Familia				70
Mujeres en la Sociedad y en la Iglesia			63	78
Jóvenes			64, 65	
Matrimonio y Familia			60, 61, 62	
Liturgia				
Asuntos Ecuménicos e Interreligiosos				83
Migración			57	
USCC Departamentos:	24			72
Secretariado para Asuntos Hispanos	22, 23, 25, 26, 32, 36	41, 42	60, 61, 62, 63, 64, 65, 66	70, 78, 79, 82
Comité Consejero Nacional del Secretariado		41		

	Programas			
Organizaciones **(Agentes Responsables)**	**Pastoral de** **Conjunto**	**Evangelización**	**Opción** **Misionera**	**Formación**
Desarrollo Social y Paz Mundial			58	
Campaña para el Desarrollo Humano			58	
Comunicaciones	35			
DIÓCESIS **Obispo Diocesano**	23, 24, 27	47		81
Vicario	23, 24, 27, 33	47		81
Departamentos Diocesanos	24, 29, 34, 35	45, 50	65	70, 76, 77, 81
Oficinas Diocesanas para Asuntos **Hispanos**	23, 26, 27, 29, 33	41, 42, 43, 45, 46, 47, 48, 50		70, 74, 77, 81
Equipo Promotor Diocesano (EPD)	27, 29	48		
Área/Centros Pastorales	29, 30, 31	45, 48		81, 84
Area Coordinator	23, 28, 33			81
PARROQUIA				
Párroco	23, 24, 28, 29	45, 48, 49, 50		70, 77
Equipo Pastoral	28	45		70, 77
Consejo Pastoral	28	45, 48, 49, 50		70, 77
Coordinadores, Facilitadores **Comunidades Eclesiales de Base**	33			

Organizaciones (Agentes Responsables)	Programas			
	Pastoral de Conjunto	Evangelización	Opción Misionera	Formación
Movemientos y Organizaciones apostólicas	23, 33	46		
Oficina Regional para Asuntos Hispanos	26, 27, 35	41, 42, 47, 50		74
Federación Nacional de Institutos Pastorales	30, 31	41	59, 63	70, 71, 72, 78, 80, 84
Institutos Pastorales	31, 35	50		77, 81
Comité Nacional para Jóvenes Hispanos (CNH de PJ)			65, 66	79
Instituto de Liturgia Hispana	31	50		71, 84
Universidades, Colegios y Seminarios Católicos				72
Conference of Major Superiors of Men				80
Leadership Conference of Women Religious				80
Arquidiócesis para los Servicios Militares			59	
National Conference of Diocesan Vocation Directors				73, 75
National Religious Vocation Directors				73, 75

D. Terminología

Acompañamiento: La serie de acciones que iluminan, orientan, guían, apoyan y motivan a la comunidad en su proceso de formación y en su misión evangelizadora.

Agentes de pastoral: Las personas laicas, miembros de la jerarquía y religiosos que laboran en los diversos sectores de la Iglesia y en áreas diferentes.

Análisis de la realidad: Estudiar una realidad dada para entender las causas que la originan en un lugar determinado y en un momento histórico. En la Iglesia, la misión evangelizadora se realiza cuando este estudio se lleva a cabo a la luz del Evangelio para así poder juzgar y responder apropiadamente para se establezca el Reino. Para obtener un análisis crítico y científico, la Iglesia puede hacer uso de aquellos instrumentos que las ciencias sociales proporcionan.

Antecedentes: Los elementos sociopolíticos, económicos y religiosos de la situación que este plan persigue resolver con acciones concretas.

Asesoría: Aportaciones de los agentes de pastoral especializados en teología, estudios bíblicos, sociología y pastoral que ayudan a profundizar ciertos aspectos de la acción pastoral, formación de líderes y capacitación mientras acompañan a la comunidad en reflexión.

Catolicismo popular: la espiritualidad de los hispanos es un ejemplo de la profunda penetración del cristianismo en las raíces de la cultura. Los hispanos han aprendido a manifestar su fe con oraciones y tradiciones que empezaron con los misioneros y fueron alentadas por ellos y que luego fueron transmitidas a las otras generaciones (*PH*, 12 o).

Concientización: El proceso que lleva la persona y la comunidad a darse cuenta de su realidad para eventualmente hacerse responsable de cambiar la realidad por medio de campañas de alfabetización, educación y formación.

Diagnóstico: Descripción de condiciones después de examinar los elementos esenciales que han sido determinados durante el análisis de los diferentes aspectos de la realidad.

Dimensión específica: La expresión básica más concreta del objetivo general que expresa una dimensión particular del mismo.

Educación integral: toma en cuenta la totalidad de la persona y no sólo esos aspectos útiles a la sociedad. La persona humana tiene muchas dimensiones: cultural, religiosa, política, económica y sicológica. Reconocemos la necesidad del respeto fundamental por la cultura del educando. (*Proceedings of the II Encuentro Nacional Hispano de Pastoral*, p. 76).

Encuentros: Reuniones de los agentes de pastoral convocados por la jerarquía con el propósito de estudiar, reflexionar y analizar la realidad y el compromiso. Se han usado en los últimos 15 años para guiar y dirigir el proceso pastoral de los hispanos en líneas de acción común.

Equipos móviles (EM): Pequeños grupos entrenados y preparados durante el proceso del III Encuentro para llevar a cabo cada paso del proceso: consultas con la base, formación de grupo, reflexión y otros.

Equipos promotores diocesanos (EPD): Equipo pastoral formado durante el proceso del III Encuentro y cuya misión era coordinar y animar el proceso en la diócesis. El equipo estaba formado por líderes comprometidos, religiosos o laicos, seleccionados como representantes de diferentes áreas de la pastoral.

Evangelización: La Evangelización implica un proceso continuo, a lo largo de la vida, que lleva al cristiano a esforzarse cada vez más por encontrar de manera personal y comunitaria al mensajero, Cristo y a comprometerse totalmente con su mensaje, el Evangelio. (*Proceedings of the II Encuentro Nacional Hispano de Pastoral*, p. 68).

Grupos prioritarios: La familia, los pobres, la juventud y las mujeres son los cuatro grupos que el III Encuentro identificó para recibir atención pastoral especial.

Manual guía: Es un instrumento o medio de enseñanza que facilita la formación y el trabajo con las bases de los agentes de pastoral, en asuntos diversos. Incluye el contenido del tema y técnicas y métodos para ser usados en las pequeñas comunidades para facilitar la reflexión y formación.

Marco doctrinal: Los aspectos bíblicos, teológicos y

pastorales que iluminan e inspiran las opciones concretas de un plan o proyecto pastoral específico.

Mestizaje: La unión histórica, cultural y espiritual de dos pueblos diferentes que genera un nuevo pueblo, una nueva cultura y espiritualidad.

Mística: Las motivaciones y valores profundos que dan vida al proceso del pueblo, crean experiencias de fe y producen una espiritualidad que da incentivo a la vida y a la pastoral.

Objetivo general: Es el principio que orienta y proporciona una visión común. Es el propósito fun-damental de los programas y proyectos.

Pastoral: Las acciones concretas de las comunidades eclesiales que comunican al mundo el mensaje cristiano de la salvación. Es pastoral en la medida en que va guiada por la revelación, la orientación de la Iglesia y las condiciones temporales de la humanidad.

Pastoral de conjunto: Es la coordinación armoniosa de todos los elementos de la pastoral con las acciones de los agentes de pastoral y las estructuras con un fin común: el Reino de Dios. No es sólo una metodología sino la expresión de la esencia y misión de la Iglesia que es ser y crear comunión.

Pequeñas comunidades eclesiales: Pequeños grupos de fieles organizados para relacionarse personal y comunitariamente de manera más intensa y para una mayor participación en la vida y la misión de la Iglesia. *Instrumentum Laboris* para el Sínodo sobre los laicos de 1987 (no. 58).

Plan pastoral: El instrumento técnico que organiza, facilita y coordina las acciones de toda la Iglesia en la realización de su misión evangelizadora. Está al servicio de la pastoral de conjunto. Cada uno, con su carisma y ministerio propio, actúa dentro del plan común.

Planificación Pastoral: La organización eficaz de todo el proceso de la vida de la Iglesia en el cumplimiento de su misión de ser fermento del Reino de Dios en este mundo. La planificación pastoral incluye los siguientes elementos:

- análisis de la realidad en donde la Iglesia tiene que llevar a cabo su misión;
- reflexión sobre esta realidad a la luz del Evangelio y de las enseñanzas de la Iglesia;
- compromiso a la acción como resultado de la reflexión
- reflexión teológica-pastoral sobre este proceso;
- desarrollo de un plan pastoral;
- implementación;
- celebración de los logros de esta experiencia vital;
- y la continua evaluación de lo que se hace.

Proceso pastoral: El esfuerzo constante de la Iglesia por acompañar al pueblo en su peregrinar. Es la sucesión sistemática de acciones, eventos y acontecimientos que orientan las acciones de la Iglesia local o nacional en cada momento histórico en servicio de su misión.

Programas y proyectos: Las acciones operativas que identifican y avanzan los objetivos específicos. Cada programa puede incluir varios proyectos.

Proselitismo: Las actitudes y el comportamiento inapropiado al dar testimonio cristiano. El proselitismo incluye: todo lo que viola el derecho de la persona humana, cristiana o no, de estar libre de presiones en asuntos religiosos o de otra índole, en la proclamación del Evangelio; lo que no está de acuerdo con la manera en que Dios atrae a las personas libres hacia Él en respuesta a su llamada a servir en espíritu y verdad *(The Ecumenical Review—Vol XIII No.1, "Common Witness and Proselytism: A Study Document".*

Reflexión teológica-pastoral: La acción o serie de acciones por las cuales estudiamos y descubrimos dentro de un contexto de fe la base del mensaje cristiano y el significado evangélico de la tarea pastoral.

Notas

1. 1 Cor 12:12-13.

2. Mt 28:18-20.

3. Conferencia Nacional de Obispos Católicos *La Presencia Hispana: Esperanza y Compromiso* (*PH*), Carta Pastoral de los Obispos de los E.U.A. (Washington, D.C.: USCC Office of Publishing and Promotion Services, 1983), no. 1. (Nota: Este documento se incluye en esta colección.)

4. Ibid., no. 19.

5. El Papa Pablo VI, *Evangelii Nuntiandi* (*EN*), Exhortación Apostólica sobre la Evangelización en el Mundo Contemporáneo (Washington, D.C.: USCC Office of Publishing and Promotion Services, 1975) no. 20; Cf. Vaticano 11, *Gaudium et spes* (*GS*), Constitución Pastoral de la Iglesia en el Mundo Actual no. 153; Conferencia Nacional de Obispos Católicos, *Cultural Pluralism in the United States* (*CP*), pronunciamiento del Comité del USCC para *Social Development and World Peace* (Washington, D.C.: USCC Office of Publishing and Promotion Services, 1981) no. 8.

6. III Encuentro Nacional Hispano de Pastoral, *Voces Proféticas: Documento del III Encuentro Nacional Hispano de Pastoral, (VP)*, (Washington, D.C.: USCC Office of Publishing and Promotion Services, 1987). (Nota: Este documento se incluye en esta colección.).

7. Secretariado del Vaticano para la Unidad Cristiana, *Sectas o Nuevos Movimientos Religiosos: Un Reto Pastoral,* (Washington, D.C.: USCC Office of Publishing and Promotion Services, 1986) p. 15 no. 5.3-5.4.

8. *PH*, no.3.

9. *EN*, no. 20.

10. Oficina del Censo de los Estados Unidos, diciembre 1985.

11. Ibid.

12. Roberto González y Michael LaVelle, The *Hispanic Catholic in the United States: A Socio-Cultural and Religious Profile* (Northeast Catholic Pastoral Center for Hispanics, 1985).

13. Ibid.

14. Mt 28:18-20.

15. *VP*, "Reflexión Teológica-Pastoral", pp. 51-53.

16. *GS*, no. 42.

17. Lc 4:18-19.